ECONO

高等院校“十二五”经济类核心课程系列教材

政治经济学原理

（第二版）

PRINCIPLES OF POLITICAL ECONOMY

康静萍　胡德龙　封福育 ◎ 编著

经济管理出版社
ECONOMY & MANAGEMENT PUBLISHING HOUSE

前　言

政治经济学是经济学科的基础理论，是理论经济学和应用经济学各专业的学科基础。政治经济学理论发展历史悠久，可追溯到古希腊思想家色诺芬的《经济论》。在此以后，很多思想家，包括古典经济学家和现代经济学家对政治经济学均进行了持续的研究和发展，使政治经济学发展成为一门独立的、系统的学科，被誉为社会科学的皇冠。

当然，由于学者的哲学基础、阶层处境等不同，出现了不同的政治经济学理论体系。当代政治经济学主要有两大理论体系：马克思主义政治经济学理论体系和西方主流政治经济学理论体系（又称新古典综合体系）。中国社会主义市场经济的建立和发展以马克思主义理论为指导，因此，有必要让大学生熟知马克思主义政治经济学的基本理论体系。为此，我们编写了这本以马克思主义政治经济学理论体系为核心的高校《政治经济学原理》教科书。

我们根据多年来政治经济学的教学实践，把自己的教学体会融进本书编写过程中，力求有所创新，同时也解决一些在教学过程中遇到的问题。与以往大多数高校政治经济学教科书相比，本书有以下两个显著特点：

第一，改变政治经济学教材的传统编写格局，突出阐明马克思主义政治经济学理论对商品经济和市场经济运行的解释力。大多数其他政治经济学教科书分两部分：资本主义部分和社会主义部分，资本主义部分主要是以马克思的著作《资本论》内容为基础编写，可以说是《资本论》部分内容的缩编。社会主义部分则是以中国社会主义经济建设过程中的经济现象和经济问题为研究对象，介绍社会主义经济理论和经济政策。而马克思的《资本论》是以资本主义社会经济制度为研究背景的，因此，理论的阐述过程中涉及的现实背景主要是资本主义商品经济。这使当代的大学生在学习马克思政治经济学理论时总认为，这种理论与我国社会主义市场经济的现实相隔很远，因此降低了他们的学习兴趣。为此，我们在编著本书时，没有分成两部分，而是力求突出马克思主义政治经济学理论对商品经济和市场经济以及资本等运行规律的论述。让学生认识到政治经济学理论中所涉及的商品、货币、资本、剩余价值、工资、利润、再生产等，不仅仅是存在于资本主义制度下，也存在于社会主义市场经济中，存在于我们的现实生活中。期望这种改变能让更多的学生感到政治经济学所研究的问题也就是我们生活中所关心的问题，从而提高学习的兴趣。

第二，在阐述商品、货币、资本、剩余价值、工资、经济危机等相关理论后，引入了一些社会主义市场经济中的实例来说明。大多数政治经济学（资本主义部分）教科书中在阐述马克思《资本论》中的相关理论时，总是引用资本主义国家的实例来说明问题，这也容易让学生产生错觉，似乎政治经济学理论只适合解释资本主义制度下的市场经济运行规律，而不适合解释社会主义制度下的市场经济运行规律，从而不能更好地意识到学习它的意义。为了纠正这种错误认识，我们在编写本书时，引用了一些我国社会主义市场经济运行中的实例，来更好地阐明马克思政治经济学的有关原理。

本书的编写充分吸收了近几年其他高校同行编著的政治经济学教科书的有益成果（主要参考书目列于书后），由本书编著者之一康静萍教授提出编写大纲，经江西财经大学经济学院政治经济学教研组共同讨论后分工撰写，最后由康静萍统稿完成。各章执笔编著人分别是：康静萍撰写第一章至第四章；胡德龙撰写第五章至第七章；封福育撰写第八章至第十章。

本书的编著出版得到了江西财经大学经济学院陈富良、毕正华等领导及经济学系老师们的大力支持，也得到了经济管理出版社王光艳编辑的全力支持。我谨代表本书编者，向给我们提供学术参考的同行和给予我们支持的领导、老师们表示衷心的感谢。

限于编写人员的知识水平和教学经验，本书的缺点和疏漏之处在所难免。欢迎同行提出宝贵意见，也希望使用本书的同志向编写人员提出意见。

康静萍
2010 年 5 月

目　录

第一章 导 论

内容提要

本章主要介绍了政治经济学的产生和发展，说明政治经济学的研究对象、研究方法、研究任务，以及学习政治经济学的意义。政治经济学是在人类漫长的社会生产过程中产生的，历经重商主义、重农学派、资产阶级古典政治经济学，到19世纪中叶产生了科学的马克思主义政治经济学。

物质资料的生产是马克思主义政治经济学研究的出发点。物质资料的生产需要三个要素：劳动者、劳动对象和劳动资料。物质资料生产是生产力和生产关系的统一，生产力是人们征服自然、改造自然的能力；而生产关系则是人们在物质资料的生产过程中所形成的相互关系，包括直接生产关系、交换关系、分配关系和消费关系。生产力和生产关系的统一，构成物质资料的生产方式。生产力决定生产关系，但生产关系反作用于生产力，政治经济学正是在联系生产力的基础上研究生产关系的。生产关系的总和构成社会的经济基础，在这个经济基础之上建立起来的政治法律制度以及与它相适应的政治、法律、哲学、宗教和文艺等意识形态，统称为上层建筑。政治经济学是研究生产关系的一门科学，既要联系生产力，又要联系上层建筑，揭示生产关系发展和变化的规律性。

政治经济学的研究任务是要揭示生产关系及其实现和发展的运动规律，即经济规律。经济规律是经济现象和经济过程中内在的、本质的和必然的联系。经济规律是客观的、不以人的意志为转移的，但人们可以认识它并利用它。

马克思主义政治经济学的根本研究方法是历史唯物主义和唯物辩证法，同时，还运用了科学抽象法、历史与逻辑相统一的方法以及其他逻辑方法。

马克思主义政治经济学，作为理论经济学，是其他分支学科乃至整个经济学科体系的理论基础，是财经专业的理论基础和社会科学的重要知识。学习政治经济学，加深对现代资本主义社会的认识，指导社会主义市场经济体制的建立和运行，等等。

通过本章的学习，重点掌握以下内容：

1. 政治经济学的产生和发展。
2. 政治经济学的研究对象。
3. 生产力和生产关系的含义及其相互关系。
4. 政治经济学的研究任务。
5. 政治经济学的研究方法。

第一节 政治经济学的产生和发展

在政治经济学作为一门独立的学科之前，人类在漫长的社会生产实践中产生了各种经济思想。在历史文献中，最早使用“经济”一词的是古希腊思想家色诺芬（约公元前430~前354年）。在他所著的《经济论》中，“经济”一词是指“家庭管理”，即奴隶主对庄园的管理。“政治经济学”一词，开始是由法国的重商主义者蒙克莱田在1615年出版的《献给国王和王后的政治经济学》一书中提出的。他在“经济学”之前加上“政治”的修饰语，只是表明他所论述的经济学已经超出原有的“家庭管理”的范围，研究的是整个国家的经济问题。

一、重商主义对资本主义生产方式的讨论

重商主义在发展过程中大体经过了两个阶段：大约15世纪到16世纪中叶为早期，16世纪到17世纪下半叶为晚期。重商主义是最早对资本主义生产方式进行讨论的，他们反对古代思想家和中世纪经院哲学家维护自然经济、反对货币财富的观点，把经济学的中心放在研究商品货币关系上，这是经济思想发展史上一大进步。

重商主义虽然没有提出一整套完整的理论体系，但从他们的一系列政策主张中可以提炼出如下基本观点：

第一，认为只有金银货币才是真正的财富，金银多寡才是一国是否富强的标准，一切经济活动和经济政策的实行，都是为了获得金银货币。

第二，认为顺差的对外贸易是财富的来源。

第三，要发展顺差贸易，国家就应积极干预经济生活，利用立法和行政手段，奖励出口，限制进口。

今天看来，重商主义一些观点和主张是错误的，不过其在历史上还是起过进步作用。英法等国实行重商主义政策，大大促进了工商业的发展，推动了商品货币关系发展。但随着人们对经济社会认识的加深，重商主义逐渐过时了，其经济思想后来为古典经济学所取代，其国家管制的经济主张也为自由主义的经济政策所取代。

二、古典政治经济学对资本主义生产方式的研究

真正的现代政治经济学，是当理论研究从流通领域转向生产领域开始的，这就是古典政治经济学。

古典政治经济学产生于17世纪后半期，完成于19世纪初期。在英国，古典政治经济学从威廉·配第开始，到大卫·李嘉图结束。在法国，古典政治经济学从布阿吉尔贝尔开始，到西斯蒙第结束。

1. 英国古典政治经济学的发展阶段

英国古典政治经济学的发展，大致可以划分为产生时期、发展时期和完成时期三个阶段：

（1）17世纪后半期和18世纪前半期为英国古典政治经济学的产生阶段，威廉·配第（1623~1687年）是英国古典政治经济学的奠基人。其主要经济著作有：《赋税论》（1662年）、《献给英明人士》（1691年）、《政治算术》（1690年）、《爱尔兰的政治解剖》（1691年）和《货币略论》（1695年）。

（2）从18世纪60年代起，英国古典政治经济学进入发展阶段，亚当·斯密（1723~1790年）是这个阶段最优秀的代表人物之一。其主要著作为《国民财富的性质和原因的研究》（1776年，以下简称《国富论》）。《国富论》是一部划时代的古典政治经济学巨著，马克思认为，斯密的《国富论》标志着“政治经济学已发展为某种整体，它所包括的范围在一定程度上已经形成”。[①]

（3）19世纪初期是英国古典政治经济学的完成时期，大卫·李嘉图（1772~1823年）是这个阶段的最优秀代表。李嘉图最著名的代表作是《政治经济学及赋税原理》（1817年第1版，1821年第3版）。他在这部著作中建立的政治经济学体系是古典政治经济学的最完备体系。

2. 法国古典政治经济学的发展阶段

法国古典政治经济学也经历了产生时期、发展时期和完成时期：

（1）比埃尔·勒·佩桑特·布阿吉尔贝尔（1646~1714年）是法国古典政治经济学的创始者。他的主要著作有《法国详情》（1695年）、《论财富、货币和赋税的性质》（1705年）、《谷物论》（1706年）和《法国的辩护书》（1707年）。他着重研究法国贫困的原因和增加财富的途径。

（2）以弗朗斯瓦·魁奈（1694~1774年）为首的重农学派是法国古典政治经济学发展时期的代表。魁奈的经济学著作有《经济表》（1758年）和《经济表分析》（1766年）等。魁奈在纯产品学说、阶级学说、社会资本再生产和流

---

①《马克思恩格斯全集》，第26卷Ⅱ，人民出版社1973年版，第181页。

通分析等方面对古典政治经济学做出了重要贡献。

（3）让·沙尔·列奥纳尔·西蒙·德·西斯蒙第（1773~1842年）是法国古典政治经济学的完成者。他的经济学著作主要是《政治经济学新原理》（1819年）。西斯蒙第在一系列重要理论上发展了法国古典政治经济学。

古典政治经济学克服了重商主义的缺陷，研究了资本主义生产的内在联系，提出了劳动创造价值等重要观点，并接触到剩余价值这一资本主义生产的实质。古典政治经济学的完成者大卫·李嘉图，进一步发展劳动价值论，把工资和利润，特别是利润和地租的对立当作研究的出发点，开始触及资本主义内部阶级利益对立的本质，达到了资产阶级政治经济学不可逾越的高度。当资产阶级取得了统治地位，无产阶级同资产阶级的矛盾日益尖锐并威胁到资本主义制度时，资产阶级古典政治经济学就被资产阶级庸俗政治经济学所代替。与此同时，无产阶级迫切需要代表自己阶级利益的政治经济理论，马克思主义政治经济学正是适应无产阶级的斗争需要而产生的。

三、马克思主义政治经济学的创立及特点

19世纪40年代初到80年代初，由马克思、恩格斯在批判地继承资产阶级古典政治经济学科学成分的基础上，在同资产阶级庸俗政治经济学的斗争中创立了马克思主义政治经济学。与资产阶级政治经济学相比，马克思主义政治经济学具有以下特点。

第一，马克思主义政治经济学与资产阶级政治经济学的根本区别在于它运用的是辩证唯物主义和历史唯物主义的世界观和方法论。

马克思运用全新的世界观和方法论——辩证唯物主义和历史唯物主义，研究了资本主义生产方式及与之相适应的生产关系和交换关系，创立了科学的劳动价值论和剩余价值理论，揭示了资本主义经济制度的内部结构、本质特征及运动规律，进而揭示了社会化大生产、商品经济发展以至人类社会发展的一般规律，开创了人们自觉地认识和利用客观经济规律以“破坏旧世界”和“建设新世界”的历史。这一思想方法强调实事求是的原则，强调从物质生产的事实及其发展中认识经济规律，这就使马克思主义政治经济学成为一门随着实践的发展而发展的科学。

第二，马克思主义政治经济学的研究对象是在对古典政治经济学的批判过程中确立的。

马克思和恩格斯早期把私有制及其经济范畴作为政治经济学的研究对象，不仅分析了私有制的不合理性，而且还进一步揭示了资本主义各种矛盾的根源在于私有制。19世纪40年代，马克思、恩格斯对政治经济学的研究对象有

了新的认识，他们从物质资料的生产出发去探索政治经济学的研究对象，把它确定为客观的经济关系。在1857年《〈政治经济学批判〉导言》和1859年《〈政治经济学批判〉序言》中，马克思比较全面、系统地对政治经济学的研究对象作了阐述。在《资本论》第一版序言中明确指出："我在本书中研究的是资本主义的生产方式以及与此相适应的生产关系与交换关系"，[①] 从而将政治经济学的研究对象确定为一定社会的生产关系。

第三，马克思主义政治经济学是无产阶级政治经济学，它是为无产阶级的利益和人类解放事业服务的。

在阶级社会里，生产关系及其经济利益必然表现为阶级利益的对立和差别。所以，代表不同阶级利益的经济学从不同的立场和观点出发，对社会经济现象和经济关系有不同的认识和解释。他们为自己的阶级创立的经济理论，是各个不同阶级的经济利益在理论上的表现。由于政治经济学所研究材料的这种特殊性，在阶级社会里从来不存在超阶级的政治经济学。迄今为止，历史上出现过的政治经济学，都是代表一定阶级利益的政治经济学。如资产阶级政治经济学、小资产阶级政治经济学和无产阶级政治经济学。马克思主义政治经济学是无产阶级政治经济学，无产阶级的利益同广大劳动人民的根本利益是一致的。

19世纪40年代的西欧，一些主要国家资本主义生产方式已居统治地位，该生产方式所固有的内在矛盾也充分显露出来，阶级矛盾日趋尖锐，而无产阶级作为一个自觉的阶级出现在政治舞台上，要求自己的思想家对资本主义制度和无产阶级的斗争出路做出理论说明。马克思正是从政治经济学的研究对象、研究方法开始，以劳动价值论、剩余价值论为基础，实现其全部范畴和理论体系的全面变革，完成了政治经济学的革命。马克思主义政治经济学科学体系的最终建立，是以马克思的伟大著作《资本论》的完成为标志。恩格斯把《资本论》称为工人阶级的"圣经"，认为自地球上有资本家和工人以来，没有一本书像《资本论》那样，对于工人具有如此重要的意义。

自马克思之后，资产阶级政治经济学在英国的马歇尔和凯恩斯，以及美国的萨缪尔森和斯蒂格利茨等人那里得到了进一步的发展，并演变为新老凯恩斯主义和新自由主义经济学两大资产阶级主流经济思潮；而无产阶级政治经济学在中外其他马克思主义经典作家和学者那里，也不断得到继承、发展和创新。

---

① 马克思：《资本论》第1卷，人民出版社1972年版，第4页。

千年伟人马克思

面临世纪之交，传来一个令人振奋的消息，这就是马克思被评选为千年最伟大、最有影响的思想家。这是由英国广播公司（BBC）于1999年秋天，用几周时间在国际互联网（Internet）上经过反复评选最后选定的。马克思排在第一位，排在第二位的是世界最有影响的科学家爱因斯坦。

在评选活动的开始阶段，爱因斯坦的票数领先。在评选活动的后期，评选马克思为本千年最伟大思想家的票数直线上升，并遥遥领先于爱因斯坦。美国纽约的一家报纸用整版篇幅评论了这个意义深远的事件。

最近，路透社又邀请政界、商界、艺术领域和学术领域的名人评选“千年伟人”，对39名候选者的投票比较平均，爱因斯坦仅以一分的优势领先于甘地和马克思。这个结果同样具有重要意义，同样能说明马克思是千年伟人。1999年12月19日的《澳门日报》，报道了这个消息，并刊登了三位千年伟人的照片。该报说：“这样的调查当然不能十分科学地反映广泛的事件，但这次调查可以让我们看看一些名人的想法。”台湾《中国时报》12月25日报道类似的评选活动时指出：“马克思有关资本累积及资本集中的说法，放在当今大购并潮的背景之下似乎更具意义，苏联瓦解、中国大陆也已改采社会主义市场经济路线多年，这么多学者肯定马克思，的确有些出人意表。”还说“马克思对于资本主义的洞见应该再度获重视，他不应为其他人对其学说所作的引申背黑锅”。

这件事不是孤立的，也不是偶然的。它既显示了马克思主义真理的力量，又说明了当今时代仍然需要马克思主义，就像自然科学需要爱因斯坦的理论一样。只要不带任何偏见，人们都会作出这样的结论。

关于马克思对人类思想的伟大贡献，恩格斯《在马克思墓前的讲话》中，概括为两个伟大的发现，即唯物主义历史观和剩余价值学说。他指出：“一生中能有这样两个发现，该是足够了。即使只能作出一个这样的发现，也已经是幸福的了。但是马克思在他所研究的每一个领域，甚至在数学领域，都有独到的发现。这样的领域是很多的，而且其中任何领域他都不是浅尝辄止。”恩格斯以无比沉痛的心情向世界宣告：“当代最伟大的思想家停止思想了”，这“对于欧美战斗的无产阶级，对于历史科学，都是不可估量的损失”。一百多年后，马克思被世界公认为“最伟大的思想家”，证明了恩格斯的预言。如果说恩格斯主要是就思想的真理性而言，那么在今天，它已是被社会实践证明了的真理。

千年伟大思想家评选结果如下：

1. 马克思（德国思想家）
2. 爱因斯坦（犹太裔科学家）
3. 牛顿（英国物理学家）
4. 达尔文（英国科学家）
5. 阿奎那（意大利经院哲学家）
6. 霍金（英国科学家）
7. 康德（德国哲学家）
8. 笛卡儿（法国数学家、哲学家）
9. 麦克斯韦（英国物理学家）
10. 尼采（德国哲学家）

资料来源：靳辉明：《千年伟人马克思》，《真理的追求》2000 年第 1 期。

第二节 政治经济学的研究对象

在人类社会活动中，尽管社会文化资料的生产日趋重要，但物质资料的生产目前仍然是政治经济学研究的出发点。

一、物质资料的生产是政治经济学研究的出发点

人类要能够生存和发展，必须有衣、食、住、行等物质资料，这些物质资料只能靠人们自己的生产活动来创造，也就是说，物质资料的生产是人类社会存在和发展的基础。一方面，人类在改造自然界的生产活动中获取所需要的物质资料；另一方面，生产活动是人类社会最基本的实践活动，它是人类开展其他一切社会活动的基础。

物质资料的生产方式，决定着人类社会的其他生活方式，决定着人类社会形态以及它们的发展变化。只有在物质资料生产的发展使人们的物质生活得到一定程度满足的条件下，人类才有可能从事物质资料生产以外的其他社会活动，并且物质资料生产的发展程度决定着政治、文化、科学和教育等社会活动的发展水平。物质资料生产活动对其他一切社会活动起着决定作用。

因此，马克思主义政治经济学以人类的物质资料生产作为其研究的出发点。

二、物质资料的生产必须具备三个简单要素

在物质资料的生产过程中，人们首先要与自然界发生关系。物质资料的生产过程，就是人们征服自然、改造自然，使其适合人们需要的过程。人类改造自然界生产物质资料的过程构成社会生产力的内容。社会生产力就是人类社会生产物质资料的能力，生产力包括三个最基本的要素。

1. 劳动者

劳动者即有劳动能力和劳动经验的人。劳动者通过消耗自己的体力和脑力，来改造客观自然物质，使其成为适合人类需要的物质。

劳动者是生产力构成要素中最重要的决定性因素。劳动者作为生产的主观要素起决定性作用，离开劳动者的劳动，任何生产资料都不能发挥作用。生产资料要由人来改变和使用，生产工具也要由人来创造和改进。物质资料生产过程是人类引起、调整、改造和征服自然的过程。因此，劳动者是社会生产力中最根本的力量，劳动者是推动社会生产力发展的决定性因素。

2. 劳动对象

劳动对象即人们在生产过程中直接加工改造的对象。劳动对象有两类：一类是人类劳动加工过的生产物，这类劳动对象通常称为原材料。如机器制造厂用的钢材、纺纱厂用的棉花等。另一类是没有经过人类劳动加工过的自然物质。如天然水域中的鱼类，是捕鱼者的劳动对象；原始森林中自然生长的树木，是伐木者的劳动对象。

随着科学技术的发展，逐渐发现了自然物质的许多新的有用属性，并创造出许多新的材料，加上海底资源的利用、深层矿产的开采，从而扩大了劳动对象的范围和种类，提高了劳动对象的数量和品质。这对生产力的发展产生了重大影响，人们花费同样的劳动，使用同样的工具，用良种可以获得更多的粮食，从富矿可以提炼出更多的金属。

3. 劳动资料

劳动资料即人们用来加工劳动对象、生产物质产品所需要的一切物质条件，其中主要是生产工具，它相当于人的器官的延长和扩大。从原始人使用的石块、木棒，至今天的智能化机器体系，生产工具发生了根本的变化。

生产工具作为生产力的客观要素，是生产力发展水平的重要标志。一方面，生产工具的状况直接影响着生产力的状况，制约着生产力可能发展的程度。没有先进的生产工具，生产力的发展水平就不可能大幅度地提高；另一方面，生产工具作为人类生产技能、经验和知识的物化形式，它是人类劳动

力发展的测量器，而且是劳动借以进行的社会关系的指示器。

物质资料的生产过程是以上这三个要素的有机结合过程。从这个过程的结果看，劳动资料和劳动对象作为生产的物质条件，表现为生产资料；人们的劳动表现为生产劳动。只有劳动者同生产资料相结合才能生产物质财富，形成现实的劳动力。所以，劳动者的劳动、劳动资料和劳动对象是社会生产力的三个最简单和最基本的要素，任何社会物质资料的生产过程都离不开这三个要素。随着社会生产力的发展，一些新的生产要素不断出现，并发挥着重要作用。在现代社会生产过程中，科学技术的作用日益明显，劳动者素质的提高、劳动资料的革新、自然资源的开发、新的原材料的发明和利用、生产力各个要素的合理配置和组织等，都依赖于科学技术的发展与进步。从这个意义上，人们把科学技术称为“第一生产力”。

三、政治经济学的研究对象是社会生产关系

社会生产关系是人们在社会生产和再生产过程中结成的相互关系。生产关系是物质资料生产借以实现的社会形式，它是人们在物质资料的生产过程中必然发生的、不以人的意志为转移的经济关系和物质利益关系。在物质资料生产过程中，人们不仅同自然界发生关系，人们彼此之间也要发生关系。由于单个的人无法与自然力量抗衡，因而孤独的生产实际上是不存在的。正如马克思所指出的：“人们在生产中不仅仅影响自然界，而且也相互影响。他们只有以一定的方式共同活动和互相交换其活动，才能进行生产。为了进行生产，人们相互之间便发生一定的联系和关系；只有在这些社会联系和社会关系的范围内，才会有他们对自然界的影响，才会有生产。”① 人们在生产过程中结成的各种经济关系，叫做生产关系。由于生产活动是人类最基本的实践活动，因而生产关系是人们最基本的社会关系。社会生产关系分为狭义的社会生产关系和广义的社会生产关系。

狭义的社会生产关系是指人们在物质资料直接生产过程中结成的相互关系。

由于物质资料生产过程是一个连续不断、重复进行的活动，其全过程包含了生产、分配、交换和消费四个最基本的环节。在每个环节发生的一切人与人之间的经济关系都属于社会生产关系。因此，社会生产关系具体包括四个基本方面：狭义生产关系、分配关系、交换关系和消费关系。

广义的社会生产关系是指狭义生产关系、分配关系、交换关系和消费关

---

① 马克思：《雇佣劳动与资本》，《马克思恩格斯选集》第 1 卷，人民出版社 1995 年版，第 344 页。

系四个方面经济关系的总和。政治经济学的研究对象就是人们在物质资料生产过程中结成的社会生产关系，并且是广义的社会生产关系。

1. 人们在直接生产过程中结成的生产关系

各种经济关系都是以生产资料所有制关系为基础的，生产资料所有制关系决定着一切经济关系的性质特点。生产资料所有制关系，包括人们对生产资料所有、占有、支配和使用诸方面的经济关系。任何一种社会生产关系的性质，都取决于该社会占主导地位的生产资料所有制关系的性质。而且，生产资料所有制关系决定着不同社会集团在生产中的地位和相互关系。因为，生产资料是生产必需的物质条件，谁占有生产资料，谁就在生产过程中处于控制和支配地位。

2. 分配关系

广义的分配关系包括生产资料的分配和产品的分配两个方面的内容。生产资料的分配关系就是生产资料所有制关系，生产资料归谁所有，在生产过程中也就归谁分配用于生产。产品分配关系也是由生产资料所有制以及人们在生产中的地位和相互关系决定的，生产资料归谁所有，产品就归谁所有。生产关系的性质决定分配的性质，但分配关系对生产资料所有制关系和生产关系有反作用。如果分配关系与生产关系的性质相适应，就会巩固和维护所有制和生产关系；相反，不相适应的分配关系则会削弱和破坏这种生产关系。

3. 交换关系

它是指产品交换过程中所形成的经济关系。如果产品属于生产资料，其交换是与生产过程结合在一起的。消费品的交换则是生产、分配和消费的中间环节。广义地说，只要有劳动分工，就必然有交换发生。如原始社会存在按性别和年龄的自然分工，有的人打猎，有的人采集、料理家务等。每个人为满足自己的多种需要，就必须相互交换自己的劳动。狭义地说，是指在等价基础上进行的商品交换，通常说的交换就是指这种交换。生产决定交换。首先，生产的性质和形式决定着交换的性质和形式。在一定的生产资料所有制条件下，由于人们对产品的所有权不同，产品交换必然采取商品交换的形式。商品交换从形式上看是物与物的关系，实质上是不同的生产资料所有者和商品所有者相互之间交换劳动的关系。其次，生产的广度和深度决定着交换的广度和深度。最后，交换对生产具有反作用。交换越发展，社会劳动分工进一步深化。例如，商品交换的发展，有利于促进自然经济向商品经济的转化，有利于传统农业向现代化大农业的转化。商品交换的充分发展是生产社会化发展的重要条件。

4. 消费关系

消费关系是指人们在产品消费过程中形成的经济关系。广义地说，消费包括生产消费和生活消费两个方面。生产消费即生产资料的消费过程，本身属于生产过程。人类社会的消费在其本来意义上是指生活资料的消费，满足消费是生产的终极目标。因此，消费是生产的完成阶段。生产决定消费。首先，消费要以社会生产力发展水平为基础，生产是消费的前提，消费的范围、水平和数量以及消费的方式都是由生产力的发展水平决定的。其次，生产关系的性质制约消费关系。在社会生产力决定的物质限度内，各社会集团的消费水平及其差别，是由生产资料所有制关系决定并由分配关系直接规定的。人们的消费形式在一定程度上也受到社会经济结构和分配制度的制约。但是，消费关系对生产关系具有反作用。消费不仅使生产过程得以最后完成，而且创造出新的需求和生产者新的素质，因此为再生产提供了必要的前提。当消费关系与生产关系的性质相适应时，它会促进社会生产力的发展和生产关系的巩固；如果消费关系和生产关系不相适应时，它会阻碍社会生产力的发展，成为破坏生产关系稳定的因素。

总之，社会生产关系的四个方面是密切联系、相互影响的。一方面，狭义的生产关系是基础，它决定着分配关系、交换关系和消费关系；另一方面，分配关系、交换关系和消费关系又存在着相对独立性，并对狭义生产关系具有反作用。政治经济学研究的社会生产关系是上述四个方面经济关系的统一。

四、政治经济学研究社会生产关系必须联系生产力和上层建筑

社会生产关系的运动是在生产力和生产关系、经济基础和上层建筑的相互联系、相互制约和相互作用中进行的。社会生产力和生产关系、经济基础和上层建筑之间的辩证统一关系构成了人类社会运动的基本矛盾。这一基本矛盾是推动人类社会发展变化的根本动力。

1. 生产力和生产关系是辩证统一的关系

生产力和生产关系的统一，构成物质资料的生产方式。生产力是生产方式的物质内容，生产关系是生产方式的社会形式。它们既矛盾又统一，构成了人类社会生产方式不断运动。在生产力和生产关系的矛盾统一体中，生产力是矛盾的主要方面。生产力是最革命、最活跃的因素，社会生产方式的发展和变化，一般总是先从生产力的发展变化开始的。当生产力发展到一定阶段，旧的生产关系在根本性质上就不再适应生产力发展的要求，成为生产力发展的桎梏。这时，社会变革的时代就到来了，旧的生产关系就必然要被适合生产力发展的新的生产关系所代替。从根本上说，有什么样的生产力，就

会有什么样的生产关系与它相适应。历史上每一种新的生产关系的出现，归根结底，都是生产力发展的结果。

在生产力和生产关系的辩证统一关系中，生产力决定生产关系是根本的方面。但是，生产关系对生产力具有强大的反作用，当生产关系适应生产力发展要求时，生产关系就能够推动生产力迅速发展；反之，生产关系就会阻碍甚至破坏生产力的发展。另外，每一次生产力的大发展，都是在生产关系大变革之后才发生的。也只有生产力的大发展，才能使新的生产关系得到巩固。

2. 经济基础和上层建筑是辩证统一的关系

生产关系和生产力的矛盾，是推动人类社会发展的基本动力。经济基础和上层建筑的矛盾，是制约社会生产方式发展的重要因素。生产关系实际上是人们的物质利益关系，生产关系的总和构成社会的经济基础，在这个经济基础之上，建立起来的政治法律制度以及与它相适应的政治、法律、哲学、宗教、文艺等意识形态，统称为上层建筑。

经济基础决定上层建筑。经济基础的性质决定上层建筑的性质，有什么样的经济基础，就要求建立什么样的上层建筑为其服务。经济基础的变革必然决定政治、法律、意识形态等上层建筑根据其性质的要求发生相应的变革。上层建筑的变革要受到客观经济条件的制约，思想政治路线的确定要受到经济规律的支配。但是，上层建筑对经济基础又有反作用。适应经济基础的上层建筑，会对这种经济基础起保护和发展的作用；反之，当经济基础已发生变化，原来的上层建筑不适应已经变化了的经济基础时，它就会阻碍经济基础的发展，甚至还会动员一切力量来破坏经济基础的变革。不过，经济基础的发展最终会摧毁旧的上层建筑，建立起与经济基础相适应的新的上层建筑。在阶级社会里，任何上层建筑都是适应经济基础中占统治地位的阶级或社会集团的利益需要建立起来的，它是这个阶级或社会集团的利益在政治和思想上的体现，它当然要反过来维护自己的经济基础，维护自己所代表的那些阶级或社会集团的经济利益。

生产力和生产关系、经济基础和上层建筑之间的矛盾，是决定人类社会存在和发展的基本矛盾。正是这一矛盾的运动，推动了人类社会关系的发展和变革。在人类社会生产关系发展变化的历史过程中，社会生产力是生产关系发展变化的根据；上层建筑是生产关系发展变化的重要条件。因此，政治经济学以社会生产关系作为研究对象，揭示社会生产关系的发展运动规律，就必须把生产力和上层建筑包括在其研究的范围内。一方面，只有了解生产力决定生产关系，才能揭示出生产关系变革的根本动因，才能判断生产关系是否过时，才能懂得发展生产力对于变革旧生产关系和巩固新生产关系的巨大意义，才能按照生产力发展状况的要求及时、适当地变革和调整生产关系。另一方面，只有了解上层建筑的存在和发展状况，才能阐明生产关系发展变化的特殊的社会历史条件，从而对社会生产关系变革的历史曲折性做出科学的说明。政治经济学的研究需要把它的研究对象与研究范围严格地区别开来。

第三节　政治经济学的研究任务

社会生产力决定生产关系，生产关系一定要适应生产力的发展状况，这是一条支配人类社会历史发展过程的基本规律。它在一切社会形态中都会存在和发生作用，它决定着一种社会形态内部由低级阶段向高级阶段的发展，决定着人类社会新旧生产关系的更迭，决定着人类社会从低级形态向高级形态不断上升演进的全部历史过程。科学地认识这一决定人类社会发展的基本经济规律，并揭示出它在人类历史不同发展阶段的特殊表现形式，这是政治经济学的根本任务。

一、经济规律及其特点

经济规律是经济现象和经济过程内在的、本质的和必然的联系。社会生产和再生产过程中存在着各种复杂的经济现象，在这些经济现象的背后存在着一种普遍的、反复的和经常的发挥作用的力量。这种客观力量作为经济规律决定着经济现象必然的发展趋势。经济规律既要通过经济现象表现出来，又要被经济现象所掩盖。因此，认识经济规律要从经济现象入手。

经济规律具有客观性。首先，产生经济规律的经济条件是客观的。经济规律都是依据一定的客观经济条件形成的，作为经济规律形成基础的社会经济条件主要是：社会生产力的发展状况和水平、生产资料所有制关系以及由它决定的分配、交换、消费关系等。经济规律随着经济条件的变化而变化，有什么样的经济条件便会产生与之相适应的经济规律。当形成一定经济规律的那些经济条件不存在了，这种经济规律也就随之消失。而新的经济条件又会形成新的经济规律。在人类社会生产发展的不同历史阶段，由于生产关系具有不同的性质，经济规律也就必然会有所不同。其次，经济规律是不以人的意志为转移的。不管人们是否认识到经济规律的存在和作用，经济规律总是不以人的意志为转移地发挥着它的作用。即使人们认识到了社会的发展规律，还是不能人为地跨越它的自然的发展阶段。人们既不能消灭和改造经济规律，也不能创造经济规律。最后，经济规律的作用带有强制性，人们必须承认和尊重经济规律，按照经济规律办事，任何违背经济规律的行为都会受到经济规律的惩罚。但是，经济规律具有客观性，并不是说明人们在经济规律面前是无能为力的，人们能够充分地发挥主观能动性，可以发现、认识和利用经济规律，按照它的要求去制定经济政策，促进社会经济发展。人们认识经济规律的目的，正是在于利用经济规律能动地改造世界。

与自然规律相比，经济规律具有两个主要特点：

其一，大多数经济规律都不是长久不变的，它们只在一定的历史阶段发生作用，随着经济条件的变化而变化。我们知道，自然物质运动规律是独立于人的活动而存在和产生作用的，由于存在条件的特殊性质，自然物质运动规律一般是经久不变的。而经济规律则是通过人们的经济活动来实现的，经济规律说到底是人们自身在一定的社会生产条件和生产过程中的活动规律；多数经济规律则会随着其赖以存在的经济条件而存在。

其二，经济规律的作用，必须通过人的经济行为和经济活动而得到发挥，并直接涉及人们的物质利益。因而，人们在利用经济规律时，经常会受到认识能力和利益关系的限制，从而使经济规律的作用受到干扰。在阶级社会中，由于对经济规律的认识和利用直接关系到人们的经济利益，因此不同的阶级对同一经济规律的认识和利用往往具有截然不同的态度，甚至引发激烈的阶级矛盾和冲突；而自然物质运动规律的认识和利用一般不会导致这样的结果。

二、经济规律的分类

经济规律可以有多种分类方法，按照经济规律存在和发挥作用的社会经济条件不同，经济规律大致可以分为三种类型。

1. 一切社会共有的经济规律

这是在任何社会中都普遍起作用的经济规律，例如，生产关系一定要适应生产力发展要求的规律，劳动生产率不断提高的规律，社会劳动按比例分配规律，等等。这些在人类社会不同发展阶段共有的经济规律体现出一切社会生产的某种共同的本质和不同发展阶段的内在联系。它们作为不同社会经济形态规律系统中的构成部分，在作用的形式上，由于受到不同的规律系统的制约而表现出差别。

2. 几个社会形态共有的经济规律

这是在具有某种相同经济条件的几种社会形态中共同起作用的经济规律，例如，价值规律以商品经济作为存在的经济条件，因此只要有商品经济存在的地方就会有价值规律发挥作用，它是奴隶社会、封建社会、资本主义社会和社会主义社会共有的经济规律。还有与价值规律相联系的供求规律、竞争规律、货币流通规律，等等。这类经济规律，表现出几个社会形态经济运行过程中共同的内在联系。但是，由于这几种社会形态中商品经济从低级到高级的发展状况不同，价值规律等的作用范围和程度也会不同，甚至它的作用形式也在发生着变化。

3. 一种社会形态特有的经济规律

这是只在一个特定社会形态中起支配作用的经济规律，如社会主义社会中的按劳分配规律、发展生产力不断满足人民日益增长的物质文化需要的规律，等等。这类规律体现着它们赖以存在的社会生产关系特有的本质特征。

每个社会都有许多经济规律同时存在，它们之间相互组成一个经济规律体系。在这个经济规律体系中，总有一个经济规律在该社会经济运动过程中起主导作用，它决定着该社会经济发展的一切主要方面和一切主要过程，决定着该社会生产的实质和发展方向。这个经济规律被称为该社会的基本经济规律，其他的经济规律的作用范围和程度都要受到此基本经济规律的制约。例如，资本主义社会的基本经济规律是剩余价值规律，社会主义社会的基本经济规律是发展生产力不断满足人民日益增长的物质文化需要的规律。

经济现象纷繁复杂，政治经济学不是对经济现象的简单描述，而是要透过经济现象，揭示其经济本质和内在的必然性，也就是要揭示经济规律。它不仅要揭示一个特定社会形态的经济规律，而且要揭示人类不同社会形态的经济规律。

第四节　政治经济学的研究方法

科学的方法论是建立科学理论体系的前提和基础，政治经济学也不例外。与自然科学相比，政治经济学在方法论上的一个重要特点，是它无法通过实验室进行实验，而主要是运用哲学的方法。因此，政治经济学的根本方法是辩证唯物主义和历史唯物主义，并在此基础上，分析人类社会经济历史发展过程还运用了抽象法、逻辑与历史相统一的方法，以及其他逻辑方法。

一、历史唯物主义方法

马克思把唯物辩证法应用于人类社会经济历史过程的研究，形成了唯物主义历史观，从而创立了马克思主义政治经济学理论体系。生产关系一定要适应生产力性质的这个规律，是马克思和恩格斯的伟大科学发现。

根据历史唯物主义方法论，第一，把复杂的社会经济现象归结为经济关系，即生产关系，而生产关系的变化又归结为生产力的发展变化，这样，就可以从客观的生产力出发，揭示社会发展的客观规律。第二，把社会生产关系视为一种处于不断运动中的社会有机体，每一种社会生产关系都是从不断的运动中，因而也是从它的暂时性方面去理解。与不同的生产力的发展相适应，社会生产关系的性质也不同。任何社会经济制度都要经历一个发生、发展和消亡的历史过程。第三，注重从生产力、上层建筑同生产关系的作用与反作用的内在联系中，阐明生产关系变化机制及其发展规律，注重对经济权利、经济制度及其历史变迁的研究。

二、唯物辩证法

唯物辩证法是内容与形式、本质与现象等范畴，以及对立统一、量变与质变、否定与肯定等规律的方法论总称。政治经济学的研究在运用这种方法时要强调下列基本观点。

1. 唯物的观点

物质是第一性的，意识是第二性的，社会存在决定社会意识，而不是相反。按照这一观点，政治经济学的研究应从客观存在的物质资料生产过程出发，而不是从人的主观意识或心理因素出发，去揭示经济运动中固有的规律性。

2. 矛盾的观点

对立统一规律是辩证法的核心内容，也是宇宙间的根本规律。一切社会生产过程发展变化的决定性原因和力量，在于它内部固有的矛盾性。社会经济历史发展过程的内部矛盾是其发展运动永不枯竭的源泉。政治经济学要揭示一种特定的社会经济形态的运动规律，归根结底就是要揭示它的特殊的经济条件、矛盾的特殊内容、矛盾的特殊存在形式和运动形式，从而揭示出它运动变化的根本原因和规律性。

3. 阶级的观点

经济关系最本质的内容是人们之间的物质利益关系。在阶级社会中，经济关系中的矛盾表现为各个社会集团即各个阶级之间的矛盾和斗争。政治经济学在研究社会经济关系的性质和运动规律时必然要分析阶级关系，揭示阶级利益和阶级矛盾的根源。

三、科学抽象法

科学抽象法包括从具体到抽象和从抽象到具体两个过程。

从具体到抽象的方法，是在唯物辩证法指导下重要的经济理论研究方法。所谓从具体到抽象，也就是理论研究要从具体的客观经济现象出发，深入调查研究，充分占有实际材料，对所占有的材料进行辩证的分析，探索事物内在的、本质的、必然的联系，揭示经济运动过程的客观规律。运用这一方法进行经济理论研究，首先要求充分占有材料，在此基础上，坚持辩证思维的理论研究过程，也就是对客观经济现象进行去粗取精、去伪存真、由此及彼、由表及里的思维过程，透过经济现象发现经济事物的本质，揭示经济事物的内在联系和规律性。

从抽象到具体的方法是理论叙述的方法，也就是安排理论体系的方法。所谓从抽象到具体，就是理论叙述的逻辑进程从最简单和最一般的经济理论范畴出发，逐步上升到复杂和具体的经济理论范畴，通过经济理论范畴的上升和转化，把客观经济运动和发展过程在理论上再现出来。马克思在他的巨著《资本论》中就是运用从抽象到具体的方法安排其理论体系的。《资本论》从资本主义经济的细胞——商品这一最简单、最一般的经济范畴出发，逐步分析到货币、资本、剩余价值、利润、平均利润、利息、地租等比较复杂和具体的范畴，最终对资本主义经济关系这个复杂的社会机体进行了全面深刻的剖析，揭示了它的本质及其运动规律。

四、历史与逻辑相统一的方法

历史从哪里开始，思维就从哪里开始，但历史经常出现跳跃或曲折，这就必须运用逻辑的方法。这里所说的逻辑是指，阐明经济现象和经济过程从简单的经济关系和经济理论范畴分析开始，逐步上升到复杂的、具体的经济关系和经济理论范畴的逻辑进程。历史的方法则是指，按照历史的真实发展进程来把握经济现象和经济过程运动规律的方法。

人们的逻辑思维进程是社会经济客观历史发展过程的反映，逻辑进程要符合历史的发展进程，理论逻辑进程与社会经济从低级到高级的发展进程相一致。逻辑再现了历史。这是逻辑方法与历史方法相统一的基础。

除以上研究方法外，在政治经济学的研究中，还经常运用定性分析和定量分析相结合的方法、分析与综合的方法、归纳方法、演绎方法以及规范方法和实证方法等认识手段，需要适当借鉴系统论、伦理学和心理学等的某些方法和范畴。现代政治经济学的研究引入了许多自然科学的研究方法，例如控制论、信息论、协同论、耗散结构论等新的方法论。这些方法在经济理论研究中的应用，有力地拓展了经济理论所要研究的问题，加强了经济理论研究的深度和实际应用性。作为马克思主义政治经济学的根本研究方法即唯物辩证法的补充，自然科学中某些方法的借鉴和运用，对于发展马克思主义政治经济学研究起到了推动作用。

第五节 马克思主义政治经济学的地位及学习的意义

一、马克思主义政治经济学是经济学学科体系的理论基础

经济学学科除了政治经济学之外，还包括研究各个部门领域的经济理论，它是一个庞大的学科体系。而且，随着科学技术的不断进步，商品经济的不断发展，社会分工的不断扩大，生产不断走向专业化、社会化、现代化，还会不断出现一系列新的分支学科，经济学科体系还会得到进一步的充实和发展。整体上说，经济学学科可以分为理论经济学和应用经济学两大类：理论经济学主要有政治经济学，微观经济学，宏观经济学，经济思想（学说）史，人口、资源与环境经济学等；应用经济学主要有财政学、金融学、国际经济与贸易学、产业经济学、区域经济学，等等。

政治经济学，作为理论经济学，是其他分支学科乃至整个经济学学科体系的理论基础。马克思主义政治经济学是在唯物史观的指导下，运用唯物辩证法的根本方法，研究生产关系，揭示经济运动规律的。而国民经济各个具体部门、具体运行环节也都是在一定的生产关系形式下存在和发展的，它们的发展、变化也都受相应的经济运动规律的支配。因此，马克思主义政治经济学所阐明的社会生产关系的本质、特点及其运动规律，对于认识经济分支学科领域中各个生产关系的具体形式、运行机制和运动规律都有直接的指导作用。比如，金融学、产业经济学、财政学等经济学的分支学科领域内，都要运用政治经济学所揭示的商品、货币和资本等范畴进行研究。因此，我们可以说，政治经济学是其他经济学分支学科的理论基础。实践证明，没有马克思主义政治经济学基本原理的指导，经济学科的其他一切分支都将缺少灵魂，迷失方向；但没有经济学科这些分支学科的应用和实践，马克思主义政治经济学也将会成为无源之水、无本之木，难以得到进一步丰富和发展。

二、学习马克思主义政治经济学的意义

马克思主义政治经济学是马克思主义的三个组成部分之一，在马克思主义体系中占有重要理论地位，是由其在工人阶级革命和建设事业中的重要指导作用所决定的。当代资本主义社会和社会主义社会，都经历着新的发展和变化，出现了许多新现象、新特点和新问题。如何认识现代资本主义社会，如何认识实践中的社会主义社会，是在新的历史条件下对马克思主义政治经济学提出的新课题。现阶段，我们学习马克思主义政治经济学的意义可以归纳为以下几个方面。

1. 加深对现代资本主义社会的认识

自 20 世纪 50 年代以来，资本主义世界处于相对稳定和发展的状态。在发达的资本主义国家首先产生新技术革命，90 年代以后又出现以信息技术和网络为代表的“新经济”，由此引起了生产力的迅速发展，人民的平均生活水平也明显提高，资本主义制度所固有的各种矛盾也不同程度地得到缓和。对于现代资本主义社会出现的这些新现象，我们可以运用政治经济学的理论和研究方法去认识、分析和总结。马克思主义政治经济学作为一种认识社会的科学体系，可以为认识和研究现代资本主义提供科学的世界观和方法论，成为研究现代资本主义社会的指导思想的理论基础。

2. 指导社会主义市场经济体制的建立和运行

马克思主义政治经济学对市场经济进行了深入的研究和剖析。马克思的代表作《资本论》就是研究和阐述资本主义背景下市场经济运行的理论，其中，关于商品内在矛盾及其解决的条件、关于货币的理论、资本的运行规律、价值的转型等，都是对市场经济运行的深入剖析。中国正在建立社会主义市场经济体制，马克思主义政治经济学所包含的商品货币理论、竞争理论、资本积累理论、资本有机构成理论、资本循环和周转理论、社会总产品实现条件理论、平均利润率规律理论、地租理论、信用经济理论和经济危机理论，等等，对我国社会主义市场经济体制的建立和发展都具有明显的指导意义。

3. 财经专业的理论基础和社会科学的重要知识

政治经济学是财经类专业课程共同的理论基础，学好马克思主义政治经济学，有助于学好各种财经专业课。同时，在整个人文科学和社会科学的知识体系中，马克思主义政治经济学也具有理论基础性作用，是通识教育和文理相通的关节点。

主要概念

劳动对象　劳动资料　生产力　生产关系　生产方式　经济基础　上层建筑　经济规律

思考题

1. 马克思主义政治经济学的研究对象是什么？如何把握生产力和生产关系的矛盾运动和演变规律？

2. 政治经济学的研究任务是什么？经济规律和自然规律有何异同？

3. 生产与交换、分配和消费的相互关系是什么？

第二章　商品经济的一般理论

内容提要

本章主要阐述商品及其内在矛盾；货币的本质、职能及货币流通规律；价值规律等理论。

商品是用来交换的劳动产品，它是使用价值和价值的统一体。商品能够满足人们某种需要的属性，就是它的使用价值。使用价值是商品的自然属性，不反映社会生产关系。使用价值同时又是交换价值的物质承担者，商品既然是用来交换、能满足人们某种需要的劳动产品，就不仅具有使用价值，而且具有交换价值。交换价值首先表现为一种使用价值同另一种使用价值相交换的量的关系或比例。决定商品交换比例的，不是商品的使用价值而是它们的内在价值。价值是凝结在商品中的无差别的一般人类劳动，它是商品的社会属性。价值是交换价值的基础，交换价值是价值的表现形式。

商品的这两种因素是由生产商品的劳动的二重性决定的。生产商品的劳动具有具体劳动和抽象劳动的二重性，它是具体劳动和抽象劳动的统一体。作为具体劳动，各种不同的劳动有质的区别；作为抽象劳动，所有的劳动都被看作是无差别的一般人类劳动的支出，没有质的区别，只有量的区别。具体劳动和抽象劳动是生产商品的同一劳动的两个方面。

商品价值量由生产商品的社会必要劳动时间决定。社会必要劳动时间：在现有的社会正常的生产条件下，在社会平均的劳动熟练程度和劳动强度下制造某种使用价值所需要的劳动时间。在商品交换中，复杂劳动折合成多倍的简单劳动。单位商品的价值量与生产该商品所耗费的劳动时间成正比，与劳动生产率成反比。

私人劳动和社会劳动的矛盾是商品经济的基本矛盾。商品是在一定历史条件下产生的，是人们之间交换劳动的关系。

货币是商品生产和商品交换矛盾发展的产物，是商品价值形式发展的产物。价值形式发展经历了简单的价值形式、扩大的价值形式、一般价值形式和货币形式四个阶段。货币本质上是固定地充当一般等价物的特殊商品，它具有价值尺度、流通手段、贮藏手段、支付手段和世界货币五大职能，其中价值尺度和流通手段是货币的基本职能。货币流通规律制约着流通中所需要的货币量。

价值规律是商品经济的基本规律。它的基本内容和要求是：商品的价值量由生产该商品的社会必要劳动时间决定，商品按价值量相等的原则进行交换，即等价交换。商品价格根据市场供求状况的变化围绕商品价值上下波动，是价值规律作用的表现形式。价值规律在商品经济中的作用：第一，自发地调节生产资料和劳动力在社会生产各个部门之间的分配；第二，自发地促进社会生产力的发展；第三，引起商品生产者两极分化，产生公平与效率之间的矛盾。

通过本章的学习，重点掌握以下内容：

1. 商品及其内在矛盾。
2. 货币的起源及其本质和职能。
3. 货币流通规律的内容及其表现形式。
4. 价值规律的内容、表现形式及其作用。

第一节　商品及其内在矛盾

商品是资本主义社会和社会主义社会中最大量、最简单的经济细胞，马克思主义政治经济学的分析从商品开始，并由此建立了科学的理论体系。本节中心是分析商品的价值实体、价值量、价值形式以及商品经济的基本矛盾，揭示商品经济的内在矛盾及其运动的规律性，阐明马克思的劳动价值理论。

一、商品的产生和发展

商品是用来交换的劳动产品，商品不是从来就有的，它是人类社会生产力发展到一定阶段之后，伴随着一定的经济条件的出现而产生的，并随着这些经济条件的发展而发展。商品经济是以交换为目的的、包含商品生产和商品交换的经济形式。商品经济是在自然经济基础上产生的、与自然经济相对应的经济形式。

在原始社会，由于生产力水平极低，人们的全部劳动成果只能维持本身生存所必需的最低限度，几乎没有任何剩余，因而没有交换，也就没有商品的产生。但到了原始社会末期，在原始部落出现了剩余产品，这就出现了偶然的物物交换。马克思说："商品交换是在共同体的尽头，在它们与别的共同体或其成员接触的地方开始的，但是物一旦成为商品，由于反作用，它们在共同体内部也成为商品。"① 社会分工是商品经济产生的一个前提，在原始社会末期出现的第一次社会大分工使畜牧业从农业中分离出来。由于生产力得到发展，有了少量剩余产品，于是在社会分工基础上，产生了交换行为。不过，在交换过程中，氏族部落首领利用自己的权力，逐渐把公共的财产当作自己的财产来支配，产生了私有制。随着生产力的进一步发展和第二次社会大分工的出现，手工业从农业中分离出来。与农业不同，手工业的生产目的不是为了生产者自身的直接消费，而是为了交换。因此，"便出现了直接以交换为目的的生产，即商品生产，随之而来的贸易，不仅有部落内部和部落边界的贸易，而且还有海外贸易。"② 商品生产和商品交换不再是偶然的，而是采取了经常化和扩大化的形式，流通也随之从生产领域分离出来，从而产生了商人，

---

①《马克思恩格斯全集》第 23 卷，人民出版社 1972 年版，第 106 页。
②《马克思恩格斯全集》第 21 卷，人民出版社 1965 年版，第 187 页。

即出现了第三次社会大分工，商人从社会生产部门中分离出来，专门经营商品交换。这样，商品经济逐步形成并不断发展。

商品生产从原始社会末期产生开始，经过奴隶社会、封建社会，在长达几千年历史过程中，虽然处于从属地位，但它始终没有止步不前。在人类历史上，商品生产的发展经历了以生产资料私有制和个体劳动为基础的商品生产、资本主义商品生产和社会主义商品生产几种形态。到了资本主义社会，商品生产就由从属地位上升为统治地位，成为资本主义经济的一般形式。

商品经济的发展是与一定的社会历史条件相适应的，从根本上说，是由社会生产力的发展水平决定的。商品经济的发展分为两个阶段：简单商品经济（又称小商品经济）和发达商品经济，前者是商品经济的初始形式，它是农业文明时代的商品经济，是以生产资料的个体私有制和个体劳动为基础、以手工业劳动为技术特征的。简单商品经济存在于不同的社会经济制度之中，在原始社会、奴隶社会和封建社会，它存在于自然经济的夹缝之中，附属居支配地位的经济形式。由简单商品经济发展为发达商品经济，在发达商品经济中，市场成为资源配置的主要手段，价值规律成为支配社会经济发展的基本规律，市场机制成为调节全社会资源配置的基础性机制，这种发达的商品经济又称为市场经济。

商品生产的生命力，在于它能够促进生产力发展。商品生产不断开辟市场，冲破地区界限建立全国统一市场，走出国界由国内贸易发展到国际贸易，进入国际市场。随着国际分工国际市场形成，商品生产已经成为当今世界普遍采用的最有效的经济形式。

二、商品的二因素——使用价值和价值

在现实生活中，人们几乎每天都要与商品打交道，但许多人对商品的性质并不清楚。所谓商品，就是用来交换的劳动产品。作为商品，首先必须是劳动产品，自然界里的阳光、空气等非劳动产品，尽管是人类生存必不可少的，但由于没有人类劳动耗费在里面，人们无须购买就可以随意享用，因此不能算作商品。另外，劳动产品也不都是商品，只有通过交换的劳动产品才是商品。如农民自己种的粮食自己消费，这些粮食就不能称作商品。

因此，商品具有使用价值和价值两个因素。

1. 使用价值

使用价值是指物的有用性，即物的能够满足人们某种需要的属性。任何商品，首先必须能够满足人们的某种需要，即具有某种使用价值。例如衣服可以御寒，面包可以充饥，汽车可以代步，等等。商品的这种能够满足人们

某种需要的属性，是由商品体的物理、化学等自然属性决定的，不同的商品，由于商品的自然属性不同，使用价值也不同，有的可以满足人们物质生产、生活的需要，有的可以满足人们精神生活需要；同一种商品由于具有多种自然属性，也会具有多方面的使用价值，如煤炭既能作为燃料，又能作为化工原料等。商品多方面的使用价值，是随着科学技术的发展和劳动者生产和生活经验的丰富而逐步被发现的。

一般物品都有使用价值，使用价值构成社会财富的物质内容。不过，商品的使用价值与一般物品的使用价值相比存在着区别：①商品的使用价值必须是劳动产品的使用价值。因为使用价值并不是商品所特有的属性，许多不是劳动产品的自然物，如阳光、空气等都有使用价值，却不是商品。②商品的使用价值不是针对生产者自己有用，而是针对他人或社会有用。③商品的使用价值必须通过交换让渡才能进行消费，因此商品的使用价值是交换价值的物质承担者。

商品的使用价值反映的是人与自然之间的关系，而不是社会生产关系。因此，就使用价值本身来说，它的用途、性质等并不属于政治经济学的研究范围。但是作为交换价值的物质承担者，政治经济学的研究又不能脱离商品的使用价值，需要从商品的使用价值和交换价值的对立统一中去揭示商品的内在矛盾及其运动规律。

2. 交换价值与价值

什么是商品的交换价值呢？具有使用价值的物品一旦进行交换就具有交换价值。“交换价值首先表现为一种使用价值同另一种使用价值相交换的量的关系或比例，这个比例随着时间和地点的不同而不断改变。”[①] 例如，1 只绵羊可以换 2 把斧子、X 量鞋油、Y 量绸缎、Z 量金属，等等，那么，2 把斧子、X 量鞋油、Y 量绸缎、Z 量金属等就是 1 只绵羊的交换价值。

商品交换时的数量比例是如何决定的呢？即 1 只绵羊交换 2 把斧子、X 量鞋油、Y 量绸缎、Z 量金属等是如何确定的呢？商品的交换价值不可能是由它们的使用价值决定的。因为绵羊和斧子、鞋油、绸缎、金属等物品具有不同的使用价值，不可能在质上等同从而在量上加以比较。只有同质的东西才能在量上加以比较，所以，我们必须寻找到这些不同商品中存在的同质的东西。现在撇开商品的使用价值属性，就会发现商品还剩下一个属性，即人类劳动这个属性。而我们在撇开商品的特殊使用价值的形式的同时，也就撇开了生产特殊使用价值的形式各异的劳动形式。这样，就从生产各种使用价值

① 马克思：《资本论》第 1 卷，人民出版社 1975 年版，第 49 页。

的形式各异的劳动中抽象出作为人的脑力和体力支出的一般人类劳动。这种凝结在商品中的无差别的一般人类劳动，其质相同而量可以进行比较，构成商品的价值。两种不同的使用价值之所以能够按照一定的比例进行交换，原因就在于交换双方的价值是相等的。

显然，价值是由人的劳动创造的，是商品的社会属性，体现着商品生产者相互交换劳动的社会关系，这就是价值的实质。商品生产中需要投入各种要素，其中投入的劳动构成商品的价值。因此，劳动不仅是价值的源泉，而且决定着商品交换的比例。马克思说："我们实际上也是从商品的交换价值或交换关系出发，才探索到隐藏在其中的商品价值。"① 不同的商品之所以能相互以一定的数量比例进行交换，本质上还是劳动价值论的科学揭示，即商品价值是交换价值的基础或内容，交换价值是价值的表现形式。

3. 交换价值、使用价值和价值的关系

商品的价值是内在的、抽象的，不能够自己表现出来，只有通过与另一商品相交换，才能获得表现。交换价值则是外在的、具体的表现形式。价值是交换价值的基础，交换价值是价值的表现形式。

所以，从现象形态看，商品是使用价值和交换价值二因素的统一；但从本质内涵看，商品是使用价值和价值二因素的统一。进一步分析可知，商品是使用价值和价值的对立统一体。使用价值和价值的关系体现在：一方面，商品作为使用价值，在质上各不相同，在量上难以比较；另一方面，商品作为价值，在质上是相同的，在量上是可以比较的，因此各种不同的商品能按一定的比例进行交换。

商品是使用价值和价值的对立统一体。其统一性表现在：两者互为依存、互为条件，缺一不可。价值的存在以使用价值的存在为前提，使用价值是价值的物质载体。也就是说，没有使用价值的物品，尽管生产时花费了劳动，但不能形成价值，因而不是商品。反之，只有使用价值而不是劳动产品的物品，如阳光、空气等，由于其中没有劳动的凝结，所以没有价值，也不是商品。使用价值与价值的对立性表现在：两者是相互排斥的，它们不能同时存在于生产者或消费者手中。商品的使用价值是社会的使用价值，对于生产者而言，其生产商品并不是为了取得使用价值，而是为了取得价值（即交换别人的劳动）。商品生产者只有将商品的使用价值让渡给商品购买者，才能取得价值。在交换过程中，使用价值和价值进行着相反的运动。任何人不能同时既占有商品的使用价值，又占有商品的价值。只有通过交换，商品的内在矛

①《马克思恩格斯全集》第 23 卷，人民出版社 1972 年版，第 61 页。

盾才能得到解决。而一旦交换不能成功，商品的使用价值转让不出去，它的价值也得不到实现，商品生产者就会陷入困境。

三、生产商品的劳动的二重性——具体劳动和抽象劳动

商品是劳动创造的。商品的二因素是由生产商品的劳动二重性决定的，也就是说，商品的使用价值和价值是由生产商品的具体劳动和抽象劳动决定的。具体劳动和抽象劳动是同一劳动的两种属性，或者说生产同一商品的劳动可以从具体劳动和抽象劳动两个方面进行考察。

1. 具体劳动

商品的使用价值是五花八门的，要生产不同使用价值的商品，就必须进行各种特殊性质和形式的劳动。生产不同商品的劳动在劳动目的、劳动对象、劳动工具、操作方法、劳动成果上都各不相同。例如，木匠劳动的目的是制作某种木器，劳动对象是木料，使用的工具是斧子、锯子、刨子等。而裁缝做衣服的劳动却是完全不同的劳动形式。不同的使用价值体现着不同的劳动，这种在一定具体形式下进行的劳动称为具体劳动。

具体劳动创造商品的使用价值。不同商品之所以具有不同的使用价值，除了其构成的物质要素各有其特殊的自然属性外，还因为生产它们的劳动又各有其特殊的具体形式。各种不同的具体劳动生产不同的使用价值，各种使用价值的总和表现了各种具体劳动的总和，即表现了社会分工。具体劳动反映人与自然之间的关系，与社会形态无关；具体劳动是社会分工的基础，随着社会生产力的发展，具体劳动的种类和形式在不断发生变化，从而社会分工也不断深化，而社会分工又是商品生产的一般前提条件。

2. 抽象劳动

生产各种商品的劳动，除了不同的具体劳动以外，还有相同的一面。即如果撇开生产商品劳动的具体形式，则所有劳动都是人们体力和脑力的支出。裁缝的劳动、木匠的劳动，尽管在劳动的具体形式上各不相同，但有一点是相同的：它们都是人类劳动力的耗费，是人的脑、肌肉和手等的生产耗费。这种撇开劳动的特殊性质，即撇开劳动的具体形式的无差别的一般人类劳动，称为抽象劳动，或者说，抽象劳动是同质的、无差别的，抽象劳动形成商品价值。

抽象劳动形成商品的价值实体，因为“商品价值体现的是人类劳动本身，是一般人类劳动的耗费”。[①] 抽象劳动是形成商品价值的唯一源泉，在价值中不

①《马克思恩格斯全集》第23卷，人民出版社1972年版，第60页。

包含任何一个非劳动的自然物质的因子。抽象劳动体现商品生产者相互之间交换劳动的社会关系，是劳动的社会属性，是商品经济特有的范畴。人类劳动的质的同一性，决定了抽象劳动在商品交换中只能在量上起作用。

具体劳动和抽象劳动是生产商品的同一劳动的两个方面，而不是两次劳动，更不是两种劳动。无论在时间上还是空间上，具体劳动和抽象劳动都是不可分的，马克思指出："一切劳动，从一方面看，是人类劳动力在生理学意义上的耗费；作为相同的或抽象的人类劳动，它形成商品价值。一切劳动，从另一方面看，是人类劳动力在特殊的有一定目的的形式上的耗费；作为具体的有用劳动，它生产使用价值。"① 具体劳动和抽象劳动又存在差别和矛盾。具体劳动是人类社会存在和发展的条件，它是劳动的自然属性，是一个永恒性范畴。而抽象劳动则是劳动的社会属性，是商品生产所特有的历史范畴，商品生产的历史性，决定了形成价值的抽象劳动的历史性。只有在商品生产和商品交换的经济关系中，具体劳动才需要还原为抽象劳动，人类体力和脑力的耗费才形成价值。因为在商品经济中人们要通过交换商品来实现彼此间的经济联系，首先就得把具体劳动还原为同质的能够相互比较的抽象劳动，使双方的劳动对等，然后才能换取各自所需的产品。

劳动二重性学说是马克思首先揭示并进行论证的，是马克思对政治经济学理论的重大贡献，也是理解马克思主义政治经济学的枢纽。

第一，劳动二重性学说为劳动价值论奠定了坚实的基础。在马克思之前，资产阶级古典经济学家创立了劳动创造价值的基本命题，但他们并不了解究竟什么是价值，什么形成价值；他们无法解释为什么生产商品的劳动各不相同却可以相互比较，也不能回答是什么劳动形成商品的价值。马克思继承了古典经济学劳动创造价值的科学因素，批判了它的非科学成分，"第一次确定了什么样的劳动形成价值，为什么形成价值以及怎样形成价值"。②

第二，劳动二重性学说为剩余价值理论奠定了理论基础。马克思运用劳动二重性理论，论证了在劳动过程中，雇佣劳动者的具体劳动在生产新的使用价值时，转移了旧价值；而抽象劳动则形成新的价值。进而科学地分析了资本主义生产过程的二重性，区分了资本的不同部分在价值增殖过程中的不同作用，揭示了剩余价值的真正源泉，创立了剩余价值理论。

第三，劳动二重性学说为其他一系列理论提供了理论基础。劳动二重性理论，为资本有机构成理论、资本积累理论、资本主义再生产理论、平均利

① 《马克思恩格斯全集》第 23 卷，人民出版社 1972 年版，第 60 页。
② 《马克思恩格斯全集》第 24 卷，人民出版社 1972 年版，第 22 页。

润和生产价格理论等奠定了基础，从而建立了马克思主义政治经济学的科学体系。

提供气象信息商品的劳动创造价值吗？

2002 年 7 月 4 日夜，当年第 5 号热带风暴“威马逊”肆虐东海，近中心最大风力达到 12 级（50 米/秒）以上，东海海面巨浪汹涌。

“威马逊”到来的前 6 天，坐落在北纬 29°，东经 125°东海海面的平湖油气田收到了上海市中心气象台传来的“警报”：未来 5~6 天，台风“威马逊”将影响你平台，建议做好撤出的准备。平台上的所有工作人员在直升飞机的协助下迅速撤离，避免了一场灾难的发生。

“台风对平台本身的影响不大，但在上面作业的人员面对台风的心理压力极大，如果不及时撤离，有可能发生一些极端事件。”上海市中心气象台副台长杨礼敏说。

平湖油气田是上海市中心气象台的长期企业客户之一，气象台每隔 3~6 小时向该平台提供海上、空中和陆地的全方位信息，以图文传送，还提供气象专业网站。上海市中心气象台现已拥有 120 家左右的长期客户和 100 多家“散户”。“根据企业各自的需求，我们为其量身定制气象信息，并在物价局制定的标准基础上协商信息使用的费用，所以每家的费用都不同。最高的达到每年 20 万元，而最低的也就几百块钱。”杨礼敏说，“但我们也要承担很大的风险和压力：预报毕竟是有误差的，像这次台风，企业撤离和重返平台的成本都是上千万元，所以如果我们的信息不准会造成很大的损失。”

由于上海特殊的地理环境，“防汛”成了许多企业的一大难题。国内钢铁老大宝钢集团旗下的宝钢股份公司位于北纬 31°，东经 121°附近的长江边上，辖区内还包括 7.8 公里长的江堤，极易受台风等灾害性天气的影响。

宝钢股份公司安全环保处华平键介绍，宝钢与上海市中心气象台的合作始于 1985 年建厂初期，现在公司每年向气象台支付 6 万多元，获得包括即时天气信息（每 3 小时更新一次）等在内的 15 项气象信息。

“我们每天向集团和主要单位通报这些信息，为防汛、防台和抵御雷暴雨等灾害性天气做好充分准备。”

据悉，一些大型的仓库码头也是如此，这些企业对气象信息的需求更是两小时左右就得更新一次。

而上海铁路局、电力部门和华东地区电网、大型水库与气象台的合作也是出于减少损失的考虑。保险行业也加入了购买气象信息的行列。中国人民保险公司上海市分公司业务经理程仕标介绍，公司与气象台签订每年5万元的合同，获得11条基本气象信息和查询历史记录的权利。

2002年5月底，上海市中心气象台又与上海移动联手推出“手机天气短信服务”，扩展了气象信息服务的通道。

杨礼敏透露，仅专业有偿气象服务一项，上海市中心气象台每年收入在300万元以上，而其中“散户”的“贡献”只有几万元。“我们主要为他们出具一些气象方面的证明，或是短期的气象预报等，根据物价局的规定，收费在500~1000元。”

在国内绝大多数地区（除青海和西藏外），气象台都在根据《气象法》的相关规定提供专业有偿气象服务，但目前上海是把这块蛋糕做得最大的地区，但300万元的入账相对于国际上一些规模庞大的专业气象经济服务公司来说根本就是个小数目——在日本，仅气象信息服务有限公司（WNT）一家，一年的此项收入就高达3亿美元。

“气象信息是无价的——不是说它不值钱，而是其价值难以估计，但许多人还没有认识到气象信息的价值。”杨礼敏说，“对你有用的信息就是无价之宝，没用的就一文不值。有人说气象信息是商品，如何保证其质量是一个棘手的问题；但我认为，气象信息只能说是种特殊的商品，它的特殊性就在于它是预测的结果，虽然精确程度不断提高，但必然存在许多不确定的因素使之与现实有差距。”

资料来源：杨洁：《气象信息值多少钱?》，《经济日报》2002年7月20日。

四、商品的价值量

商品的价值不仅有质的规定性，还有量的规定性。商品的价值是由劳动创造的，所以商品的价值量是由体现在商品中的劳动量决定的。劳动量是由劳动时间来衡量的，所以价值量的大小是由劳动时间的多少来决定的。

1. 个别劳动时间和社会必要劳动时间

一般来说，社会上每一种商品都由许多不同的生产者生产。生产同种商品的生产者由于生产的主客观条件不同，所耗费的劳动时间也不会相同。各个商品生产者生产商品实际耗费的劳动时间就是个别劳动时间，由个别劳动时间形成的价值就是商品的个别价值。而商品的价值量只能由生产商品的社会必要劳动时间来决定。所谓“社会必要劳动时间是在现有的社会正常的生产条件下，在社会平均的劳动熟练程度和劳动强度下制造某种使用价值所需要的劳动时间”。[①] 这一定义中包含了以下三点内容：①社会正常的生产条件是指一定时期某一生产部门大多数生产者普遍使用的生产条件，其中最主要的是劳动工具。②正常的生产条件不是过去的，也不是将来的，而是现有的正常的生产条件。③在社会标准生产条件下，由于商品生产者劳动熟练程度和强度不同，他们生产同种商品，花费的劳动时间是不同的，而决定价值的只能是社会平均的劳动熟练程度和劳动强度。因此，不是商品生产者生产商品的劳动时间越长其商品的价值量就越大。商品的价值量不可能由个别劳动时间决定，而只能由社会必要劳动时间决定。下面举例说明社会必要劳动时间：例如织布，有的用机器织布，有的用手工织布，如果大多数布是用机器织，那么用机器织布就是织布行业正常的生产条件。在机器织布的正常生产条件下，由于生产者的劳动熟练程度和劳动强度不同，生产一定量的布匹所需要的劳动时间也不同，有的要 6 小时、有的要 5 小时、有的要 4 小时，如果社会平均的劳动熟练程度和劳动强度下需要 5 小时，那么，这一定量的布匹的社会必要劳动时间就是 5 小时。当然，社会必要劳动时间是在商品生产者背后通过市场上无数次交换而自发形成的。

社会必要劳动时间对于商品生产者至关重要。如果某个商品生产者生产某件商品的个别劳动时间大于该商品的社会必要劳动时间，如上例中生产同一定量布匹需要 6 小时的生产者，他在商品交换时只能按 5 小时的价值量为基础，这样一来，他在生产商品上所耗费的劳动就有一部分（即 1 小时）得不到补偿，就会亏损，在市场竞争中就会处于不利地位。反之，如果某个商品生产者生产某种商品的个别劳动时间小于该商品的社会必要劳动时间，如上例中生产同一定量布匹需要 4 小时的生产者，他在商品交换时按 5 小时的价值量为基础，这样一来，他在生产商品上所耗费的劳动不仅可以得到补偿，而且还可以获得更多的价值（多 1 个小时价值量），这表明该商品生产者的少量个别劳动得到了较多的社会承认，从而在市场竞争中就处于有利地位。

2. *简单劳动和复杂劳动*

在比较和计量商品价值大小时，还必须区分简单劳动和复杂劳动。简单劳动是指不需要经过专门训练和学习，每个正常的劳动者都能从事的劳动。复杂劳动是指需要经过专门训练和学习，具有一定知识和技能的人才能从事的劳动。简单劳动和复杂劳动在同一时间内创造的价值是不等的，少量的复杂劳动等于多倍的简单劳动，或者说，复杂劳动是倍加的简单劳动。“比较复

①《马克思恩格斯全集》第 23 卷，人民出版社 1972 年版，第 52 页。

杂的劳动只是自乘的或不如说多倍的简单劳动，因此，少量的复杂劳动等于多量的简单劳动。”① 这就是说，在同一时间内复杂劳动比简单劳动能创造出更多的商品价值，1 小时复杂劳动生产的商品的价值比 1 小时简单劳动生产的商品的价值能高出若干倍。

决定商品价值量的社会必要劳动时间是以简单劳动为基础进行换算的。复杂劳动转化为简单劳动的不同比例，是在生产者背后由社会过程决定的，是在反复的交换实践中自发形成的。简单劳动与复杂劳动的区别不是由自然或生理条件决定的，而是由社会条件，主要是由社会分工和科技发展水平的差别及其在生产中的应用程度决定的。随着科学技术的发展和文化教育水平的提高，劳动者技能的普遍提升，过去的复杂劳动可以变成简单劳动，整个社会的简单劳动的标准会比过去提高。简单劳动和复杂劳动的区别是会因时、因地而变化的，它们的衡量标准是相对的。当然，就一定时期而言，复杂劳动与简单劳动区分的标准还是存在的。

由于存在复杂劳动和简单劳动的差别，相应地产生复杂劳动者和简单劳动者在收入分配中的差别问题。正如恩格斯所说：“在私人生产者的社会里，训练有学识的劳动者的费用是由私人或其家庭负担的，所以有学识的劳动力的较高的价格也首先归私人所有：熟练的奴隶卖得贵些，熟练的雇佣工人得到较高的工资。”② 由于科学技术不断进步，复杂劳动者的培养和教育费用也就不断增加，再生产劳动力的劳动耗费也必然增多，于是复杂劳动是倍加的简单劳动，复杂劳动的报酬要比简单劳动的报酬高一些，也就理所当然了。

3. 商品价值量与劳动生产率

劳动生产率是指劳动者在一定时间内生产某种使用价值的效率或能力。劳动生产率通常有两种表示方法：

一是用单位时间内生产的产品数量多少来表示其高低，即单位时间内生产的产品数量越多表明劳动生产率越高，反之则越低，公式如下：

$$劳动生产率 = \frac{产品数量}{劳动时间}$$

二是用单位产品所耗费的劳动时间多少来表示其高低，即单位产品耗费的时间越长则劳动生产率就越低，反之则越高。

例如，原来 1 小时生产 1 双皮鞋，现在可以生产 2 双了，这表明劳动生产率提高了 1 倍；原来生产 1 双皮鞋需要 2 小时，现在只需要 1 小时，也表

①《马克思恩格斯全集》第 23 卷，人民出版社 1972 年版，第 58 页。
②《马克思恩格斯全集》第 20 卷，人民出版社 1971 年版，第 219 页。

明劳动生产率提高了 1 倍。

劳动生产率的高低是由多种因素决定的。主要有：①劳动者的平均劳动熟练程度。在其他条件不变的情况下，劳动者的平均劳动熟练程度越高，则劳动生产率就越高，反之则越低。②科学技术的发展水平和它在生产上的应用。科学技术水平的提高有助于劳动生产率的提高，尤其是新生产工具的应用可以缩短生产商品的劳动时间，提高劳动生产率。③生产组织形式。生产过程中的分工协作、劳动组织和生产管理的改善，可以使生产的专门化程度提高或者生产环节的衔接更快捷便利，也能提高劳动生产率。④劳动对象的状况以及自然条件等。

劳动生产率的高低同商品的价值量之间有密切的关系。马克思说："不管生产力发生了什么变化，同一劳动在同样的时间内提供的价值量总是相同的。"[①] 这是研究劳动生产率和商品价值量关系的基本原则。劳动生产率越高，同一劳动在单位时间内生产的使用价值就越多，生产单位商品所需要的社会必要劳动时间越少，单位商品的价值量也就越小；反之则反是。因此，劳动生产率与商品的使用价值量成正比，与单位商品的价值量成反比。这是商品价值量同劳动生产率之间最基本的关系。比如，原来生产 1 双皮鞋需要 10 小时，每双皮鞋的价值是 10 小时劳动，而当劳动生产率提高时，10 小时能够生产 2 双皮鞋，使用价值增加了 1 倍。从价值总量来看，并没有发生变化，仍然是 10 小时的活劳动，但是每双皮鞋的价值下降了，它已经不再是 10 小时劳动，而只有 5 小时劳动。不过，这并不是说劳动生产率高的商品生产者，其单位商品的价值就低，劳动生产率低的商品生产者，其单位商品的价值就高。因为，商品的价值量是由社会必要劳动时间决定的，那些个别劳动时间低于社会必要劳动时间的商品生产者，其商品的个别价值就会体现为更多的社会价值。如在上例中，如果每双皮鞋的社会必要劳动时间是 10 小时，劳动生产率高的生产者 10 小时生产了 2 双皮鞋，每双皮鞋的个别价值是 5 小时，但社会仍然以每双皮鞋 10 小时的劳动时间承认其价值，这样，这个生产者就可以用 5 小时换取其他人 10 小时生产的其他劳动产品。

五、私人劳动和社会劳动

人类生产本质上是社会生产，劳动的社会性是人类劳动的一个根本特征，只是在不同的社会形态下，表现出不同的特点。在商品经济条件下，生产商品的劳动，直接表现为私人劳动，生产什么和生产多少都是由商品生产者私

① 《马克思恩格斯全集》第 23 卷，人民出版社 1972 年版，第 60 页。

人决定的，而商品又是为社会需要而生产的，因而劳动具有社会劳动的性质。但这种劳动的社会性是通过交换以价值形式表现出来的。所以，私人劳动性和社会劳动性是生产商品的劳动具有的两方面属性，私人劳动和社会劳动的矛盾是商品经济的基本矛盾。

私人劳动和社会劳动之间为什么会存在矛盾呢？因为私人劳动要转化为社会劳动就必须让其劳动被社会承认，而这需要通过商品交换。商品交换能够成功，就表明生产者生产的产品为社会所需要，他的私人劳动得到了社会的承认，从而私人劳动也就转化为社会劳动了。但是，生产商品劳动的社会性质，要求劳动产品在数量上和质量上都符合社会需要，可劳动的私人性质却使生产者很难了解社会需要的全部信息，所以生产的商品往往不能与社会需要相一致。当商品生产者生产商品不符合社会需要而卖不出去时，他的私人劳动就不能转化为社会劳动；当商品生产者生产的商品超过社会需要的数量或生产的商品的个别劳动时间大于该商品的社会必要劳动时间时，他的一部分私人劳动也不能转化为社会劳动，这就产生了私人劳动和社会劳动之间的矛盾。

私人劳动与社会劳动不仅存在着矛盾而且是商品经济的基本矛盾，因为：

第一，私人劳动和社会劳动的矛盾，是商品各种内在矛盾的根源。要使私人劳动转化为社会劳动，就必须让商品成功卖出去。每当商品在市场上卖不出去，人们会看到由于商品的使用价值不符合社会的需要，致使价值无法通过交换价值得到表现，从而价值无法实现，这就造成了使用价值和价值的矛盾。商品要交换就要比较和计算交换双方商品的劳动量，从而就必须把各种不同质的具体劳动化为同质的抽象劳动，这样就产生了具体劳动与抽象劳动的矛盾。由于劳动二重性创造了商品二因素，这又产生了使用价值与价值的矛盾。如果私人劳动不能转化为社会劳动，结果具体劳动就不能还原为抽象劳动，商品的使用价值和价值也就不能实现。

第二，私人劳动和社会劳动的矛盾，决定着私有制商品生产的产生和发展的全过程。随着社会分工和私有制的发展，生产商品的私人劳动和社会劳动的矛盾也随之发展，并且推动了商品生产的规模和范围不断扩大，使私人劳动和社会劳动的矛盾进一步发展成为生产社会化和生产资料私人占有之间的矛盾，进而推动商品生产和商品交换发展为商品经济。

第三，私人劳动和社会劳动的矛盾决定商品生产者的命运。商品生产者的私人劳动能否转化为社会劳动，以及在多大程度上转化为社会劳动，是关系到商品生产者成败兴亡的大事。如果生产的商品卖不出去，商品生产者的私人劳动不能转化为社会劳动，商品生产者就可能破产；如果商品生产中私人劳动所耗费的个别劳动时间高于社会必要劳动时间，则商品生产者在竞争中就会处于不利的地位；如果商品生产者中私人劳动所耗费的个别劳动时间低于社会必要劳动时间，则生产者就会在竞争中处于有利地位，并发财致富。由此可见，私人劳动和社会劳动的矛盾是商品生产的基本矛盾。

第二节　货币与货币流通规律

货币是商品经济内在矛盾发展的产物，是商品内在矛盾运动中价值形式发展的必然结果。货币是充当一般等价物的特殊商品。在分析了商品内在矛盾之后，有必要对货币进行进一步分析。

一、商品价值形式的发展和货币的起源

商品既然具有使用价值和价值二因素，也就有两种表现形式。使用价值是商品的自然属性，它通过商品的自然形式表现出来。价值是商品的社会属性，作为抽象劳动的凝结和一定的社会经济关系，不可能表现自己的价值，只有通过商品与商品的交换才能得到表现。价值的这种表现叫做价值表现形式，简称为价值形式。价值形式随着商品交换的发展而发展，价值形式的发展经历了简单的价值形式、扩大的价值形式、一般的价值形式和货币形式四个阶段。

1. 简单的或偶然的价值形式

一种商品的价值偶然地表现在另一种商品上，这种价值表现形式就是简单的或偶然的价值形式，它产生于原始社会后期部落之间偶然地出现的剩余产品的交换。用公式表示：

1 只绵羊＝2 把斧子

在这种价值形式中，包含了一切价值形式的秘密。上式中等式两端的商品处于不同的地位，起着不同的作用。等式左边的商品绵羊，主动地要表现自身的价值，它的价值通过斧子这一商品体相对地表现出来，处在相对价值形式上。等式右端的商品斧子，作为价值的表现材料，用自己的使用价值证明商品绵羊具有同自身相等的价值，起着等价物的作用，处于等价形式上。

相对价值形式和等价形式是价值的两极，二者相互依存、互为条件。绵羊和斧子之所以能够按照一定比例进行交换，是因为它们凝结了抽象劳动这种共同的价值内容。因此，绵羊和斧子的交换，本质上确定了一种价值关系。

没有等价形式就没有相对价值形式，绵羊离开了斧子就不能表现自己的价值；同样，没有相对价值形式也就无所谓等价形式，斧子离开了绵羊就不能成为表现价值的材料。它们是相互对立、相互排斥的，同一种商品在同一个价值表现中，不能同时既处于相对价值形式又处于等价形式上，只能居于其中之一极。

关于相对价值形式，可以从质和量两方面进行考察。相对价值形式的质，是要研究处于相对价值形式的商品的价值性质是如何表现出来的。“1 只绵羊=2 把斧子”的等式告诉我们，绵羊的价值是通过处于等价形式上的商品斧子的使用价值表现出来的。两者之间之所以能按一定比例交换，是因为它们都是劳动产品，都耗费了抽象劳动，都有价值。相对价值形式不仅要表现价值，而且要表现价值量，相对价值量是通过处于等价形式的商品的使用价值的数量来表现的。

关于等价形式，它是某种商品充当价值的代表与另一种商品直接交换的形式。作为等价形式有三个特点：

第一，使用价值成为价值的表现形式。充当等价物的商品斧子在和绵羊交换时，是用它的自然形态即使用价值来表现绵羊的价值，它不仅把绵羊的内在的价值表现为外在的、人们看得见摸得着的物，而且把绵羊的价值量也表现出来了。

第二，具体劳动成为抽象劳动的表现形式。处于等价形式上的斧子自身也是具体劳动的产物，但由于它处于等价形式的地位，它和绵羊交换时，成为表现绵羊价值的材料，因此，生产斧子的具体劳动也就成为抽象劳动的表现形式。

第三，私人劳动成为社会劳动的表现形式。作为等价物的斧子本来是私人劳动的产物，但由于它处在等价形式上，可以与其他商品直接交换，生产等价物的私人劳动在与它相交换的其他商品面前直接就是社会劳动的化身。

由上述分析可见，在简单的或偶然的价值形式中，商品的内在矛盾即使用价值和价值的矛盾、具体劳动和抽象劳动的矛盾、私人劳动和社会劳动的矛盾转化为外在矛盾，表现为两种商品之间的关系。处在相对价值形式上的商品，只是当作使用价值而存在，它的价值要通过另一个商品来表现；处在等价形式上的商品，只是当作价值而存在，其使用价值成为表现另一个商品价值的材料。

简单的或偶然的价值形式是与简单的、偶然的商品交换相适应的。由于商品交换具有偶然性，简单的价值形式在价值的表现上，无论从质的方面考察还是从量的角度分析都是很不充分的。从质的角度分析，简单价值形式中，一种商品的价值只是表现在另一种商品的使用价值上，也就只能证明生产这种商品（如上例中的绵羊）的劳动与生产另一种商品（如上例中的斧子）的劳动是同质的抽象劳动。还没有证明它与生产其他商品的劳动是同质的，即还没有把价值作为无差别的人类劳动凝结这一质的同一性充分表现出来。从量的角度分析，简单价值形式中，商品交换是偶然现象，商品交换的比例也具有偶然性，商品交换的比例关系受价值量调节的客观规律性也未充分表现出来。随着第一次社会大分工的出现和社会生产力的发展，剩余产品增加了，进入商品交换的种类和范围扩大了，简单价值形式便发展到扩大的价值形式。

2. 总和的或扩大的价值形式

总和的或扩大的价值形式是指一种商品的价值表现在一系列商品上。用公式表示就是：

$$
1\text{ 只绵羊}\begin{cases}=2\text{ 把斧子}\\=40\text{ 斤粮食}\\=20\text{ 尺麻布}\\=1\text{ 克黄金}\\=\cdots\cdots\end{cases}
$$

在总和的或扩大的价值形式中，一种商品（绵羊）的价值已不是偶然地表现在另一种商品上，而是表现在一系列商品上。从质上看，处于相对价值形式的商品，由于其价值表现在一系列其他商品体上，每一种商品都成为反映它的价值的镜子，表明生产该商品的劳动与生产其他无数商品的劳动是同质的。这样，商品（绵羊）的价值才真正表现为无差别的人类劳动的凝结，而且，在量上也消除了偶然性，各种商品交换的比例和它们包含的劳动量的比例已比较接近。与此相适应，处于等价形式上的各种商品的具体劳动，也就成为一般人类劳动的各种特殊的表现形式。

相比简单的或偶然的价值形式，总和的或扩大的价值形式的价值表现更为充分了，范围也更广了，从而促进了商品交换的发展。但扩大的价值形式毕竟只是简单的价值形式的扩大或总和，从价值表现的要求看，它仍有局限性。从相对价值形式看，每一种商品的价值表现都是一个无穷的系列，并且不同的商品的价值表现系列也是不同的，没有一个共同的、统一的表现。从等价形式看，还没有形成一个统一的等价物。这种情况在实践中会给交换带来困难，例如，有绵羊的人想用绵羊交换斧子，而有斧子的人却想要布，有布的人又想要粮食，那么，交换就会遇到困难。随着商品交换的发展和矛盾的日益加深，扩大的价值形式需要进一步完善，发展到一般价值形式。

3. 一般价值形式

一般价值形式就是一切商品的价值都表现在从商品世界中分离出来的充当一般等价物的某一种商品上。随着社会分工和商品交换的进一步发展，逐渐从许多商品中分离出大家公认的一般等价物，其他一切商品都需要和它相交换，通过它来表现一切商品的价值。用公式表示就是：

$$\left.\begin{array}{r}2\text{把斧子}=\\40\text{斤粮食}=\\20\text{尺麻布}=\\1\text{克黄金}=\\\cdots\cdots=\end{array}\right\}1\text{只绵羊}$$

一般价值形式的出现，是价值形式发展的一个重要阶段，是价值形式发展的一次质的飞跃。在这个等式中，相对价值形式和等价形式的对立较为固定，等式两端的商品不能再移位，一切商品都只能直接表现为使用价值，处于相对价值形式上。而公认的一种商品，则直接表现为价值，处于等价形式上。这种价值形式的质变，使直接的物物交换发展成为以一般等价物为媒介的商品交换，它克服了在扩大的价值形式上出现的困难。商品生产者只要把自己的商品换成一般等价物，他的劳动就得到了社会承认，就可以用它来换取自己所需要的任何商品。在一般价值形式中，商品价值表现是简单的，因为它只表现在一种商品上；同时商品界的价值表现是统一的，因为所有商品都用同一种商品表现自己的价值。马克思说："它们的价值形式是简单的和共同的，因而是一般的。"[①] 在一般价值形式中起等价形式作用的商品，就是一般等价物。

但是，这种一般价值形式也有缺点：在这种形式上，一般等价物并没有完全固定地由某一种商品来充当。在不同时期或不同地区充当等价物的商品往往不相同，在历史上，牲畜、毛皮、贝壳等都充当过一般等价物，致使交换的扩大发生了诸多的不便。随着交换的发展，人类寻找到了一种特殊商品来固定地充当一般等价物，这时，一般价值形式便过渡到货币形式。

4. 货币形式

货币形式，即当一种商品固定地起一般等价物作用时，这种商品就成了

① 马克思：《资本论》第 1 卷，人民出版社 2004 年版，第81 页。

货币商品，这种价值形式就是货币形式。用公式表示为：

$$\left.\begin{array}{r}2\text{把斧子}=\\40\text{斤粮食}=\\20\text{尺麻布}=\\1\text{只绵羊}=\\\cdots\cdots\ =\end{array}\right\}1\text{克黄金}$$

货币形式和一般价值形式并没有本质区别，唯一的区别只是一般等价物固定在金银商品上。正如马克思所说的，金银商品作为货币“唯一的进步是在于：能直接地一般地交换的形式，即一般等价形式，现在由于社会的习惯最终地同商品金的特殊的自然形式结合在一起了”。①

金银能够固定地充当一般等价物，取得直接代表社会劳动的特殊地位，并不是金银有什么神秘的地方，而是由于它的自然属性，使它最适合充当货币材料。一是体积小、价值大，便于收藏和携带；二是不易腐烂变质，便于长期保存；三是硬度小，易分割和合并，质地均匀。马克思指出：“金银天然不是货币，但货币天然是金银。”②

货币的出现，解决了交换迅速扩大中的矛盾，大大促进了商品交换的发展。货币作为价值的独立代表取得了独一无二的一般等价物地位，所有其他的商品都必须用货币来表现自己的价值。这样，整个商品界分裂成了对立的两极：一极是除货币以外的所有其他商品，它们只是直接作为使用价值存在；另一极是货币，它直接作为价值的化身而存在，固定地充当一般等价物，表现其他所有商品的价值。货币的出现使商品内部的使用价值和价值的矛盾转化为商品和货币的外部矛盾。可见，货币是商品价值形式的完成形式，是商品交换发展到一定阶段的产物，是商品内在矛盾发展的必然结果。

通过以上概述，我们了解了货币的起源，知道了货币不过是固定地充当一般等价物的特殊商品，它的本质是一般等价物，货币商品的特殊性表现在两个方面：其一，一切商品都有价值，但只有货币商品是价值的一般直接代表。一切商品的价值都必须通过货币来表现。其二，一切商品都有使用价值，但货币商品的使用价值是二重的，它既具有同普通商品一样的特殊使用价值；又具有普通商品所没有的一般使用价值，即充当货币材料。

① 《马克思恩格斯全集》第23卷，人民出版社1972年版，第86页。
② 马克思：《资本论》第1卷，人民出版社2004年版，第108页。

二、货币的职能

货币是商品交换发展到一定阶段的产物，是商品内在矛盾发展的必然结果。货币的本质在于，它是固定地充当一般等价物的特殊商品，体现着商品经济中人与人之间的社会关系。货币的职能是由货币的本质决定的，货币本质是通过货币的职能表现出来的。在发达的商品经济中，货币具有价值尺度、流通手段、贮藏手段、支付手段和世界货币五种职能。其中价值尺度和流通手段是最基本的职能。

1. 价值尺度

所谓价值尺度，就是以货币为尺度表现、衡量、计算商品的价值量。充当商品的价值尺度是货币的首要职能。货币之所以能够作为价值尺度来衡量商品的价值量，是因为货币本身也是商品，凝结着一般的人类劳动。马克思说："货币作为价值尺度，是商品内在的价值尺度即劳动时间的必然表现形式。"①

货币执行价值尺度职能时，就是要把商品的价值表现为价格，即用货币表现的商品的价值叫做价格，它代表着商品与货币的交换比例。商品价值是价格的基础，价格是价值的货币表现。例如，1 只绵羊凝结了 60 小时的社会必要劳动，1 克黄金也凝结了 60 小时的社会必要劳动，那么，1 只绵羊的价值便可以用 1 克黄金来表现，1 克黄金就是 1 只绵羊的价格。如果生产绵羊的劳动生产率提高或降低了 1 倍，1 只绵羊凝结了 30 小时或 120 小时的社会必要劳动，而生产黄金的劳动生产率不变，1 克黄金仍凝结 60 小时的社会必要劳动，则 1 只绵羊的价值便可以用 1/2 克黄金或 2 克黄金来表现，1/2 克黄金或 2 克黄金就是 1 只绵羊的价格。同理，如果生产绵羊的劳动生产率不变，而生产黄金的劳动生产率提高或降低了 1 倍，1 克黄金凝结 30 小时或 120 小时的社会必要劳动，则 1 只绵羊的价值便可以用 2 克黄金或 1/2 克黄金来表现，2 克黄金或 1/2 克黄金就是 1 只绵羊的价格。可见，商品价格是商品价值与货币价值的比率，它与商品本身的价值变化成正比，与货币价值的变化成反比。

货币充当价值尺度时，只是表现价值，不是实现价值，因此货币在执行此职能时，只是观念上的或想象上的货币，即商品标明价格。各种商品具有不同的价值量，用货币来衡量，就表现为不同的货币数量。为此，货币自身也必须有一个确定的计量单位，以便表示货币的数量，这种计量货币的单位

① 马克思：《资本论》第 1 卷，人民出版社 2004 年版，第 114 页。

及其等分，叫做价格标准。金银的自然计量单位是重量单位，因此，金银的重量单位及其等分就成为历史上最初的货币单位名称。例如，我国历史上以金银为货币时，就以重量单位“两”作为货币单位。一两分为 10 钱，一钱又分为 10 分。后来，由于货币制度的演化以及本国货币在各国经济往来中与外国货币发生关系，货币单位的名称逐渐脱离重量单位名称。如，我国的货币单位由“圆”取代了“两”，规定每枚银圆重 7.2 钱，成色为九成，含银 6.48 钱。“圆”下面又分成“角”、“分”、“厘”、“毫”。

商品价格的变动，既取决于商品价值的变动，又取决于货币价值的变动。因此，价格作为商品价值的外部表现，有可能背离商品的价值。这种背离有两种形式：第一，价格与价值在量上产生背离，即用价格表示的货币数量在价值上与它所反映的商品价值不一致，可能高于或低于商品的价值，二者之间的背离存在于价格形式之中。这是因为在价格形式中，商品内在的价值量表现为商品同货币之间的交换比例，这种交换比例会受到其他外在条件影响（如供求关系）而偏离商品的价值量。第二，质上的背离，即由于某种社会原因，使某些没有价值的物品也有了价格，即“价格可以完全不是价值的表现”。[①] 如名誉、良心等，本来没有价值，但在现实生活中却可以出卖，具有一定的价格。这时的价格就不再是商品价值的货币表现，而只代表着某种虚幻的价值，这种虚幻的价值是现代市场经济社会中复杂纷纭的价格现象产生的根源。

2. 流通手段

货币充当流通手段的职能，就是货币在商品交换中起媒介作用。货币作为流通手段，改变了商品交换的形式，也加深了商品的内在矛盾。货币的中介作用使物物直接交换分裂为卖和买两个互相联系又互相分离的过程。在这个过程中，价值首先由商品形态转化为货币形态，再由货币形态转化为商品形态，其公式是：商品—货币—商品（也可以用字母表示为 W—G—W）。这种以货币为媒介的商品交换的有机整体叫做商品流通。

商品流通既打破了直接物物交换在时间方面和空间方面的限制，促进了商品经济的发展，同时又加大了商品经济的矛盾，因为卖和买在时间上、空间上的分离，使卖者在出卖商品后不一定立即买，造成买卖脱节。如果一部分人只卖不买，就会使另一部分人的商品出卖遇到困难，从而包含着危机的可能性。在商品的价值形态变化 W—G—W 过程中，流通的第一个阶段 W—G，是整个过程最关键的阶段。马克思曾说，W—G 是商品惊险的跳跃，这个跳

①《马克思恩格斯全集》第 23 卷，人民出版社 1972 年版，第 120 页。

跃如果不成功，摔坏的不是商品，但一定是商品所有者。这是因为私人劳动和社会劳动的矛盾，使商品必须转化为货币，投入商品生产的劳动才能被社会所承认。商品转化为货币以后，它就取得了社会所承认的一般价值形式，因而可以直接交换所需的其他商品。

在商品流通中，商品在出卖以后就退出流通领域而进入消费领域。但是，货币却不是这样的，它不断地作为购买手段实现商品的价值，把商品从卖者手中转到买者手中，同时，它自身又不断地从买者手中转到卖者手中。货币不断地从一个商品所有者手里转到另一个商品所有者手里的运动，就构成了货币流通。货币流通是由商品实现自身价值的运动所引起的，商品流通是货币流通的基础，货币流通则是商品流通的表现。

（1）货币的流通规律。在流通中到底需要多少货币来充当商品交换的媒介呢？这是由货币流通规律决定的。货币流通规律，就是指一定时期内流通中所需要的货币量的规律。一定时期内流通中所需要的货币量取决于三个因素：一是待售商品总量；二是商品的价格水平；三是货币流通速度（一定时期内同一货币单位平均周转次数）。可以用以下公式表示：

$$\text{一定时期内流通中所需要的货币量}=\frac{\text{商品价格总额（待售商品总量}\times\text{商品价格）}}{\text{同一单位货币的流通速度（次数）}}$$

（2）铸币的产生。货币产生后，最初采取金属条块的形式，每次交换要查成色、称重量，很不方便。为了交换的方便，人们便将金银铸成具有一定重量和标记的铸币。铸币是由国家铸造的具有一定形态、重量、成色并标明面额值的金属货币。例如，中国早在周代（约公元前 11 世纪~公元前 256 年）就已经出现了铜铸币，主要有三种形制：一是“布”，即铲形农具的缩影，流通于周、三晋、郑、卫等地；二是“刀”，为刀的缩影，主要流通在齐国及其势力所影响的范围；三是铜贝，在南方楚国流通。秦统一中国以后，用铜铸圆形方孔的秦“半两”钱统一了中国的铸币。唐朝建国后，铸“开元通宝”钱，以后各代铸的钱大多称“通宝”，中间“开元”二字换成当时的年号。这种形制一直延续到清代。

（3）纸币及其流通规律。货币流通手段的职能是纸币产生的原因。铸币在流通中会因磨损以及人为的刮削而实际重量下降，从而实际价值低于它的名义价值。但是，货币的持有者在交易中关心的并不是货币本身的真实价值而是货币按照名义价值转瞬即逝的媒介作用，只要货币能够按照它所代表的价值买到所需要的商品，就会在流通中被人们接受。这样，在一定限度内就可能出现不足值的货币仍可作为足值的货币充当流通手段的情况。这种情况产生了一种可能性，即人们可以用价值较低的材料代替贵金属货币执行流通手段的职能，甚至进一步可以用价值符号来代替金属货币，于是产生了纸币。纸币是由国家发行并强制使用的价值符号，纸币本身没有价值。最初的纸币是代表金属货币流通并可以兑换成贵金属货币的银行券。后来，随着纸币流通成为一种固定化的制度，又出现了不能兑换金属货币的信用货币，即以国家信用为依据，由国家发行并强制流通的价值符号。

纸币的流通是以金属货币的流通规律为基础的。也就是说，纸币的发行要以商品流通中所需要的金属货币量为基础，如果纸币的发行量超过了商品流通中所需要的金属货币量，则单位纸币所代表的金属货币量就要下降，纸币就会贬值。这时，商品价格就会普遍上涨，这种现象被称为通货膨胀。

津巴布韦通货膨胀率达百分之两亿三千一百万

中新网 1 月 11 日电　据美国媒体报道，面对全世界最高的通货膨胀率，津巴布韦政府日前宣布发行面值 500 亿津元和 200 亿津元的钞票，再次创下世界之最。然而如此大面额的钞票在津巴布韦只够买 2 个面包。

除此之外，政府还宣布废除限制从银行提取现金的措施。员工将可以凭工资单到银行把钱全都取出来。

新面值的钞票预计将在 12 日开始正式流通。津巴布韦的官方通货膨胀率为百分之两亿三千一百万。有些经济学家说，实际的通货膨胀率可能还要高。津巴布韦不仅面临霍乱疫情，还要艰难地应付高达 80%的失业率、崩溃的医疗体系和包括食品在内的基本用品短缺等问题。

津巴布韦政局动荡，经济恶化和严重通胀，央行去年年底刚刚发行了面额为 10 亿津元、50 亿津元和 100 亿津元的新钞。该国此前还发行了面额 1000 万津元、5000 万津元和1 亿津元的 3 种钞票，但很快也因货币贬值严重而难以继续流通。目前在津巴布韦，1 美元大约能兑换 250 亿津元。

资料来源：中国新闻网，2009 年 1 月 11 日。

旧中国的通货膨胀

1935 年国民党政府实行了“法币改革”，规定自 1935 年 11 月 4 日起，以“中央银行”、中国银行、交通银行三家银行所发行的钞票为“法币”（1936 年又增加了中国农民银行。从 1942 年 7 月 1 日起，法币的发行权统一于当时的中央银行）；并宣布所有白银和银元的持有人，应立即将其缴存政府，照面额换领法币。从法币改革到抗日战争前夕，法币的发行额增加到三倍以上。截至1936年6月，搜刮人民的白银就达二亿二千五百万元。

抗日战争期间，法币的发行额迅速增长。1945年8月抗日战争结束时，法币的发行额为1937年7月抗日战争爆发时的三百四十余倍，同一时期的物价至少上涨了二千倍左右。

抗战结束后，国民党又发动了国内战争，这就不能不更加大量地增发纸币。从1937年6月至1948年8月21日法币崩溃为止，法币发行量上升到四十七万倍，同一时期上海的物价上涨了四百九十二万七千倍。大量发行的结果，法币急剧地贬值，1948年8月法币的购买力只有抗战前币值的五百万分之一。

1937~1949年一百元法币的购买力变化如下：

1937年	可买黄牛2头；
1938年	可买黄牛1头；
1939年	可买猪1口；
1941年	可买面粉1袋；
1943年	可买鸡1只；
1945年	可买鸡蛋2个；
1946年	可买固体肥皂1/6块；
1947年	可买煤球1块；
1948年8月19日	可买大米0.002416两（按每斤十六两算）；
1949年5月	可买大米0.00000000185两（即一粒大米的24.5‰）。

资料来源：http：//course.shufe.edu.cn/course/zzjjx/chapter/2002/02/bg/bg-02-03.htm。

3. 贮藏手段

货币的贮藏手段是指货币退出流通领域，被人们当作独立的价值形态和社会财富的一般代表而保存起来。货币之所以能有贮藏手段职能，是因为它是一般等价物，作为一般等价物是价值的独立化形式，是社会财富的一般代表，人们有了货币就能买到任何商品，从而引起了人们贮藏货币的欲望。货币的贮藏手段职能是随着商品经济的发展而产生的，商品流通越扩展，货币能直接转化成任何商品的社会权力就越大，也就越发促使人们更多地贮藏货币，以致出现了这样的情况："货币贮藏者为了金偶像而牺牲自己的肉体享受。”[①] 当然，随着商品生产者对市场的依赖性加强，为了应付再生产过程中各种偶然情况的发生，使再生产过程不至于中断，也必须贮藏一定数量的货币。

充当贮藏手段的货币，既不能是观念上的货币，也不能是用作价值符号的纸币，而必须是足值的金属货币。货币贮藏一般有两种形式：一是直接贮藏金银；二是贮藏金银制品，如金银器皿或首饰等。

在金属货币条件下，人身自由作为贮藏手段能够自发地调节货币流通量。当商品流通所需要的货币量减少时，一部分货币就会从流通中退出，贮藏起来；当商品流通所需要的货币量增多时，一部分贮藏的货币就会进入流通过程中。

4. 支付手段

货币的支付手段是指货币用来清偿债务或支付赋税、租金、工资等的职能。货币作为支付手段起因于赊账的商品交易，即先拿货，过一定时间后再付款。之所以会出现这种赊购现象，是因为在商品生产中，不同商品生产时间长短不同，有些商品生产还受到季节性的影响。同时，各种商品的销售时间也存在差别。于是，便出现了先交货后付款的信用买卖和债务关系，出现了延期支付的情况。这时，货币的运动已不再与商品的运动同时发生，商品早已退出流通，现在只是货币的单方面的转移。货币充当支付手段，最初只用于清偿债务，后来逐步扩大到商品流通以外，用于支付租金、利息、工资等。

货币执行支付手段的职能，使流通中的货币需要量发生了变化。因为在一定时期内，赊购的商品可以不付货币，而前一时期赊购的商品，却要在本期内支付货币，有些赊购的商品还可以相互抵消，不用支付货币。因此，一定时期内流通中所需要的货币量公式就变成：

$$\begin{matrix}\text{一定时期内流通中}\\\text{所需要的货币量}\end{matrix}=\frac{\begin{matrix}\text{待售商品}\\\text{价格总额}\end{matrix}-\begin{matrix}\text{赊销商品}\\\text{价格总额}\end{matrix}+\begin{matrix}\text{到期支付}\\\text{总额}\end{matrix}-\begin{matrix}\text{相互抵消的}\\\text{支付总额}\end{matrix}}{\text{单位货币的流通速度（次数）}}$$

货币的支付手段职能有双重作用：一方面，作为价值尺度确定赊购商品的价格，衡量买者到期必须支付的货币额；另一方面，作为观念的流通手段，充当买者和卖者赊销商品的媒介。从购买者方面看，为了能在支付日期到来时进行支付，他必须事先积攒货币。这样，货币在执行支付手段职能之前，要先充当贮藏货币。因此，货币支付手段职能的产生是以价值尺度和流通手段以及贮藏手段职能的存在为前提的。

货币支付手段产生后，无疑促进了商品经济的发展，因为可以在暂时缺

---

① 马克思：《资本论》第 1 卷，人民出版社 2004 年版，第 157 页。

乏现金的情况下使商品照常流通。并且有些债务可以相互抵消，可以节约商品流通中需要的货币量，这些都有利于商品经济的发展。但是，随着支付手段的发展，也扩大了商品经济的内在矛盾。赊购方式的发展使商品生产者之间形成了一长串的债权债务链条。如果在这种链条的某一环节上债务人不能如期偿还债务，就会产生连锁反应，支付链条就会中断，整个债权债务关系将陷入混乱之中，出现支付危机，导致商品生产与经营无法顺利进行。所以，货币支付手段的职能又在支付环节上产生了危机的可能性。

5. 世界货币

世界货币是指货币越出一国国界在世界市场上发挥一般等价物的职能。世界货币的职能是在前几个职能的基础上发展起来的，也是国际贸易发展的结果。在早期的对外贸易中，货币一般只限于贵金属黄金或白银。各国内部法定的纸币和普通金属铸币，通常不能越出国界流通。因此，货币执行世界货币这一职能时，必须以足值的金或银充当。

首先，世界货币的首要职能是用来充当支付手段，即用来支付国际收支的差额，平衡国际贸易。其次，在世界市场上，贵金属也可以作为购买手段，用来单方面购买别国的商品。最后，贵金属还可以作为社会财富的代表，由一国转移到另一国，如支付战争赔款、资本输出以及转移财产等。

货币的以上五个职能之间存在着有机联系，从不同的方面反映了货币作为一般等价物的本质。其中，价值尺度和流通手段是货币的基本职能，是随着一般价值形式转变为货币形式同时形成的，之后才陆续出现了贮藏手段、支付手段和世界货币。货币的五种职能是随着商品经济的发展逐步出现的，它们反映着商品经济发展的不同阶段。

三、信用货币

货币形式由最初的贵金属形式，演化为铸币形式，随后出现纸币，并相继出现了信用货币。信用货币在实践中采取了从纸币到银行账户、信用卡等各种形式，转化为一种纯粹的账面数字，这一过程被称为是货币的虚拟化过程。

从历史上看，当货币形式深化为由纸质品的价值符号代替金属货币时，在此前后便出现了由借贷行为而产生的各种信用凭证，比如银行券、商业票据等。它们都是信用货币，其基本特征是代替金属货币充当流通手段和支付手段，能够节省流通费用，方便携带和结算。上述信用货币称为广义信用货币。随着商品货币关系的不断发展，信用形式发生了很大变化，由银行信用产生的各种信用凭证，如支票、汇票、期票和存款货币等，被社会广泛作为流通与支付手段，执行货币的基本职能，甚至在人们购买消费品时，大量使用信用卡。这些通常被称作真正的信用货币，也就是指狭义的信用货币。

信用货币在其发展过程中，主要采取以下几种形式：

1. 银行券

银行券是信用货币的主要形式，它是由银行发行的用以代替商业票据的银行票据。早期的银行券（出现在17世纪的欧洲）是可以到银行兑现金属货币的，正因为是用银行信用作保证，并且可以随时到银行兑换金属货币，因此，银行券被普遍使用。“银行券无非是向银行家开出的、持票人随时可以兑现的、由银行券来代替私人汇票的一种汇票。”[①] 但是，第一次世界大战之后，资本主义国家的金本位制受到很大削弱，进而银行券的兑现也受到削弱。20世纪30年代爆发了世界性经济大危机，这以后金本位制被逐步放弃，银行券也就停止兑换金属货币，因而变成了不可兑现的银行券。银行券变为不能兑现的信用货币，是现代国家的主要货币形式，被称为现代货币，而且银行券的发行权是由一个国家的中央银行垄断的。

2. 存款货币

存款货币是信用货币的另一种重要形式。存款货币主要是指能够通过签发支票办理转账结算的活期存款。在现代商品经济发展中，银行替商品交易双方办理结算业务的中介作用越来越重要。在存款人发生支付时，可根据交易额在存款余额内签发支票，银行将支票支付给收款人。收款人可将此支票交给其开户银行，将付款人账户的存款额转为收款人账户的存款。这样，通过存款账户之间存款的转移来完成支付行为，所以，称为“存款货币”。存款货币发挥支付职能时，具有快捷、安全、方便的优点，在现代商品经济社会里，商品交易支付由存款货币代替有形的货币的趋势非常强劲。

3. 电子货币

电子货币是指应用电子计算机进行储存、转账、购买和支付。在支付时，既不需要现金也不需要支票，只需要出示卡片，并通过计算机程序进行处理就可以完成。电子货币是一种虚拟货币，不需要任何物质性的货币材料。随着银行计算机网络化的形成，存款货币逐渐被电子货币所代替。电子货币既迅速又简便，还能够节省大量的交易支付费用，所以很快被广泛应用。

尽管货币的形式发生了很大的变化，但货币的本质和基本功能没有改变。

---

①《马克思恩格斯全集》第25卷，人民出版社1974年版，第454页。

四、货币的层次

随着信用制度的产生和发展，货币范围不断扩展，人们对货币的认识也逐步发展，货币概念的界定也发生着变化。由于信用工具和流动资产种类繁多，各自具有一定的“货币性”，一定时期货币量的构成便复杂起来，从而使得货币的边界变得宽泛。于是，就出现了 M0、M1、M2、M3、M4……边界不同的货币层次。

M0＝现金（纸币和硬币）

M1＝M0＋所有金融机构的活期存款

M2＝M1＋商业银行的定期存款和储蓄存款

M3＝M2＋其他金融机构的定期存款和储蓄存款

M4＝M3＋其他短期流动资产（如国库券、商业票据、短期公司债券、人寿保单等）

M1 是由现金和活期存款组成。这里的活期存款实际上是支票账户，是指存款人的活期存款和其他可开支票的存款。虽然支票账户不能直接作为购买手段，但在需要时可以很快转化为现金执行购买手段的职能，因此，其流动性与现金的流动性很接近。

通常把 M0 和 M1 称为狭义的货币，即主要是为交易目的而持有的货币。流通中狭义的货币数量，直接影响着社会的货币供给量，进而对整个宏观经济运行也有很大的影响。

M2 是比 M1 较广义的货币层次，是银行体系以外流通的现金和银行体系中各种存款（活期储蓄和定期存款）之总和。由于 M2 中的定期存款在提现时，受到一定的时间限制，或者说，只有在接受一定的经济条件（如损失一部分利息收入）下才能提现，这样，定期存款的流动性低于活期存款和其他可开支票的存款，即 M2 的流动性低于 M0 和 M1。

M3 和 M4 是更为宽泛的货币层次，其流动性显然又要比 M2 的流动性低。通常把 M2、M3、M4 等称为广义货币，是对货币外延的扩大。广义货币除了包括狭义货币之外，还包括一些金融资产和可以代替现金或支票的替代物。广义货币和狭义货币的差别是非本质的差别，它们的差别主要体现在流动性的程度上，随着货币层次的提高，其流动性呈递减态势。在一定条件下，广义货币可以转化为狭义货币，通常被称为一种潜在的购买力或支付能力，需要经过一定时期（变现过程）才会对经济运行产生影响。

第三节　商品经济及其基本规律——价值规律

商品经济的发展是与一定的社会历史条件相适应的，从根本上说，是由社会生产力的发展水平决定的。商品经济的发展分为两个阶段：简单商品经济（又称小商品经济）阶段和发达的商品经济阶段。当商品经济关系发展到全社会，整个国家或整个地区的总体经济而不是局部经济受市场调节，市场机制成为资源配置的基础性调节机制时，这种商品经济就是市场经济。市场经济中的基本经济规律则是价值规律。

一、市场经济

市场经济是指通过市场机制来实现资源配置的一种经济运行方式。所谓资源配置，是指在经济运行过程中，各种现实的生产资源（如劳动资料、劳动对象、劳动力、技术、自然资源等）在不同部门之间的分配和不同方向上使用。马克思将经济资源归结为社会劳动时间，资源配置即社会总劳动时间的配置。马克思说："社会必须合理地分配自己的时间，才能实现符合社会全部需要的生产。因此，时间的节约，以及劳动时间在不同的生产部门之间有计划的分配，在共同生产的基础上仍然是首要的经济规律。这甚至在更加高得多的程度上成为规律。"① 根据马克思的社会必要劳动时间的含义，资源配置的最优化便归结为在每个生产部门分配的劳动时间是社会必要劳动时间，调节资源配置的目标便是要求各个部门按照社会必要劳动时间进行生产。市场调节资源配置是通过价值规律的作用实现的。

二、价值规律及其作用

价值规律是商品经济的基本规律，只要存在商品生产和商品交换，价值规律就必然存在并发挥作用。

1. 价值规律的基本内容和表现形式

价值规律的主要内容和基本要求是：商品的价值量由生产商品的社会必要劳动时间决定；商品必须以价值量为基础，按照价值量相等的原则进行交换，即实行等价交换。从价值规律的基本内容可以看出，价值规律就是价值

①《马克思恩格斯全集》第 46 卷（上册），人民出版社 1979 年版，第 120 页。

决定和价值实现的规律，它既支配商品生产，又支配商品交换，所以是商品经济的基本规律。马克思把价值规律喻为自然规律，表明它具有不以人的意志为转移的客观必然性。

商品价值是商品的社会属性，商品价值只能在商品交换过程中通过交换价值表现出来，决定商品价值量的社会必要劳动时间也只能通过一种商品同另一种商品交换的量的比例表现出来。随着价值形式演变到货币形式后，一切商品的价值都通过货币来表现，商品价值的货币表现就是价格。

价格作为商品价值的货币表现，以价值为基础，反映价值的变化。但是，由于价格是以商品和货币交换的量的比例来相对地反映商品价值，商品供求关系必然会对价格产生影响。在商品交换中，商品价格的这种性质决定了价格有可能偏离其价值。“随着价值量转化为价格，这种必然的关系就表现为商品同在它之外存在的货币商品的交换比例。这种交换比例既可以表现商品的价值量，也可能表现比它大或小的量……可见，价格和价值量之间的量的不一致的可能性，或者价格偏离价值量的可能性，已经包含在价格形式本身中。”[①] 在现实商品交换中，价格与价值的一致只是偶然的、个别的现象，而不一致的情况则是经常发生的。当某种商品在市场上供不应求时，商品的购买者为了获得商品，必然竞相购买，价格就会涨到价值之上。反之，当某种商品供给量超过需求量时，商品的销售者为了尽快实现商品价值，必然竞相出售商品，商品价格就会跌到其价值之下。商品的供求不是静态的，而是动态变化的，所以，价格与价值一致是偶然的，而价格与价值偏离却是经常性的。商品价格是围绕着其价值上下波动的，而这正是价值规律作用的表现形式。

不过，商品价格与价值经常不一致，并不意味着违背价值规律。因为：第一，从孤立的一次商品交换来看，商品价格可能高于或低于价值，但从长期来看，价格的上涨部分与下跌部分可以相互抵消，在一定时期内商品的平均价格与价值是相等的，二者是趋于一致的。第二，从不同商品各自的价格变化来看，商品价格无论涨落，都是以各自的价值为基础。例如，一斤白菜的价格无论怎样上涨，也不会赶上一只羊的价格。

所以，价格始终以商品的价值为基础上下波动，时而高于价值，时而低于价值。价格以价值为中心上下波动不仅不是对价值规律的否定，而且正是价值规律存在和发生作用的表现形式。

2. 价值规律的作用

价值规律是在资源配置的过程中实现它的客观要求和作用的，价格围绕

① 马克思：《资本论》第 1 卷，人民出版社 2004 年版，第 122~123 页。

价值上下波动表现自己的过程，就是其发挥作用的过程。价值规律的作用根源于其内在的价值决定和价值实现的机制，主要体现在调节、刺激、分化等方面。

（1）价值规律能够自发地调节社会劳动在各个生产部门的配置。这种调节作用是通过价格围绕价值上下波动和市场竞争中实现的。在商品经济中，商品的市场价格不仅传递、反馈经济信息，而且直接关系到商品生产者的切身利益。由于商品生产内在矛盾的存在，商品生产者都是各自独立经营的，事先不可能准确地知道市场的供求状况，只有通过商品价格涨落的信息反馈，才能知道什么商品供过于求，什么商品供不应求。一旦某种商品供不应求时，其价格就会上涨，这必然会吸引一些商品生产者从其他领域退出，把自己拥有的生产资料和劳动力投入到该种商品的生产中来。相反，一旦某种商品供过于求时，其价格就会下跌，这又会使该种商品生产者压缩原有的生产规模，甚至放弃对这种商品的生产和经营，而将拥有的生产资料和劳动力转移到其他商品的生产和经营中去。可见，价值规律就像一只看不见的手，通过生产要素在不同生产部门间的流动和转移自发地调节社会资源在各个生产部门的配置。

但是，需要指出的是，价值规律对资源配置的调节是自发的事后的调节。只有先出现商品供求的不一致，价格才会变动，从而引导生产者调节资源配置，调节的结果也不会恰好达到供求一致时立刻停止，而是可以使供给扩大到已经超过需求或缩小到供不应求的地步。所以在价值规律对社会资源的合理配置过程，必然伴随着商品供求平衡关系的不断破坏，并不能自发地保证社会生产各部门平衡进行。

（2）价值规律自发地刺激商品生产者不断改进生产技术，改善经营管理，提高劳动生产率。这是通过商品内在的个别劳动时间与社会必要劳动时间的矛盾运动实现的。按照价值规律的要求，商品的价值量是由生产商品的社会必要劳动时间决定的，且商品是以价值量为基础进行等价交换。如果某个商品生产者采用了先进的生产技术，或者改善了经营管理，其劳动生产率就会提高，他生产的商品个别劳动时间就低于社会必要劳动时间，但他生产的商品仍然是按照社会必要劳动时间决定的价值量出售，这样一来，就可以获得比别人更多的收入。相反，如果某个商品生产者的个别劳动时间高于社会必要劳动时间，就会由于一部分劳动消耗得不到社会承认，也得不到补偿而亏本。显然，这一得一失，是由于劳动生产率的差异造成的，这必然会刺激商品生产者千方百计地采用先进的生产技术，提高经营管理水平，从而提高劳动生产率。所有的商品生产者都努力提高劳动生产率，在客观上就推动了社会生产力的向前发展。

但是，价值规律的刺激作用也会在市场竞争中受到一定的限制。由于商品生产者中较先掌握先进生产技术或管理方式的人，可以获得较多的收入，他们的目的只是自己的私人利益而不是社会生产力的发展。为了较长期地获得更多的收入，他们总是竭力保守技术秘密，人为地阻碍新技术的推广，这自然不利于社会生产力的发展。

（3）价值规律自发地促使商品生产者两极分化。这同样是通过商品内在的个别劳动时间与社会必要劳动时间的矛盾运动实现的。在商品生产和交换过程中，由于各生产者的生产条件、管理水平和劳动生产率不相同，那些掌握了先进的生产技术、经营管理水平高的生产者，劳动生产率高，其生产的商品的个别劳动时间（个别价值）低于社会必要劳动时间（社会价值），按社会价值出售商品会获得更多的收入，因而越来越富裕；反之，那些生产技术条件差、经营管理水平低的商品生产者，劳动生产率低，其生产的商品的个别劳动时间（个别价值）高于社会必要劳动时间（社会价值），按社会价值出售商品就亏本，在竞争中处于不利地位，而且可能越来越穷（若没能即时采用先进生产技术或改善管理水平），甚至破产。这样，在价值规律作用下就不可避免地会出现富者越富、贫者越贫的“马太效应”，从而引起商品生产者两极分化。

三、价值规律是商品经济的基本规律

基本经济规律，是指在一定社会形态中起支配作用的经济规律。价值规律是商品经济的基本经济规律，因为：

首先，价值规律体现了商品经济的平等互利的本质联系。商品是用来交换的劳动产品，与自然经济等其他经济形式相比，商品经济不仅仅是直接以商品交换为目的的经济形式，更主要的是它具有平等性，是具有独立经济利益的商品生产者通过平等互利的商品交换来实现自身利益的社会经济形式。价值规律在价值决定方面规定商品的价值由生产它的社会必要劳动时间决定，社会必要劳动时间是各个商品生产者个别劳动时间的平均，从而真正体现出商品生产者生产商品的劳动的“相同性”和“同一性”，体现出他们之间在生产领域的平等性。而且，价值规律要求按照等价交换原则进行交换，即按照由社会必要劳动时间决定的价值进行交换，从而体现了商品生产者在流通领域的平等性。因此，价值规律是调节商品生产者之间经济利益的规律。

其次，价值规律存在于商品经济发展的各个阶段。商品经济经过了漫长的发展历程，但不管是哪个阶段，生产什么、怎样生产、生产多少都是需要解决的最基本的和最一般的问题，而这些问题的解决受到价值决定和价值实现的制约，即受价值规律的支配。一方面，商品生产者要根据商品的价格状况选择生产什么商品以及生产多少商品，而商品价格是以价值为基础再受供求关系影响而变动的。另一方面，商品生产者生产商品的动力是获取利润，获得利润必须解决价值决定和价值实现问题，而价值规律既是价值决定的规律，又是价值实现的规律，支配了商品生产者的决策。因此，价值规律存在于商品经济发展的各个阶段，是商品经济最一般、最基本、最普遍的规律。

最后，价值规律支配商品经济的其他规律。在商品经济中存在着多种经济规律，除了价值规律外，还有供求规律、竞争规律、货币流通规律等。每一种经济规律都有各自的运行方式，但是，各个经济规律之间又相互联系、相互制约，共同形成了商品经济的经济规律体系。其中，价值规律发挥着支配其他规律的核心作用。例如，竞争规律，它是反映商品生产者之间关系的规律，受价值规律的支配。从竞争的目的和动力而言，竞争是为了尽快地实现自己商品的价值，而如何实现商品价值则受到价值规律的支配；从竞争手段来看，价格是商品经济中竞争最基本的手段。价格之所以成为最基本的竞争手段，这是因为价值规律的作用使由社会必要劳动时间决定的价值成为市场价格的基础，不同商品生产者的个别劳动时间耗费不同，但可以按照社会必要劳动时间决定的价值等价交换，从而为个别劳动时间耗费的生产者提供了以高于个别价格的市场价格出售自己商品的利润空间，获得了竞争优势。再例如，货币流通规律也是受价值规律支配的。根据货币流通规律，流通中所需要的货币量取决于待售商品价格总额和货币流通速度。由于商品价格是以价值为基础的，商品价格总额的大小从根本上取决于各待售商品的价值量的大小；而货币流通速度，实质上也就是商品交换的频率，即商品价值的实现速度。所以，商品价值的决定和价值的实现（即价值规律的内容）支配着货币流通规律。

主要概念

商品 使用价值 价值 交换价值 具体劳动 抽象劳动 个别劳动时间 社会必要劳动时间 货币 价值尺度 流通手段 贮藏手段 支付手段 世界货币 货币流通规律 价值规律

思考题

1. 什么是商品的二因素？它们与劳动的二重性的关系是怎样的？

2. 谈谈你对商品经济内在矛盾的认识，并说明这些矛盾如何才能顺利解决。

3. 试论述货币的起源与本质，并说明货币有哪些职能。

4. 什么是货币的流通规律？谈谈在商品经济中应如何科学地控制货币流通量。

5. 价值规律的内容和作用形式是什么？价值规律在商品经济中的作用是什么？

6. 为什么说价格的波动不违背价值规律？

第三章　资本及其剩余价值

内容提要

本章主要分析货币转化为资本的条件，揭示剩余价值生产和工资的规律。

货币是资本的最初表现形式，但货币本身并不是资本。货币转化为资本的前提是劳动力成为商品，劳动力成为商品有两个条件：一是劳动者有人身自由；二是劳动者除自身劳动力外一无所有。劳动力商品也有使用价值和价值，劳动力商品的使用价值就是劳动，它具有特殊性，能创造价值甚至是超过劳动力价值的价值，这就是资本增殖的秘密；劳动力商品的价值可以还原为劳动者消费资料的价值。

生产商品的劳动的二重性决定了资本的生产过程是劳动过程和价值增殖过程的统一。雇佣劳动关系下的劳动过程有两个特点：工人的劳动属于资本家；劳动产品归资本家所有。价值增殖过程不过是超过一定点而延长了的价值形成过程。雇佣工人的劳动时间分为必要劳动时间和剩余劳动时间两部分，前者用于再生产劳动力的价值，后者用于生产剩余价值。

资本的不同部分在生产过程中的作用不同，用来购买生产资料的这部分资本，在生产过程中价值量不变，称为不变资本；用来购买劳动力的这部分资本，在生产过程中发生了价值量的变化，称为可变资本。剩余价值与可变资本的比率称为剩余价值率，它反映资本对工人的剥削程度。

提高剩余价值率、增加剩余价值生产有两种基本方法：一是绝对剩余价值生产方法，即在必要劳动时间不变的条件下，绝对地延长工作日而延长剩余劳动时间所生产的剩余价值的方法。二是相对剩余价值生产方法，即在工作日不变的条件下，缩短必要劳动时间而相对地延长剩余劳动时间所生产的剩余价值的方法。

在现实中，劳动力的价值或价格采取工资的表现形式，从而掩盖了工资的本质；尤其是工资又采取了计时工资和计件工资的具体形式，进一步使人们误认为工资是劳动的报酬或价格。

通过本章学习，重点掌握以下内容：

1. 什么是资本，货币转化为资本的前提条件。
2. 劳动力商品的价值和使用价值。
3. 资本的生产过程及价值增殖过程。
4. 剩余价值生产的两种基本方法。
5. 工资的本质和形式。

第一节　货币转化为资本

商品交换内在矛盾的发展引起了货币的出现，货币是资本的最初表现形式，但货币本身不是资本。货币转化为资本是有条件的，这种条件也是在一定的历史背景下产生的。

一、商品流通和资本流通的区别

货币是资本的最初表现形式，一切资本的投入都是以货币的形式出现的。正如马克思所说："资本在历史上起初到处是以货币形式，作为货币财产，作为商人资本和高利贷资本，与地产相对立……现在每一个新资本最初仍然是作为货币出现在舞台上，也就是出现在市场上——商品市场、劳动力市场或货币市场上，经过一定的过程，这个货币就转化为资本。"①

但是，货币不是资本，从它们的运动过程可以明显地看出二者的区别。

作为货币的货币，其运动形式是：

W（商品）—G（货币）—W（商品）

作为资本的货币，其运动形式是：

G（货币）—W（商品）—G（货币）

这两种流通形式，虽然都是买和卖两个阶段的统一，每一阶段都有商品和货币的交换，但它们在流通形式、流通内容和流通目的上都有区别。

首先，二者在流通形式上不同。在作为商品流通媒介的货币流通形式（W—G—W），以卖开始，以买结束，过程的起点和终点都是商品，是价值相等但使用价值不同的商品，货币只在中间起媒介作用；而资本流通形式（G—W—G），以买开始，以卖结束，过程的起点和终点都是货币，商品在中间起媒介作用。

其次，二者在流通内容上不同。在作为商品流通媒介的货币的流通形式中，两极都是商品，它们的价值量相等，但使用价值不同，所以不同使用价值的交换是这一运动的内容。在资本的流通中，两极都是货币，它们没有质上的区别，只有量的差异。经过资本流通，最后从流通中取回的货币多于起初投入的货币，这一过程的完整形式是 G—W—G′（其中 $G'=G+\Delta G$），马克

①《马克思恩格斯全集》第 23 卷，人民出版社 1972 年版，第 167~168 页。

思把这个增殖额 ΔG 叫做“剩余价值”。

再次，二者的流通目的不同。商品流通的最终目的是满足消费需要，追求的是使用价值；而资本流通的目的是交换价值本身，是为了增殖。当货币能够带来价值增殖即剩余价值时，货币就变成了资本。资本就是能够带来价值增殖的价值。

最后，二者流通的界限不同。由于商品流通只是为了得到自身所需要的使用价值，自身需求的满足便是其运动的终极目的。所以，这种流通不论在数量上还是在规模上都是有限度的。但资本流通的目的是为了使价值增殖，而这种增殖又必须在不停的运动中才能完成，一旦运动停止了，也就无所谓价值增殖了。因此，资本的运动是没有限度的。

二、资本总公式及其矛盾

G—W—G′这个公式，反映了所有资本的最一般的运动形式。首先，它直接反映了商业资本的运动形式。其次，它反映了产业资本的运动形式。产业资本也是从货币开始，由货币转化为商品，然后通过商品生产和出售，再转化为更多的货币。虽然中间还包括一个生产过程，但这不过是对 G—W—G′这个公式的补充而已。再次，生息资本的运动形式是 G—G′，只不过是把 G—W—G′表现为一种简化的形式。由于 G—W—G′综合地反映了商业资本、产业资本和生息资本的运动形式，所以，马克思称其为资本的总公式。

资本的总公式表明，资本在运动、流通中发生了价值的增殖。但是，按照价值规律的要求，商品交换按照等价的原则进行，流通只会引起商品价值的形态变化，并不会改变商品的价值量。这样一来，资本在流通中产生价值增殖显然与价值规律的要求不相符，资本总公式与商品经济中的价值规律相矛盾。

那么，增殖的价值或剩余价值（ΔG）究竟是怎样产生的呢？“资本不能从流通中产生，又不能不从流通中产生。它必须既在流通中又不在流通中产生”。[①] 这就是解决资本总公式矛盾的条件。

价值增殖不能在流通中产生，因为，在流通领域，不管是等价交换还是不等价交换，都不能产生价值增殖。等价交换自然不会发生价值增殖。不等价交换，无论是贱买贵卖，还是相互欺诈，也都不产生价值增殖。不等价交换可能有两种情况，但都不产生增殖：第一种情况，每个资本家既是买者，同时也是卖者，作为贵卖者有所得，而作为贵买者又有所失，结果盈亏相抵，

① 《马克思恩格斯全集》第 23 卷，人民出版社 1972 年版，第 188 页。

没有增殖。第二种情况，有些资本家特别善于经营之道，投机取巧，始终贱买贵卖，但这种交换的结果，只是原有价值的一种重新分配，一个人得到的，正是他人所失去的，整个流通中的价值总量并没有增大。所以，这也不能证明流通中可以增殖。

价值增殖又不能离开流通而产生。流通是商品所有者全部关系的总和，在流通以外，生产者只同他自己的物品发生关系，生产者能够用自己的劳动创造价值，但不能使其价值得以实现，因为价值要通过交换才能得以实现。再说，资本家如果不把货币投入流通，不买也不卖，而是把货币贮藏起来，货币就不会增殖。可见，商品生产者在流通领域以外，不同其他商品所有者接触，也不能使价值增殖。

这个矛盾如何解决呢？马克思说："货币转化为资本，必须根据商品交换的内在规律来加以说明，因此等价物的交换应该是起点。"[①] 按照解决资本总公式矛盾的条件，首先，价值增殖不会发生在流通的 G—W 阶段的货币上，因为这里的货币作为购买手段和支付手段，只是实现商品的价值，其价值量是没有增殖；其次，价值增殖也不可能发生在流通的 W—G 阶段上，这里的商品内在价值已定，不会因为商品的出卖而发生价值增殖。最后，价值增殖必然是发生在 G—W 阶段的商品上，但不会发生在这种商品的价值，因为等价交换是商品交换的内在规律，于是价值增殖只能发生在所购买商品的使用价值上。也就是说，在这个阶段，货币所有者必须购买到一种特殊商品，它有特殊的使用价值，其使用价值本身具有成为更大价值源泉的特殊属性，即能创造价值，并且能创造出比自身价值更大的价值。这种特殊商品就是劳动力。劳动力成为商品是货币转化为资本的关键，是解决资本总公式矛盾的根本条件。

三、劳动力成为商品

劳动力是指人的劳动能力，是体力和脑力的总和。它存在于活的人体中，健康的人到了一定的年龄就具有了劳动力，并在进行生产劳动时发挥出来。无论在任何社会，劳动力都是社会生产的基本要素，但只有在一定的社会条件下，劳动力才会成为商品。劳动力成为商品，必须具备两个基本条件：

第一，劳动者具有完全的人身自由，是自己劳动力的所有者，有权自由地出卖自己的劳动力。劳动力所有者要维持自己在劳动力市场上的平等身份，劳动力就只能按一定时间出卖，而不是终身出卖成为奴隶。

第二，劳动者除了自己的劳动力外，没有任何生产资料，也没有其他生

---

① 马克思：《资本论》第 1 卷，人民出版社 2004 年版，第 193 页。

活资料来源，只能靠出卖自身的劳动力来维持生活。如果劳动者拥有生产资料，能够生产和出卖自己的劳动产品，那他就是一个小商品生产者，他就不用出卖自己的劳动力了。

马克思认为，人类社会发展到资本主义私有制条件时，劳动力才同时具备这两个条件。在封建社会末期，小生产者日益分化，特别是在资本原始积累阶段，大批的农民丧失了土地以及小商品生产者破产沦为无产者后，逐渐形成了劳动力成为商品的条件。马克思写道："这种关系既不是自然史上的关系，也不是一切历史时期所共有的社会关系。它本身显然是以往历史发展的结果，是许多次经济变革的产物，是一系列陈旧的社会生产形态灭亡的产物。"①

劳动力作为一种特殊商品，与其他商品一样，也具有使用价值和价值。

1. 劳动力商品的使用价值

劳动力商品的特殊性，首先就体现在其特殊的使用价值上。一般商品在被使用或消费时，随着使用价值的消失，其价值随之消失或转移到新产品中去，不会创造出新的价值。劳动力商品的使用价值则不同，其使用价值的使用或消费，就是劳动，它是价值的源泉，劳动不仅能保存旧价值，而且能创造新价值。资本所有者购买劳动力商品就是为了利用劳动力的这种特殊使用价值来使资本价值增殖。

2. 劳动力商品的价值

劳动力商品的价值，与其他商品的价值一样，也是由生产这种商品的社会必要劳动时间决定的。由于劳动力存在于劳动者的身体内，因此它的生产和再生产，要以劳动者正常生存为前提。劳动者要生存，就必须消费一定数量的生活资料，只有当劳动者消费了各种生活资料，使身体处于正常状态，才能不断提供劳动力，才能实现劳动力的生产和再生产。因此，生产和再生产劳动力的社会必要劳动时间，可以还原为生产维持劳动者生存所必需的生活资料的社会必要劳动时间。具体地说，劳动力商品的价值包括三部分组成：一是维持劳动者本人的生存所必需的生活资料的价值，用以再生产劳动者的劳动能力。二是维持劳动者后代的生存所必需的生活资料的价值。因为劳动者会衰老、死亡，为了保证劳动力的后续供给，不断有新的劳动力来补充，因此，劳动力价值要包括劳动者的补充者即劳动者的后代的生活资料。三是使劳动者掌握必要的生产技术和提高其素质所必需的教育和培训费用。马克思认为，"要改变一般的人的本性，使它获得一定劳动部门的技能和技巧，成

① 马克思：《资本论》第1卷，人民出版社2004年版，第197页。

为发达和专门的劳动力，就要有一定的教育或训练”，[①] 这部分费用包含在劳动力价值之内。

与其他商品相比较，劳动力商品的价值规定还有另一特殊性，这就是劳动力价值的上述各种物质内容并不是一成不变的，会因各个国家不同历史时期经济文化发展水平、历史传统、生活习惯、生活方式乃至自然条件等的不同而有很大的差异和变化。正如马克思所说：“劳动力的价值规定包含着一个历史的和道德的因素。”[②]

影响一个国家劳动力价值变化的因素主要有两个方面：一是已经纳入劳动者所必需的生活资料生产部门的劳动生产率；二是生活资料的构成与数量。前者与劳动力价值成反比，后者与劳动力价值成正比。考察一个国家的劳动力价值，需要把这两方面的因素综合起来进行分析。一方面，随着科学技术和社会生产力的发展，生产生活资料的部门的劳动生产率不断提高，劳动力价值有趋于下降的一面。但另一方面，社会生产力的发展，人们的生活方式也在不断地变化，必需的生活资料内容也随之变化，例如，人们的交通工具由自行车到汽车的变化，通信手段由信件到电话再到网络系统的变革，还有文化教育的提高，等等，又扩大了劳动者所必需的生活资料的范围和数量，使劳动力价值有提高的趋势。所以，劳动力价值是个变数，而不是个常数。

劳动力的买和卖是在流通领域内进行的。在这里，货币所有者和劳动力所有者是作为自由的、在法律上平等的人进行等价交换的，这与奴隶社会相比，是一种历史的进步。可是，这种自由和平等只是表面上的，当资本所有者把劳动力商品买回去之后，一旦离开流通领域，情况就完全变了：“原来的货币所有者成了资本家，昂首前行；劳动力所有者成了他的工人，尾随于后。一个笑容满面，雄心勃勃；一个战战兢兢，畏缩不前，像在市场上出卖了自己的皮一样，只有一个前途——让人家来鞣躏。”[③]

第二节 资本的价值增殖过程

资本所有者在流通领域购买到劳动力后，使两者相互结合，劳动过程便

①《马克思恩格斯全集》第 23 卷，人民出版社 1972 年版，第 195 页。
② 马克思：《资本论》第 1 卷，人民出版社 2004 年版，第 199 页。
③《马克思恩格斯选集》第 2 卷，人民出版社 1995 年版，第 176 页。

开始了，价值增殖也就发生在这个生产过程中。

一、生产使用价值的劳动过程

作为劳动过程，有三个基本要素：有目的的活动即劳动本身、劳动对象和劳动资料。劳动过程就是劳动者运用劳动资料作用劳动于劳动对象，生产出新产品的过程，也是人与自然之间的物质变换过程。劳动过程这种一般性质，是一切社会的劳动过程所共有的。但是，人的劳动不是抽象和孤立的，而是一定生产关系下的社会过程，因而在不同的社会生产关系背景下，劳动过程又各具特点。

在以雇佣劳动方式为基础的生产关系形态下，生产资料掌握在资本所有者（资本家）手里，劳动者则是作为一无所有的劳动力出卖者进入劳动过程的。资本家在市场上购买到生产资料和劳动力以后，劳动力的使用价值就归资本家所有了，资本家消费劳动力的使用价值，就是让劳动者去劳动。由于资本家是劳动力使用价值的支配者，所以决定了资本主义劳动过程具有以下两个特点：

第一，工人在资本家的监督下劳动，他们的劳动属于资本家。由于工人把自己的劳动力出卖给资本家，受雇于资本家，因而必然是在资本家的支配和监督之下进行劳动。所以，资本主义劳动过程中工人的劳动具有强制性。

第二，劳动产品不归直接生产者工人所有，而是归资本家所有。由于生产资料归资本家所有，工人又隶属资本家，因此作为这个劳动过程的结果的产品，自然也归资本家所有。

二、资本价值增殖过程

价值增殖是如何发生的呢？为了清楚地说明剩余价值生产过程，首先要分析价值形成过程。价值形成过程就是劳动者的抽象劳动创造价值的过程，如果工人在劳动过程中创造的价值恰好等于资本家以工资形式支付给工人的劳动力价值，这个劳动过程就是单纯的价值形成过程。下面举例说明：假定某资本所有者投资开办一个纺纱厂，他雇用的纺纱工人每人每天劳动力价值为 3 元；每人每天劳动 6 小时，纺纱 5 公斤，每小时劳动凝成价值 0.5 元；纺纱 5 公斤消耗棉花 5 公斤，价值 10 元；消耗纱锭（代表用掉的劳动资料）价值 2 元。这样，5 公斤棉纱的价值就是：

通过纺纱工人的具体劳动转移到棉纱中去的棉花的价值 10 元 + 纱锭的价值 2 元 + 纺纱工人 6 小时劳动新创造的价值 3 元 = 15 元。

资本家为生产 5 公斤棉纱所预付的资本也正好是 15 元，因此，他出卖 5

公斤棉纱得到的收入同他的支出相等，价值没有增殖。这就是单纯的价值形成过程。

以上过程对该资本所有者来说，是没有任何意义的，因而资本家会千方百计地使资本增殖，使价值形成过程变为价值增殖过程。按照前面的假定，劳动力一天的价值仍是 3 元，劳动者只要劳动 6 小时就能把它生产出来。但是，劳动力一旦出卖给资本家后就归资本家支配，资本家可以一天使用劳动力超过 6 小时，如 12 小时。在 12 小时内，工人可纺纱 10 公斤，创造新价值 6 元；为此消耗的棉花也为 10 公斤，价值 20 元；消耗纱锭（代表用掉的劳动资料）价值 4 元。这样，10 公斤棉纱的价值就是：

通过纺纱工人的具体劳动转移到棉纱中去的棉花的价值 20 元 + 纱锭的价值 4 元 + 纺纱工人 12 小时劳动新创造的价值 6 元 = 30 元。

资本家为生产 10 公斤棉纱所预付的资本为：

购买棉花 10 公斤价值 20 元 + 购买纱锭价值 4 元 + 购买劳动力价值 3 元 = 27 元。

这样一来，资本家销售收入 30 元，比他预付的 27 元多出了 3 元。这 3 元就是剩余价值，即该纺纱工人在一天内劳动 12 小时创造了 6 元新价值，大于他自身一天的劳动力价值 3 元，超出的 3 元被资本所有者占有了。因此，价值形成过程就变成了价值增殖过程，“价值增殖过程不外是超过一定点而延长了的价值形成过程”。[①] 这个“一定点”就是工人用于生产补偿劳动力价值的劳动时间（上例中就是 6 小时）。所以，剩余价值就是由雇佣工人创造的、被资本家无偿占有的、超过劳动力价值的价值。剩余价值体现着资本所有者与雇佣劳动者之间的生产关系。马克思指出：“作为劳动过程和价值形成过程的统一，生产过程是商品生产过程；作为劳动过程和价值增殖过程的统一，生产过程是资本主义生产过程，是商品生产的资本主义形式。”[②]

以上价值形成过程和价值增殖过程可以用图 3–1 表示。

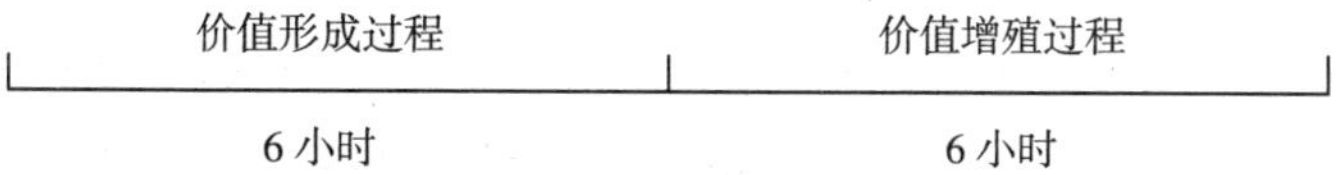

图 3–1　价值形成过程和价值增殖过程简图

综上所述，剩余价值是在商品生产过程中产生的，但是必须以流通过程为媒介，因为不论是劳动力的买卖，还是生产资料的购买，都是在流通领域

① 《马克思恩格斯全集》第 23 卷，人民出版社 1972 年版，第 221 页。
② 马克思：《资本论》第 1 卷，人民出版社 2004 年版，第 230 页。

中进行的。所以说，剩余价值不在流通中产生，又不能离开流通而产生。正如马克思所说："他的货币转化为资本的这整个过程，既在流通领域中进行，又不在流通领域中进行。它是以流通为媒介，因为它以在商品市场上购买劳动力为条件。它不在流通中进行，因为流通只是为了价值增殖过程做准备，而这个过程是在生产领域中进行的。"① 资本总公式的矛盾得到了最终的解决。

三、不变资本与可变资本

由上述分析可知，在劳动过程中，劳动者的劳动，既是一种抽象劳动，又是一种具体劳动。作为抽象劳动，劳动者把自己的劳动加到或凝结在劳动对象上，成为新创造的价值。作为具体劳动，劳动者的劳动作用在劳动对象上，生产出新产品，并把生产资料的价值转移到新产品中去，使之成为新产品价值的组成部分。新价值的创造和旧价值的转移，是同一劳动过程的两种完全不同的结果。在现实生活中，资本家的预付资本也总是分为两部分：一部分用来购买生产资料，另一部分用来购买劳动力。资本的这两个不同部分，在价值增殖过程中起着不同的作用。

1. 不变资本

资本家用来购买生产资料包括厂房、机器、设备、燃料、原材料、辅助材料等的资本部分，在生产过程中以不同方式参加产品的生产，消耗自己的使用价值，转移自己的价值，且转移的价值量不会大于它原有的价值量。尽管转移的方式不同，有的是在一次生产过程中全部转移（如原材料、燃料等），有的是在多次生产过程中逐渐转移（如厂房、机器、设备、工具等），但转移的总是生产资料原有的价值量。这种资本不会使价值增殖，不会生产剩余价值，而只是作为创造新价值和剩余价值的一种必要的物质条件和手段。所以，以生产资料的形式存在的资本在剩余价值的生产过程中不改变自己的价值量，被称为不变资本（c）。

2. 可变资本

资本家用来购买劳动力的那一部分资本，则具有与购买生产资料的资本不同的性质和特点。购买劳动力的资本，其价值在生产过程中没有转移到新产品中去，因为资本家购买劳动力支付的价值被工人用于购买生活资料，在生产过程以外消费掉了。劳动力的价值是由工人的劳动创造的新价值的一部分来补偿的。不过，劳动力的使用过程即劳动过程，不仅能创造出相当于劳动力价值的价值，而且还能创造出一个大于劳动力价值的价值，即剩余价值。

①《马克思恩格斯全集》第 23 卷，人民出版社 1972 年版，第 220 页。

这就表明，用于购买劳动力的这部分资本价值，不像生产资料的价值再现在新产品中，而是由劳动者生产出来；又由于产生了价值增殖，即在生产过程发生了价值量的变化，是一可变量，会增殖自己的价值，所以被称为可变资本（v）。

马克思把资本划分为不变资本和可变资本，具有重要的意义。第一，它进一步揭示了剩余价值产生的源泉——剩余价值不是全部资本生产的，也不是由不变资本产生的而是由可变资本产生的，即是由可变资本购买的劳动力的使用带来的，雇佣工人的剩余劳动是剩余价值产生的唯一源泉。第二，这一划分为确定资本家对工人的剥削程度提供了科学依据。正确反映资本家对工人剥削程度的概念是剩余价值率。

四、剩余价值率与剩余价值量

如果我们用 c 表示不变资本，用 v 表示可变资本，用 m 表示剩余价值，则资本家投入不变资本和可变资本（c+v）后，经过生产过程，产生剩余价值 m，结果生产出的商品价值为 c+v+m。

1. 剩余价值率

既然剩余价值只是可变资本 v 带来的，那么剩余价值与可变资本之比即为剩余价值率，用 m′表示。

$$\text{剩余价值率 } m' = \frac{\text{剩余价值}}{\text{可变资本}} = \frac{m}{v}$$

剩余价值率表示在工人创造的价值中，资本家和工人各占多少份额。它是工人受剥削程度的准确表现，因此剩余价值率也就是剥削率。

2. 必要劳动时间和剩余劳动时间

雇佣工人一个工作日的劳动实际上分为了两部分：一部分劳动时间是用来再生产出劳动力价值或可变资本的等价物的，因此称为必要劳动时间，这部分时间的劳动也称为必要劳动。另一部分劳动时间是超过必要劳动时间的劳动时间，称为剩余劳动时间，这部分时间的劳动也称为剩余劳动。

因此，剩余价值率又可以用以下公式表示：

$$\text{剩余价值率 } m' = \frac{\text{剩余劳动时间}}{\text{必要劳动时间}} = \frac{\text{剩余劳动}}{\text{必要劳动}}$$

在不同的国家或同一国家的不同历史时期，剩余价值率是不同的。从总的趋势来看，剩余价值率会随着经济的发展而逐步提高。剩余价值率与剩余价值量是两个不同的概念。

3. 剩余价值量

剩余价值率只是一个相对量，反映不出资本家获得的剩余价值的绝对量。我们从剩余价值率公式中可以推出：

剩余价值量（m）= 剩余价值率（m′）× 可变资本（v）

上式表示，剩余价值量的多少，取决于两个因素：一个是剩余价值率的高低；另一个是可变资本的多少。也就是说，资本家要增加剩余价值量，一条途径是提高剩余价值率，另一条途径是增加预付可变资本来雇佣更多的工人。其中，提高剩余价值率有两种基本方法：绝对剩余价值生产方法和相对剩余价值生产方法。

第三节　剩余价值生产的两种基本方法

资本家剥削工人的具体方法是多种多样的，但概括起来有两种基本方法：绝对剩余价值生产方法和相对剩余价值生产方法。

一、绝对剩余价值生产方法

所谓绝对剩余价值生产方法，是指在必要劳动时间一定的条件下，通过延长工作日增加剩余劳动时间来增加剩余价值量的方法。由于工人的日劳动时间分为必要劳动时间和剩余劳动时间两部分，而剩余劳动时间和必要劳动时间之比是剩余价值率，当必要劳动时间不变，延长工作日则必然延长剩余劳动时间，这样，剩余价值率就会提高。例如，假定工人的必要劳动时间为 6 小时，工作长度为 12 小时，则剩余劳动时间为 6 小时，剩余价值率为 100%（6 小时/6 小时）。如果必要劳动时间不变而工作日延长到 15 小时，则剩余劳动时间就增加到 9 小时，这时剩余价值率则为 150%（9 小时/6 小时），如图 3–2 所示。

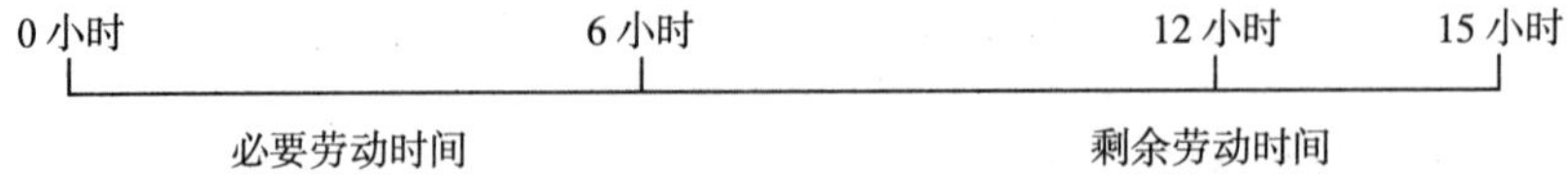

图 3–2　绝对剩余价值生产方法示意

在社会生产力水平保持相对稳定的时期内，生产劳动力价值的必要劳动时间一般是一个既定的量。因此，资本家总是力图通过延长工人的工作时间来提高剥削率，从而增加剩余价值量。但是，工作日的延长是要受到两方面的限制的：一方面是劳动者生理上的限制。劳动者在一天 24 小时内，总要有一定时间用于休息、睡眠、吃饭等，以满足生理上的需要和恢复劳动力。另一方面是社会道德限制。作为社会成员之一的劳动者必然要进行一定的社会活动，如教育和抚养子女、参加社交活动、文体活动、娱乐活动等，这种需要的范围和数量是由社会经济和文化发展的状况决定的。

在工作日长度的确定上，资本所有者和劳动者之间存在着激烈矛盾。资本所有者购买了劳动力，就取得了劳动力的使用权，他总是要尽量多地使用他购买来的商品，所以尽力延长劳动时间。而劳动者虽然把劳动力出卖给了资本家，但由于劳动力是蕴藏于人身体内的，劳动力在使用期间必然使劳动者不能自由支配其身体，不能休息或参加任何其他活动，所以，劳动者反对过多地延长劳动时间、反对过多地使用他的劳动力。这样，资本家和工人之间就有了权利同权利的对抗，力量在其间就起着决定性作用。因此，在人类发展史上的近 100 多年，资本家和雇佣工人之间围绕着工作日的长短，展开了激烈的斗争，这种斗争决定了工作日的实际长度及其变化，并且，这种斗争至今在世界各国仍然在继续。

在西方资本主义发展的早期，由于工人阶级斗争力量较薄弱，资本家主要依靠延长工作日即绝对剩余价值生产方法来增加剩余价值量。例如，在 17 世纪和 18 世纪直至 19 世纪的英国，工作日时间长达 14~16 小时，甚至 18 小时。当时的英国资产阶级还借助于国家的力量来强制延长工作日，英国政府曾经在 1849 年和 1863~1864 年先后颁布过延长工作日的法律。从 19 世纪初开始，各国工人阶级为争取缩短工作日进行了不屈不挠的斗争。1866 年，英国工人阶级第一次提出了 8 小时工作日的要求。同年，在第一国际日内瓦代表大会上，根据马克思的建议，提出了“8 小时工作，8 小时自己支配，8 小时休息”的口号，要求各国制定法律予以确认。1886 年 5 月 1 日，美国芝加哥城超过 21 万的工人为争取 8 小时工作日举行了大罢工，终获胜利。1889 年 7 月 14 日，各国马克思主义者召集的社会主义者代表大会在法国巴黎隆重开幕。这次大会上，法国代表拉文提议：把 1886 年 5 月 1 日，美国工人争取 8 小时工作制的斗争日，定为国际无产阶级的共同节日（即五一国际劳动节）。与会代表一致同意，通过了这项具有历史意义的决议。但是，8 小时工作日要求，只是在第一次世界大战后，在国际工人运动蓬勃发展的形势下，才在一些国家得到实现。

不过，无论工作日的绝对长度如何，工作日仍然由必要劳动时间和剩余劳动时间所构成，雇佣工人只有在为资本家提供剩余劳动的前提下，才能获得工作权利。

山西“黑砖窑”事件

山西洪洞县等地众多黑心砖窑主，雇用帮凶打手，从郑州、山西芮城、西安等火车站拐骗大批民工及未成年人用暴力强迫他们到砖窑当苦工。这些民工及童工每天工作时间长达14~16小时，不给工资报酬，晚上被锁进大工棚，上厕所时有专人跟随，回到大棚继续锁上门。如发现民工中有人干活不卖力或企图逃跑，则用暴力殴打。

为追求产量，在砖还未降温的情况下，打手们强迫民工出砖，致使多人被烫伤。2006年农历腊月的一天，在洪洞县广胜寺镇曹生村一砖厂内，打手嫌民工刘×干活慢，用铁锹殴打刘×头部和腰部，致使刘×于第二天死亡。一些打手将刘×尸体草草掩埋在砖厂后面山坡一个旧墓穴内。

黑砖窑惨相曝光之后，激起人们极大愤怒，民众纷纷严厉谴责黑心窑主，强烈要求严厉打击犯罪分子，追究当地官员和司法机关的责任。媒体更是义愤填膺，口诛笔伐。党中央、国务院对这一恶性案件十分重视，高层领导先后作出重要批示，派出工作组到山西展开调查。在党中央、国务院强力督促下，2007年6月17日，山西展开了“打击非法用工，解救被拐民工”的专项行动，解救被拐骗农民工374人。2007年6月19日，最高人民检察院派人到山西调查黑砖窑背后的渎职犯罪。2007年6月20日，国务院召开常务会议，听取黑砖窑事件处理的专项汇报，要求在全国展开用工调查。2007年6月25日，公安部发布8张B级通缉令，捉拿黑砖窑事件的8名在逃嫌犯。7月4日，山西临汾中院开庭审理第一宗案子，5名窑主、包工头被起诉。打死刘宝的赵延兵以故意伤害罪判处死刑。该砖厂承包人衡庭汉犯故意伤害罪，判无期徒刑。砖厂原厂主王兵兵犯非法拘禁罪，判有期徒刑9年。看管虐待民工的衡明阳、刘东升犯非法拘禁罪，均被判有期徒刑2年。2007年7月16日，山西省纪律检查委员会公布对临汾、运城两市所属8个县的干部查处情况，95名党政干部、公职人员受到党纪政纪处分，其中8人涉嫌犯罪，移送司法机关处理，洪洞县长免职。7月17日，又对7件案子29名涉案人审理完毕，并做出一审判决。2007年7月31日，临汾市和运城市5家法院对18案31名被告进行宣判……

资料来源：北京电视台《北京新闻》，2007年7月16日。

二、相对剩余价值生产方法

所谓相对剩余价值生产方法，是指在工作日长度一定的情况下，用缩短必要劳动时间从而相对延长剩余劳动时间的办法来增加剩余价值的方法。如前例，工作日长度为 12 小时，必要劳动时间和剩余劳动时间各为 6 小时，剩余价值率为 100%，如果工作日的长度不变，而把必要劳动时间缩短为 4 小时，则剩余劳动时间就相应地延长为 8 小时，剩余价值率提高到 200%（8 小时/4 小时）。如图 3–3 所示：

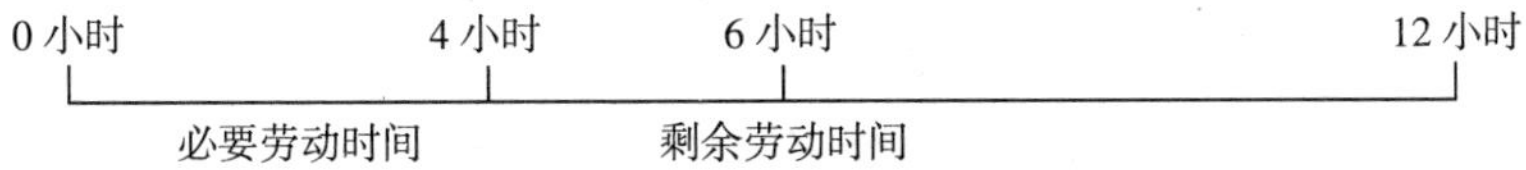

图 3–3　相对剩余价值生产方法示意

相对剩余价值生产要以缩短必要劳动时间为前提，如何缩短必要劳动时间呢？由于必要劳动时间是再生产工人劳动力价值所必要的时间，因而要缩短必要劳动时间，就必须降低劳动力的价值。而劳动力的价值是由劳动者所需要的三方面的生活资料的价值决定的，要使劳动力价值降低，就要降低再生产劳动力所需的生活资料的价值。而要降低生活资料的价值，就必须提高整个社会生活资料部门和与之相关的生产资料生产部门的劳动生产率。只有这些部门的劳动生产率提高了，生活资料价值才会普遍降低，劳动力价值才可能下降，从而必要劳动时间才能够缩短，剩余劳动时间才能够相应延长。

所以，相对剩余价值的生产，是以全社会劳动生产率的提高为前提的，而全社会劳动生产率的提高，又是在众多个别资本家追逐超额剩余价值的竞争过程中实现的。

所谓超额剩余价值，是指个别企业采用先进技术或设备，提高劳动生产率，使其产品的个别价值低于社会价值，而产品又按社会价值出售所获得的剩余价值。仍以纺纱厂为例，一般技术水平的纺纱厂，每个工人在 12 小时内生产 20 斤棉纱，转移生产资料价值共计 24 元，工人 12 小时劳动新创造价值 6 元。20 斤棉纱总价值 30 元，每斤棉纱的社会价值是 1.5 元。某个纱厂率先采用了先进技术，劳动生产率提高了 1 倍，该厂工人在 12 小时内生产 40 斤棉纱，转移生产资料价值共计 48 元，工人 12 小时劳动新创造价值仍为 6 元。40 斤棉纱总价值是 54 元，每斤棉纱价值 1.35 元，这是该厂棉纱的个别价值。但是该厂的棉纱仍按社会价值 1.5 元出售，40 斤棉纱的社会价值总计 60 元，高出其个别价值 6 元（60 – 54 = 6 元），这 6 元就是超额剩余价值。

但是，个别企业获得超额剩余价值只是一种暂时现象。因为，其他企业为了能获得超额剩余价值，也会设法采用先进技术，提高劳动生产率，等到劳动生产率普遍提高后，商品的社会价值就会降低，个别企业的优势也就随之消失，个别价值与社会价值的差额也就会消失。不过，这时又会有个别企业使用更先进的技术从而又得到超额剩余价值。因此，从整个社会来看，对超额剩余价值的追逐，引起了社会劳动生产率普遍提高，社会劳动生产率的普遍提高引起了劳动力价值下降，整个社会必要劳动时间缩短，相对延长了剩余劳动时间，实现了相对剩余价值生产。

可见，相对剩余价值生产，是资本家追逐超额剩余价值的结果。超额剩余价值是一种特殊形态的相对剩余价值。

三、两种剩余价值生产的关系及当代剩余价值生产的特点

1. 剩余价值生产的两种方法既有联系又有区别

绝对剩余价值生产是相对剩余价值生产的一般基础。因为只有把工作日绝对延长到必要劳动时间以外，才能无偿产生剩余价值。同时，绝对剩余价值又是相对剩余价值生产的出发点。因为种种原因，只有在工作日已经分为必要劳动时间和剩余劳动时间的基础上，资本家才能提高劳动生产率来缩短必要劳动时间，相对延长剩余劳动时间，生产出更多的剩余价值。

两种提高剩余价值率的生产方法在历史发展的不同阶段上起着不同作用。在资本主义发展初期，由于生产技术水平发展缓慢，绝对剩余价值生产方法是各企业主要采用的增加剩余价值的方法。随着科学技术的发展以及在生产中的广泛应用，社会劳动生产率有了较大幅度的提高，从而相对剩余价值生产方法就日益突出了，逐渐成为了主要的增加剩余价值的生产方法。

2. 当代剩余价值生产的新特点

第二次世界大战后，由于科学技术带来了社会生产力迅速发展，相对剩余价值生产出现了新的特点。

第一，相对剩余价值大幅度增加，剩余价值率不断提高。当代的科技革命是以机器操纵机器、机器部分代替人脑的劳动为特点。这使当代的科学技术的进步引起了生产力诸因素的巨大变化，促进了生产向深度和广度发展；生产设备和其他劳动资料的利用效率提高使生产的效能得到前所未有的提高；为适应生产技术、生产工艺和生产结构的变化，劳动过程的管理也日益科学化和现代化，产生了许多新的管理理论、管理方法和管理手段。所有这些，都大大提高了整个社会的劳动生产率。其结果是：一方面，生产出了更多更好的物质产品，丰富了社会财富的物质内容，扩大了工人生活资料的范围、

种类和数量，从而提高了工人实际收入和生活水平；另一方面，降低了生活资料的价值，从而减少了生产这些生活资料的社会必要劳动时间。工人可以用缩短了的必要劳动时间生产出更多的、更丰富的生活资料。这样，即使工作日长度不变甚至缩短，剩余劳动时间也可以增加，相对剩余价值可以和工人的实际收入同时增加。

第二，西方发达国家工人的实际收入水平也有所增长。新科技革命提高了劳动者的素质和劳动的智能化程度，复杂劳动在全社会的劳动中所占比重不断增加。这样，在一定时期内，那些复杂劳动所占比重较多的企业或部门，就可以经常获得超额剩余价值。同时，为补偿工人所耗费的复杂劳动，工人的实际收入也会表现为一个较大的价值量。第二次世界大战后，各个主要西方国家的资本家为了适应科学技术的迅速发展和国内国际竞争的需要，都在设法大力培养专业技术人才、吸引国内外高素质劳动力。这必然使劳动力价值中的教育和培训费用部分大大增加，从而工人的实际收入水平有所提高。这种变化，给资本家带来了日益增长的剩余价值。对工人来说，他们创造的新价值越多，所得到的绝对额虽然也有所增加，但相对的收入却减少了。

第三，生产的自动化使相对剩余价值有大幅度提高。第二次世界大战后，西方发达国家科技进步引发了生产的自动化趋势，由电子计算机控制的“机器人”等生产自动化装置不断投入生产线，使生产现场的工人人数相对减少，甚至出现了所谓的“无人车间”、“无人工厂”，而资本家获得的剩余价值也大幅度增加。这是因为，一方面，在生产自动化条件下，生产工人的劳动变得更加复杂，复杂劳动等于多倍的简单劳动，能够创造更多的价值和剩余价值。生产自动化带来了普通工人和技术工人、管理人员比例的变化，体力劳动者和脑力劳动者比例的变化。这些变化都可归纳为简单劳动和复杂劳动比例的变化。另一方面，生产自动化代表了更高的劳动生产率，如果个别企业率先采用自动化生产，就在同一生产部门内有比其他企业高得多的劳动生产率，它所生产的商品个别价值就大大低于社会价值，这样，该个别企业就可以获得更多的超额剩余价值。

第四节　工资的本质和形式

工资是企业成本的重要组成部分。工资的形式给人以假象，似乎是工人进行劳动，资本所有者根据劳动付给报酬，多劳多得，少劳少得，劳动与资本进行了平等的交换。实际情况并非如此。

一、工资的本质

在表面上，工资是劳动的“价格”，似乎工人卖给资本家的是劳动，资本家付给工人的工资是“劳动报酬”，是“劳动的价值或价格”。但是，劳动不是商品，它没有价值或价格。因为：

第一，劳动不是独立存在的实体，不能作为商品出卖。如果说劳动是商品，它必须在出卖前就是一个独立存在的实体，但劳动却不是这样。工人在劳动力市场上同资本家进行买卖时，存在的只是他的劳动力，当工人以卖者的身份走进资本家工厂时，劳动过程还没开始。当劳动过程开始时，劳动已经不属于工人，也就不能再被工人出卖了。在出卖前能独立存在的劳动，只有物化劳动，即以产品形式存在的劳动，而出卖的是这种劳动，劳动者就必须占有生产资料，把自己的劳动凝结在自己的产品中。这样，他本人就是小商品生产者，而不是雇佣工人了，出卖的也就是商品而非劳动了。

第二，劳动是构成商品价值的实体，是衡量价值的内在尺度，它本身没有价值。如果说劳动是商品，有价值，而价值的大小又由劳动时间来衡量，那就等于说劳动的价值由劳动来衡量，8 小时劳动的价值等于 8 小时劳动。这是毫无意义的。“我们又用什么来计量商品的价值量呢？用它所包含的劳动量来计量。那么，比如说，一个 12 小时工作日的价值是由什么来决定的呢？是由 12 小时工作日中包含的 12 个劳动小时决定的；这是无谓的同义反复。”①

第三，假如劳动是商品，有价值，资本家付给工人的工资是劳动的价值或价格，那么，这种劳动的出卖，究竟是等价交换还是不等价交换呢？如果是等价交换，资本家就必须付给工人全部劳动创造出的价值，即劳动创造多少新价值，工人就得到多少。这样，资本家就无从占有剩余价值了，因为剩余价值也是工人创造的。这与现实不符合。如果不是等价交换，则违背了价值规律。但在商品经济或市场经济中，价值规律是基本经济规律，正常的交换都是要遵守等价交换的。因此，如果劳动是商品，就会出现像马克思所说的：“或者消灭那个正是在资本主义生产基础上才自由展开的价值规律，或者消灭那种正是以雇佣劳动为基础的资本主义生产本身。”②

以上分析可见，劳动不是商品，没有价值或价格，工资不是劳动的价值或价格。工人出卖的只能是自己的劳动力，工资只能是劳动力价值或价格，

---

①《马克思恩格斯全集》第 23 卷，人民出版社 1972 年版，第 585 页。

② 马克思：《资本论》第 1 卷，人民出版社 2004 年版，第 614 页。

但工资在表面上表现为劳动的价值或价格。所以，马克思指出："工资不是它表面上呈现的那种东西，不是劳动的价值或价格，而只是劳动力的价值或价格的掩蔽形式。"① 马克思在将劳动和劳动力加以区分的基础上，创立了科学的工资理论。

二、工资的形式

工资的具体形式是多种多样的，但是，在市场经济现实生活中，工资主要有两种基本形式：计时工资和计件工资。

1. 计时工资

计时工资是按照劳动者的劳动时间的长短支付的工资，如月工资、周工资、日工资、小时工资，等等。从现象上看，它表现为活劳动的报酬；实质是劳动力的月价值、周价值、日价值和小时价值的转化形式。

考察计时工资，不能只看工资额的多少，必须把工资额、工作日长度、劳动强度和劳动力每小时的价值联系起来考量。为了阐明计时工资的本质，马克思批判地借用了"劳动价格"这个概念。"劳动价格"本身不是一个科学的概念，它是马克思从爱德华·威斯特爵士的《谷物价格和工资》中借来的，马克思对它加以改造，把它与劳动力价值联系起来，认为"劳动力的平均日价值除以平均工作日的小时数，就得出平均的劳动价格"。② 马克思所说的"劳动价格"就是指劳动力每小时的价格。"劳动价格"用公式表示为：

$$\text{劳动价格}=\frac{\text{劳动力的平均日价值}}{\text{工作日的小时数}}$$

如果工作日的长度是 12 小时，劳动力平均日价值是 6 元，则每小时劳动价格为：6 元/12 小时＝0.5 元/小时。

从"劳动价格"计算公式中可以看到，日工资额的大小，取决于工作日的长短和劳动价格两个因素。在日工资额不变的情况下，劳动价格可以下降。例如，工作日由原来的 12 小时延长到 15 小时，劳动价格即由原来的 0.5 元下降到 0.4 元（6 元/15 小时=0.4 元）。因此，第一，资本家可以在不改变日工资的情况下，通过延长工作日长度或提高劳动强度来加强对工人的剥削。第二，在日工资提高的情况下，资本家可以用延长工作日的办法，保持劳动价格不变，工人受剥削的程度和资本家的剩余价值都不变。第三，在工作日长度和日工资都不变的情况下，如果资本家提高了劳动强度，也会使劳动价格下降，

①《马克思恩格斯选集》第 3 卷，人民出版社 1972 年版，第 17 页。
②《马克思恩格斯全集》第 23 卷，人民出版社 1972 年版，第 595 页。

对工人的剥削加重。总之，资本家会利用影响劳动价格的各种因素，采取各种方法，来降低劳动价格。正如马克思所说，在计时工资的形式下，“存在着不减少名义上的日工资或周工资而降低劳动价格的各种方法”。[①]

2. 计件工资

计件工资是按照工人在一定时间内所完成的产品数量或作业量支付的工资。这种工资形式与计时工资并没有本质区别，二者都是以劳动力的价值为基础。如果说计时工资是劳动力日价值、周价值、月价值等转化形式，那么，计件工资无非是计时工资的转化形式。因为资本家在确定每一件产品的工资额时，正是以工人一天的计时工资与一天的产量定额或一天所完成的作业量进行比较而确定的。即：

$$\text{每件产品工资单价} = \frac{\text{日计时工资额}}{\text{平均日产量}}$$

可见，计件工资是变相的计时工资。假定劳动力的工作日是 12 小时，生产的产品为 30 件，在实行计时工资时，每小时工资为 0.5 元，一天的工资额就是 6 元；实行计件工资时，每件产品的工资单价为 0.2 元（6 元/30 件），一天的工资额仍然是 6 元。由于计件工资直接取决于工人所完成的产品数量，这就造成了一种假象，好像资本家购买的不是工人的劳动力，而是工人的劳动，似乎工人是按照自己的产品数量得到了全部的劳动报酬。因此，计件工资比计时工资更具有隐蔽性，也更有利于延长工人的劳动时间和加大工人的劳动强度。在当代市场经济社会（包括资本主义国家和社会主义国家），计件工资这种工资形式被广泛采用。

第一，在实行计件工资的情况下，劳动质量是由工人所完成的产品的质量来衡量的。工人只有生产出符合企业质量要求的产品，才能按计件单价得到所规定的工资。由于产品的质量高低有很大的弹性空间，资本家便有了借口产品质量不合格而少付工资。这样，计件工资形式就成为了资本家克扣工人工资的有力手段。

第二，在实行计件工资的情况下，资本家总是以较高的而不是平均的劳动生产率为尺度来确定生产一件产品的标准时间以及每件产品的工资单价。这样，许多劳动生产率一般及其以下的劳动者，由于达不到规定的劳动效率，就得不到正常的工资。为了能满足自己和家人的基本生活资料需要，这些劳动者只有主动延长劳动时间（如主动加班生产）以生产出规定的产品件数获取相当于劳动力价值的工资。

---

① 马克思：《资本论》第 1 卷，人民出版社 2004 年版，第 625 页。

第三，在实行计件工资的情况下，由于工资本身具有控制劳动强度和劳动质量的作用，这就减少了资本家利用监工的费用，从而节省了大量的管理成本等开支。

第四，计件工资的实行，突出了工人的个人利益，模糊了工人的共同利益，从而加强了工人之间的竞争，不利于工人的团结。因为为了挣更多的工资，工人之间会在技术、劳动强度和劳动效率等方面展开竞争，竞争的结果有碍于工人之间的相互联系和紧密团结。所有这些，都削弱了工人对资本家的共同斗争，有利于资本家阶级而不利于工人阶级。

劳动力价值或价格的转化形式，除工资外，还采取其他形式，如奖金、津贴等。现代市场经济仍以计时工资和计件工资为基本形式，但也出现了一些新的工资形式，例如，效率工资，即以劳动者的劳动效率为基础计算的工资；再例如，雇员利润分成，即按一定比例从利润中提取一部分分配给工人，作为工资的补充。但是，这些新的工资形式并没有改变工资是劳动力价值转化形式的本质。

三、工资水平及其变动

工资作为劳动力商品的价值是一个可变量。为了从工资数量的变动中准确揭示工人实际生活水平的变动趋势，我们要区分名义工资和实际工资。

1. 名义工资和实际工资

所谓名义工资，是指工人出卖劳动力所得的货币额，即货币工资。所谓实际工资，则是指工人用货币工资所能买到的生活资料和服务的数量。“名义工资，即表现为货币的劳动力的等价物……实际工资即供工人支配的生活资料。”①

名义工资和实际工资在量上的变化既有联系，也有差别。实际工资取决于物价水平、房租高低、税负多少等多种因素。在物价等各种因素不变的条件下，名义工资和实际工资的变动是一致的，名义工资增加，实际工资也增加；名义工资下降，实际工资也下降。但是由于受上述多种因素影响，名义工资和实际工资的变动又往往会不一致。在名义工资不变的条件下，物价上涨，则实际工资下降；物价下降，则实际工资提高。在物价水平和名义工资都变动的情况下，实际工资的变动就取决于名义工资和物价水平变动的方向和速度。名义工资和物价水平变动方向一致且变动速度相同，则实际工资不变；名义工资增长快于物价上涨，则实际工资增长；名义工资增长慢于物价

①《马克思恩格斯全集》第23卷，人民出版社1972年版，第614页。

上涨，则实际工资下降。在名义工资和物价水平变动方向相反的情况下，名义工资增长，物价水平下降，则实际工资增长；名义工资下降，物价水平上涨，则有实际工资下降。在名义工资和实际工资的变动中，实际工资反映了工人真实的收入状况。

2. 工资的变动趋势

在市场经济发展过程中，从长期来看，名义工资和实际工资都呈上升趋势。这主要是由于科学技术革命的兴起，社会生产力和社会文化水平的提高，社会需要的扩大，劳动力再生产的条件产生了深刻变化，从而构成劳动力价值的生活资料的实物量及其价值发生了很大变化。其主要表现在以下几个方面：

第一，由于社会生活水平的普遍提高，工人消费的基本生活资料增加了。例如，随着电子时代的到来，现代通信设备如移动电话、互联网等成为了工人的生活必需品；由于生活节奏的加快，工人出行的交通工具也要求改变，汽车也逐渐成为基本的生活资料；等等。也就是说，工人所必需的生活资料的内容和范围扩大了，曾经是高档消费品的某些耐用消费品也成为了一般社会需要而进入工人的必要消费领域。

第二，社会和经济发展要求劳动者具有越来越高的文化知识和专门技能，劳动者受教育的年限越来越长，受教育的层次越来越高，教育支出也就越来越多。所以，劳动力价值中的教育和培训费用部分会增加较快。

第三，随着发达市场经济国家的发展，社会保险、社会福利、公共卫生、公共教育等政府支出都有较快的增加。这些被称为“转移支付”的价值，对工人来讲，也是直接工资收入以外的一种间接工资（不是由雇主支付的，而是由政府支付的），是劳动力价值的一种特殊形式，是劳动力再生产社会化的一种表现。

第四，现代社会工人阶级有组织的斗争，也迫使资本家提高工人的工资。例如，2008 年 2 月 18 日，在埃及最大的纺织工厂，至少有 10000 名工人抗议物价上涨，他们要求大幅提高全国最低工资；[①] 国际在线 2007 年 6 月 2 日报道，2007 年 6 月 1 日南非全国爆发工人大罢工，致使公立学校、医院、边境口岸等公共服务机构陷入瘫痪状态。大约有 70 万人因政府拒绝提高工资标准而参加罢工，面对罢工压力，南非政府决定拿出 20 亿兰特，约 2.8 亿美元提高工人工资水平；英国邮政局邮政工人 2007 年 10 月 8~9 日举行了为期两天

① http：//news.haobrand.com/News2-10765.html，2008-2-19.

的罢工，要求提高工资，改善工作条件。①

工人工资从长期看呈上升趋势，但决不排除实际工资有时下降的情况，特别是在经济危机或经济衰退时期更是如此。

四、工资的国民差异

在考察工人工资时，还要考虑工资的国民差异。工资的国民差异是指各个国家之间雇佣工人的工资水平存在的差别。

工资是劳动力价值或价格的转化形式，劳动力价值或价格是工资的实质，因而影响劳动力价值变化的各种因素，也就成为影响工资变化的因素。影响工资国民差异的因素有很多，主要包括各国的经济文化、传统生活水平、劳动的紧张程度和平均熟练程度、工人的组织程度等因素。

在比较各国的工资水平时，必须把不同国家同一行业的平均日工资和同样长度的劳动日相比较，因为只有同样长度的工作日的工资才能够进行比较。在世界市场的范围内，价值规律的作用形成了世界平均的社会必要劳动时间，世界平均的社会必要劳动时间又决定了商品的国际价值。若从劳动强度来看，由于劳动强度的计量单位是世界的必要劳动，强度较大的国民劳动比强度较小的国民劳动在同一时间内会创造出更多的价值。同样，劳动生产率超出世界平均劳动生产率水平的国家的国民劳动属于倍加的劳动，也表现为较高的货币工资水平。

所以，我们在比较各国的工资水平时就会发现，发达国家的劳动生产率较高，见表 3–1。发达国家凭借其雄厚的经济实力、先进的技术水平，在世界经济中占据有利的地位，可以获得巨额的收益和利润。这样一来，发达国家工人的工资就会高于发展中国家工人的工资。

表 3–1　各国制造业雇员工资

单位：美元/小时

	2002 年	2003 年	2004 年
中国（B）	0.67	0.75	0.84
美国（A）	15.29	15.74	16.14
日本（B）	16.54	16.55	—
德国（A）	17.74	18.19	18.56
法国（B）	12.30	—	—
意大利（B）★	104.2	107.0	110.6

① http：//news.sohu.com/20071009/n252547704.shtml.

续表

	2002 年	2003 年	2004 年
英国（B）	19.24	19.96	—
加拿大（B）	17.44	17.70	18.05
韩国（B）	8.90	9.68	10.31
马来西亚 *	2.78	2.90	—
印度 *	0.43	0.33	—
澳大利亚（B）	15.30	—	—
巴西（B）	2.18	—	—
新加坡（B）	8.93	9.24	9.48
墨西哥（B）	1.69	1.83	2.03
埃及（A）	0.63	0.64	—
俄罗斯 *	0.65	0.88	—
巴基斯坦（B）	0.42	—	—
挪威（A）	20.19	20.93	21.69
罗马尼亚（B）	0.92	1.15	—

注：1. 数据来源：除带 * 号的国家外，数据均来自国际劳工组织网站；带 * 号国家的数据来自《2004 中国国际竞争力评价——基于〈2004 洛桑报告〉的分析》一文。

2.（A）为计时付酬工人工资；（B）为全部雇员工资。

3. 数据单位：除带★号的国家外，数据单位均为美元/小时，根据工资水平、工作时间、汇率计算得出。带★号的意大利为制造业平均工资指数，2000 年 = 100。

基本概念

资本　不变资本　可变资本　剩余价值　必要劳动　剩余劳动
绝对剩余价值生产　相对剩余价值生产　超额剩余价值　剩余价值率
工资　计时工资　计件工资

思考题

1. 为什么说劳动力成为商品是货币转化为资本的前提?

2. 马克思是如何说明价值增殖的?

3. 马克思是如何划分不变资本和可变资本的?这种划分的意义何在?

4. 剩余价值生产的两种基本方法是什么?当代发达国家的工作日日趋缩短,这说明了什么?

5. 如何理解工资的现象与本质?并说明工资的变动和工资的国民差异。

第四章　资本积累

内容提要

不断重复、不断更新的生产过程，就是再生产过程。社会再生产按其规模可分为简单再生产和扩大再生产；扩大再生产按其实现方式，又分为外延扩大再生产和内涵扩大再生产。

通过对简单再生产的分析，可以揭示出资本雇佣劳动关系的几个特点：①资本家的可变资本即支付给工人的工资是工人自己创造的；②资本家的全部资本也都是工人创造的，是剩余价值的积累物；③工人的个人消费也是从属于资本的，是为资本再生产出可供其雇用的劳动力。

再生产的主要形式和特征是扩大再生产。要扩大生产规模，必须有追加资本，进行资本积累，资本积累就是剩余价值的资本化，它是扩大再生产的重要源泉。资本积累的动因有两个：追求更多剩余价值的内在动力和迫于竞争的外在压力。

随着资本积累的增长，资本有机构成不断提高。资本有机构成是指由资本的技术构成决定并反映资本技术构成变化的资本价值构成。资本有机构成的提高，一般是以个别资本的增大为前提的，而个别资本的增大则是通过资本积聚和资本集中两条途径来实现的。由于资本有机构成的不断提高，资本对劳动力的需求则相对缩小，从而形成相对过剩人口。相对过剩人口不仅是资本积累的必然产物，而且是资本雇佣劳动生产关系存在和发展的必要条件。

资本积累的一般规律表现为：随着资本积累的进行，一方面是资本家手中社会财富的大量积累，另一方面是劳动者贫困（在当代主要表现为相对贫困）的积累。劳动者的贫困化在世界范围内是客观存在的事实，任何市场经济国家都必须重视这个问题，并努力解决它。

通过本章学习，重点掌握以下内容：

1. 简单再生产和扩大再生产。
2. 资本积累的实质和影响资本积累的因素。
3. 资本积聚和资本集中及其区别。
4. 相对过剩人口的产生及其存在形式。
5. 资本积累的一般规律和人口规律。

第一节　资本的再生产

社会生产必须周而复始、连续不断地进行。这种不断重复、不断更新的生产过程，就是再生产过程。

一、社会再生产

社会再生产，就其内容来说，是物质资料再生产和生产关系再生产的统一。首先，再生产过程是物质资料的再生产。每一次生产过程都要消耗掉一定的物质资料，包括生产资料和生活资料。同时，又会生产出一定的物质资料，它们既为下一次生产过程提供物质条件，又满足人们生活上的需要，从而使再生产能够顺利进行。其次，再生产过程同时又是生产关系的再生产。每一次生产过程，都是人们在一定的生产关系下进行的。随着生产过程的不断重复和不断更新，这种生产关系也会不断地得到维持和发展。可见，社会再生产是物质资料的再生产和生产关系的再生产的统一。

再生产按其规模特征可以分为简单再生产和扩大再生产。简单再生产是指生产在原有的规模上重复进行的再生产；扩大再生产是指生产在不断扩大的规模上重复进行的再生产。简单再生产是扩大再生产的基础和出发点，是扩大再生产的重要组成部分。这是因为，没有简单再生产也就谈不上扩大再生产，只有在原有生产规模得到保证的基础上，才有可能使生产规模扩大。

扩大再生产从其实现方式上又可分为外延的扩大再生产和内涵的扩大再生产两种类型。外延的扩大再生产是指主要依靠扩大生产场所，增加生产资料和劳动力的数量来扩大生产规模；内涵的扩大再生产是指通过生产资料质量的改善、科学技术的进步以及劳动生产率的提高来扩大生产的规模。正如马克思指出："生产逐年扩大是由于两个原因：第一，由于投入生产的资本不断增长；第二，由于资本使用的效率不断提高。"[①]"如果生产场所扩大了，就是在外延上扩大；如果生产资料效率提高了，就是在内涵上扩大。"[②]在生产技术水平和生产资料的使用效率较低的条件下，扩大再生产一般以外延扩大再生产为主；而在科学技术迅速发展和生产资料使用效率不断提高的条件下，

① 马克思：《剩余价值理论》第2册，人民出版社1975年版，第598页。
②《马克思恩格斯全集》第24卷，人民出版社1972年版，第192页。

内涵扩大再生产的比重会不断提高，并会逐步过渡到以内涵扩大再生产为主。不过，在现实的经济生活中，纯粹的外延扩大再生产或纯粹的内涵扩大再生产都是不存在的。外延的扩大再生产中包含有内涵扩大再生产的内容，内涵扩大再生产中包含有外延扩大再生产的内容，二者总是相互结合在一起的。

二、资本的简单再生产

由于资本的本性是追逐尽可能多的剩余价值，所以，资本再生产的特征是扩大再生产。但是，考察资本的再生产必须先从简单再生产开始。因为分析简单再生产过程，可以从中发现在一个孤立的生产过程中所不能看到的一些特点，消除作为孤立的生产过程所呈现的虚假现象，能从中揭示出资本再生产的最一般的本质特征。

为了更好地理解简单再生产的过程，我们举例说明：假定一年为一个生产周期，年初资本家预付资本 5000 元，其中不变资本 4000 元，可变资本 1000 元；剩余价值率为 100%，则剩余价值为 1000 元。这样，年终生产的新产品的价值就是 4000c + 1000v + 1000m = 6000 元。其中 1000 元剩余价值被资本家全部用于个人消费，那么下一年资本投入规模和上一年等同，仍然是 5000 元。

第一，从对资本的简单再生产的分析中可以看出，资本家购买劳动力的可变资本是雇佣工人自己劳动创造的。从孤立的生产的过程来看，资本家要进行生产，先要预付一定数量的可变资本购买劳动力，而劳动者出卖劳动力给资本家得到劳动力价值工资。这就造成一种假象，好像工人的工资是资本家付给工人的，是“资本家养活了工人”。但是，从简单再生产过程看，就能揭示这种假象。在连续的再生产过程中，资本家付给工人的工资，只不过是上一次生产过程中生产出来的产品价值的一部分。资本家预付给工人的可变资本，“是工人自己不断再生产出来的产品中不断以工资形式流回到工人手里的那一部分”。[①] 如上例中，资本家预付给工人的 1000 元可变资本，在年终工人生产的新产品中被重新创造出来了（6000 元中包含了 2000 元工人新创造的价值）。可见，资本家用来购买劳动力的可变资本，是雇佣工人自己创造的。工人不仅创造了可变资本，还创造了被资本家无偿占有的、供资本家个人消费的剩余价值。所以，绝不是“资本家养活了工人”，而是工人用自己的劳动养活了自己，还养活了资本家。

第二，从资本的简单再生产过程还可以看出，不仅可变资本，而且包括

①《马克思恩格斯全集》第 23 卷，人民出版社 1972 年版，第 623 页。

不变资本在内的全部资本，归根结底也都是由工人创造的。“生产过程的单纯连续或者说简单再生产，经过一个或长或短的时期以后，必然会使任何资本都转化为积累的资本或资本化的剩余价值”，[①] 因为不管资本家的最初资本来源如何，经过一定的时期，都会被他们自己全部消费掉。在上例中，资本家预付了 5000 元资本，每年带来 1000 元剩余价值，这 1000 元剩余价值当年就被资本家全部用于个人消费。这样，经过五年，资本家一共消费掉了 5000 元，正好把他原有的 5000 元资本全部消费掉了。实际上，这个资本家手里仍然拥有 5000 元资本，显然，这些资本正是工人在五年中所创造的全部剩余价值转化而来的，都是资本化的剩余价值。马克思说：“如果资本家把自己预付资本的等价物消费掉，那么这些资本的价值不过只代表他无偿占有的剩余价值的总额。他的原有资本的任何一个价值原子都不复存在了。”[②] 由此可见，资本家的全部资本，都是雇佣工人创造的。

第三，从简单再生产过程还可以看到，雇佣劳动始终是资本的附属物，工人的个人消费也从属于资本，是资本再生产的必要条件。从一个孤立的生产过程来看，工人的个人消费是在生产过程以外进行的，纯属工人自己的事情，同资本的生产过程无关。但是，从再生产过程来分析，情况就完全不同了，工人的个人消费是为了再生产出在资本生产过程中消耗掉的劳动力，从而保证资本再生产的需要，甚至工人繁衍后代也成为保证资本再生产过程所需要的劳动力的再生产。可见，工人的个人消费不过是为资本家再生产劳动力的一个手段。“工人阶级的个人消费，在绝对必要的限度内，只是把资本用来交换劳动力的生活资料再转化为可供资本重新剥削的劳动力。这种消费是资本家最不可缺少的生产资料即工人本身的生产和再生产。可见工人的个人消费，不论在工场、工厂等以内或以外，在劳动过程以内或以外进行，都是资本生产和再生产的一个要素。”[③]

以上对资本简单再生产的分析表明，物质资料的再生产同时也是生产关系的再生产。一方面，工人生产出各种各样的商品，以满足社会各方面的需要，这是物质资料的生产过程；另一方面，工人生产出来的劳动产品归资本家所有，创造的剩余价值被资本家无偿占有，从而不断地再生产出一无所有的雇佣劳动者，继续向资本家提供剥削的对象，也就是把资本雇佣劳动的生产关系也生产出来了。所以，资本的再生产是物质资料再生产和资本雇佣劳

① 《马克思恩格斯全集》第 23 卷，人民出版社 1972 年版，第 625 页。

② 马克思：《资本论》第 1 卷，人民出版社 2004 年版，第 627 页。

③ 《马克思恩格斯全集》第 23 卷，人民出版社 1972 年版，第 628 页。

动这种生产关系再生产的统一。

三、资本的扩大再生产和资本积累

资本家把剩余价值的一部分作为资本追加到生产上，使生产在扩大规模基础上进行的再生产，便是资本的扩大再生产。把剩余价值作为资本使用，或者说把剩余价值再转化为资本就是资本积累。

1. 资本积累的源泉

剩余价值是资本积累的唯一源泉，资本积累又是资本扩大再生产的重要源泉。例如，某个资本家最初有资本 10000 元，其中 8000 元是不变资本，2000 元是可变资本，剩余价值率为 100%，那么第一年生产的产品的价值是 8000c + 2000v + 2000m = 12000 元。假定资本家将剩余价值的一半用于个人消费，另一半转化为资本，按原来的不变资本和可变资本的比例追加购买生产资料和劳动力。这样，资本总额就会扩大到 11000 元，其中不变资本 8800 元，可变资本 2200 元。第二年生产的产品价值就变为 8800c + 2200v + 2200m = 13200 元。如此反复地进行下去，随着资本的增大，资本家便可扩大生产规模，剩余价值也会不断增加。这就是资本的扩大再生产，所以，资本积累是扩大再生产的重要源泉。

2. 资本积累的实质

资本积累规模的大小与剩余价值的多少有着直接的关系。假如剩余价值被分割为资本家个人消费部分和资本积累部分的比例不变，那么，剩余价值越多，资本积累的规模也就越大，进而又可以生产出更多的剩余价值。所以，资本积累的实质就是：资本家利用占有的剩余价值进行资本积累，扩大生产规模，从而进一步占有更多的剩余价值。资本家的追加资本来自对剩余价值的占有，也就是对工人剩余劳动的占有，它的每一个价值都是工人的无酬劳动生产出来的。

3. 资本积累的动因

进行资本积累就意味着资本家要把剩余价值的一部分转化为资本，而不能用于自己消费，即资本家要进行“节欲”。那么，是什么原因促使资本家“节欲”进行资本积累呢？这是由两方面的原因决定的：①追求更多的剩余价值是资本积累的内在动力。资本家生产的目的是追逐尽可能多的剩余价值，这就决定了其追逐剩余价值的欲望是无止境的。为了获取更多的剩余价值，在剩余价值率不变的情况下，就必须进行资本积累，扩大资本规模，雇用更多的工人。②激烈的市场竞争是资本积累的外在压力。根据商品内在矛盾的理论，个别资本的劳动生产率提高可以使该资本获得超额剩余价值，从而在激烈的市场竞争中处于优势地位；而劳动生产率低的个别资本则会被市场淘汰。只有进行资本积累，才能扩大资本使其有能力不断采用先进技术，增强竞争力，在竞争中处于不败之地。

4. 影响资本积累的因素

以上分析可见，资本积累的规模对于资本家有重要的意义，但是资本积累的规模大小又不是由资本家主观愿望决定的，而是由客观的经济条件决定的，既然资本积累的源泉来自剩余价值，那么，决定剩余价值量的因素也就是决定资本积累量的因素。影响或决定资本积累量的基本因素如下：

第一，剩余价值率的高低。在其他条件不变的情况下，如果剩余价值率越高，同量的可变资本获得的剩余价值量就越多，资本积累的数量也就越多。

第二，社会劳动生产率的水平。社会劳动生产率的提高，有利于增大资本积累的数量。这是因为：首先，社会劳动生产率提高，商品的价值就降低，可以使劳动力价值下降，工人的工作日中用于再生产劳动力价值的必要劳动时间就可以缩短，剩余劳动时间相对延长，生产出更多的剩余价值，从而有利于资本积累。其次，社会劳动生产率提高，商品价值下降，使同样数量的资本可以购买到更多的生产资料和劳动力，资本家就可以用同样数量的资本从更多的工人身上榨取更多的剩余价值以增加资本积累。再次，社会劳动生产率的提高，商品价值降低，可以使资本家用较少的消费资金在实物上保持原有的消费水平，甚至消费水平有所提高，从而用于自己消费部分的剩余价值量减少，相对地增加了用于资本积累的数量。最后，在社会劳动生产率提高的条件下，当更新原有的生产资料时，可由效率更高和价值更便宜的生产资料代替旧的生产资料，从而资本家可以获得超额剩余价值或相对剩余价值，增加资本积累的数量。

第三，所用资本与所费资本差额的扩大。不变资本的固定部分，在较长时期内被使用，但它们的价值只是比例于磨损程度逐渐地转移到新产品中去。所用资本就是指这种在较长时期内被使用的全部资本，所费资本就是指其中在生产过程中逐渐消费掉的资本。“随着资本的增长，所使用的资本和所消费的资本之间的差额也在增大。”① 例如，有 1000 镑的资本，每年磨损率是 10%，每年消耗掉的资本就是 100 镑，所用资本与所费资本的差额就是 900 镑。如果资本增加到 2000 镑，还按每年磨损 10%计算，在其他条件不变的情况下，所用资本与所费资本的差额就会扩大到 1800 镑。“这些劳动资料越是作为产品形成要素发生作用而不把价值加到产品中去，也就是说，它们越是整个地被

①《马克思恩格斯全集》第 23 卷，人民出版社 1972 年版，第 666 页。

使用而只是部分地被消费，那么，它们就越是像我们在上面说过的自然力如水、蒸气、空气、电力等那样，提供无偿的服务。”① 当所用资本与所费资本的差额扩大时，这种无偿服务的规模也会扩大，它也是促进资本积累的因素。

第四，预付资本量的大小。在剩余价值率一定的情况下，剩余价值量的多少取决于可变资本量的大小以及其所雇佣到的工人数量。预付资本增大，可变资本按比例相应地也增大，雇佣到的工人也就更多，即使剩余价值率不变，创造的剩余价值量也会更多，资本积累的数量也就更多。

第二节　资本积累与资本有机构成的提高

在资本积累过程中，资本不仅会在数量上增大，而且由于资本增大后更有利于生产技术水平的提高，资本在构成上也会发生变化，这种变化将引起相对过剩人口的产生。

一、资本有机构成及其提高趋势

资本的构成可以从物质形态和价值形态两个方面来考察，而这两个方面又存在着密切的关系。

1. 资本的技术构成

从物质形态来看，资本是由一定数量的生产资料和劳动力构成的，它们之间存在着一定的比例关系，而这种比例关系是由生产的技术水平决定的，生产的技术水平越高，每一个劳动力所支配的生产资料的数量就越多；反之就越少。这种由生产的技术水平决定的生产资料和劳动力之间的比例，叫做资本的技术构成。

2. 资本的价值构成

从价值形态来看，资本是由一定数量的生产资料的价值（即不变资本）和劳动力的价值（即可变资本）构成的，它们之间也保持着一定的比例关系。这种不变资本和可变资本之间的比例，叫做资本的价值构成。

3. 资本有机构成

影响资本价值构成变化的因素有很多，例如，为工厂提供生产资料的部门劳动生产率的提高、劳动者与资本所有者的力量对比等，其中最重要的一

①《马克思恩格斯全集》第23卷，人民出版社1972年版，第667页。

个因素就是工厂内部技术水平的变化，即资本的技术构成。因此，资本的技术构成和价值构成之间存在的密切的有机联系，一般来说，资本的技术构成决定资本的价值构成，资本的技术构成变化会引起资本价值构成的变化；而资本的价值构成的变化，常常反映资本的技术构成的变化。马克思把这种由资本的技术构成决定并反映资本技术构成变化的资本价值构成，叫做资本有机构成。通常用 c：v 来表示。c：v 的比例大，则资本有机构成高；c：v 的比例小，则资本有机构成低。例如，某个资本家投入预付资本 10000 元，其中用来购买生产资料的不变资本为 8000 元，用来购买劳动力的可变资本为 2000 元，这个资本有机构成就是 c：v＝8000：2000＝4：1。

在不同的生产部门，资本有机构成是不同的。技术装备水平较高或原材料需要量较多，不变资本的数量在预付资本中的比重就大，其资本有机构成较高；反之，其资本有机构成就较低。在社会生产发展的不同时期，资本有机构成也是不同的。在生产以手工劳动为基础时，扩大再生产一般在原有的技术基础上重复进行，因而资本有机构成的变化很缓慢。随着机器大工业的出现，每个劳动力使用的机器设备和原材料也越来越多，结果在全部资本中，不变资本所占比重不断增大，可变资本所占比重相对缩小，从而资本有机构成不断提高。以美国加工工业为例，在 1889~1959 年的 70 年间，不变资本增加了 38 倍，而可变资本只增加了 22 倍，其资本有机构成 1904 年为 5.7：1，1959 年则为 7.5：1。

资本有机构成的不断提高，是社会生产发展的必然趋势，也是资本积累的必然结果。因为在资本积累过程中，如果资本有机构成不变，则可变资本会与总资本按同一比例增长，对劳动力的需求也会按此增加，按照供求规律，这将会引起工资水平的提高，对劳动者是有利的。但是，由于资本追逐超额剩余价值的内在动力和迫于竞争的外在压力，任何企业都必须不断改进技术装备，提高劳动生产率，结果在全部资本中，不变资本所占比重增大，可变资本所占比重相对缩小，从而导致资本有机构成的提高。

资本有机构成的提高是以个别资本的增大为前提的，而个别资本的增大又是通过资本积聚和资本集中两种形式来实现的。

二、个别资本增大的两种方式：资本积聚和资本集中

1. 资本积聚

所谓资本积聚，是指个别资本依靠自身的积累，即通过剩余价值的资本化来增大自己的资本总额。也就是资本家把剩余价值的一部分作为追加资本投入生产过程，使个别资本的总额不断增大。资本积聚和资本积累的区别在

于：资本积累是指剩余价值的资本化；而资本积聚则是指由于剩余价值资本化所引起的个别资本规模的不断增大。资本积累是资本积聚的基础，资本积聚又是资本积累的直接结果。因为没有资本积累，就不可能有个别资本的增大。资本积累越多，资本积聚的规模就越大，个别资本的总额也就越大。例如，某个10000元的资本，一次生产过程可以获得2000元的剩余价值，如果资本家将其中1000元再转化为资本，资本总额就从10000元积聚为11000元。

资本积聚会受到两个方面的限制：①受到剩余价值总量和社会财富增长的限制。因为资本积聚的基础是资本积累，而资本积累的唯一源泉就是剩余价值，所以，剩余价值总量会限制资本积聚的规模，剩余价值总量大，则可用于转化为资本的数量也就更多。另外，剩余价值转化为资本后，需要购买新的生产资料和劳动力，如果没有社会财富的增加，就不可能有可追加资本所需要的生产资料和生活资料（供追加雇佣的劳动者消费）。②受社会资本分散程度的限制。因为在社会资本总额一定的条件下，社会资本越分散，单个资本的规模就越小，生产的剩余价值量也就越少，从而单个资本的积累能力越弱，其积聚的规模就越小。资本积聚的以上限制阻碍了个别资本增大的速度，突破这种限制的形式是资本集中。事实上，在现代市场经济条件下，个别资本迅速增大，往往是通过资本集中这种形式。

2. 资本集中

所谓资本集中，是指把若干已经存在的规模较小的资本合并成规模较大的资本。资本集中一般是通过大资本兼并中小资本来实现，也可以由原来分散的中小资本联合起来成为新的更大的资本，如创建股份公司。资本集中有两个强有力的杠杆：竞争和信用。一方面，在市场竞争中，规模较大、效益较好的资本，能够有条件采用先进的生产设备和更先进的劳动组织形式，从而降低生产成本，打败规模较小的资本，然后将其吞并，从而形成一个更大的资本。另一方面，信用制度的发展也大大加速了资本集中的进程，因为信用制度可以吸收大量的社会闲散资金，通过贷款的形式或股份制等形式，促使社会上大量的中小资本联合起来，组成规模较大的资本。

3. 资本积聚和资本集中的关系

资本积聚和资本集中是个别资本增大的两种形式，两者既有联系又有区别。它们之间的联系：一方面，资本积聚的增长，必然加速资本集中的进展。因为随着资本积聚的不断进行，个别资本的规模日益增大，它们可利用自己雄厚的经济实力，打败众多的中小资本，从而加快资本集中的速度；另一方面，资本集中的速度加快了，又会反过来促进资本积聚的发展。因为集中起来的资本越大，越有有利条件获得更大量的剩余价值或超额剩余价值，从而增加资本积累的规模，加快资本的积聚。

资本积聚和资本集中的区别：①资本积聚是以资本积累为基础的，因此，随着个别资本的积聚，社会资本总额也会增大起来；而资本集中只是原有资本的重新分配和重新组合，所以它不会增加社会资本总额。②资本积聚的积聚要受到社会财富（包括追加的生产资料和消费资料）的绝对增长速度、剩余价值数量及其分为消费基金和积累基金的比例等条件的限制，因此资本积聚的速度比较缓慢；而资本集中则不受这些条件的限制，所以它可以在较短的时间内迅速集中大量的资本。

资本积聚或资本积累是市场经济在自由竞争阶段个别资本增大的主要途径。随着市场经济由自由竞争进入垄断阶段，资本集中作为个别资本增大的主要方式应运而生了。虽然在不同国家、不同历史时期，这种集中的产生和发展都有深刻的社会、经济、政治等原因，而且对于不同企业来说，原因也各不相同，但是总的来说，这种资本集中以并购为主要特征，而且一般也起源于企业的原始动机，即企业追求高额剩余价值的动机和迫于竞争压力的动机。

安徽柳工：一个成功的企业并购案例

“并购，是柳工的战略重点。”广西柳工机械股份有限公司（以下简称柳工）董事长王晓华这样阐述企业的发展战略。早在几年前，柳工就已经吹响了进军起重机行业的号角。然而，蚌埠振冲安利工程机械有限公司（以下简称振冲安利）的底子实在太薄了，任何到过振冲安利的业内人士，都无法想象柳工人怎么会把它与自己未来的主导产业联系到一起。

振冲安利的前身——蚌埠起重机厂成立于1951年，是原国家机械部生产汽车起重机的主要厂家之一，后改制为全资民营公司。主要生产8~35吨七个系列20余种型号的全液压汽车起重机，月最大产能100余台，2008年销售收入2.5亿元。并购前其净资产只有4000多万元，且设备厂房等固定资产已较陈旧，不具备研发和生产50吨以上的较大吨位起重机的产品能力。

并购之前，该企业的技术研发、生产制造和企业各方面管理相比柳工差距巨大。例如：设计人员仍然用的是画图板进行产品设计；车间生产没有完整的工艺加工图；管理人员除财务人员外基本不使用计算机，更谈不上应用互联网；其起重机产品的配套用的仍然是国家标准已不允许销售的国二系列汽车底盘。

资本运作是柳工实施“十一五”发展战略的五大战略举措之一。正是这一战略举措为柳工带来了可喜的成果，柳工的压路机和叉车产品就是通过并购方式发展起来的，这些产品都已经在行业内初露锋芒。正因为之前这些出色的并购案例，柳工对并购振冲安利充满信心。

安徽柳工不仅在并购当年就迅速完成了原有起重机产品从设计、生产工艺、制造流程等影响产品质量的全方位改进，还顺利实现了其排放标准从国二到国三的转换，使起重机产品更符合环保发展的需求，打开了柳工起重机进入销售市场的大门；而且针对原来产品质量差、利润低、结构不合理的弱点加大技改投入，优化产品结构、提升产品品质，舍弃了一些小吨位、利润率低的产品，集中优势力量开发市场占有率大的中吨位以上产品，并实现了当年开发，当年生产、销售，当年盈利；同时，柳工产品品牌切换圆满结束，产品面貌焕然一新，得到用户广泛认可；2009年柳工起重机市场占有率也由行业第五位提升到第三位。

从产品立项到下线仅用十个月，便推出第一台70吨汽车起重机；一个月后，再度推出160吨履带式起重机。这些看似普通的产品的推出，对于站在行业前列的起重机企业来说也许不算什么惊喜，但对于一家净资产只有4000多万元，根本不具备研发生产50吨以上起重机的民营企业来讲，被并购两年前还是想都不敢想的事情。除了在产品方面取得的成绩，安徽柳工在企业发展方面交出的答卷也可谓沉甸甸。安徽柳工的发展为我们呈现了一个成功的企业并购案例。

资料来源：http：//www.mysteel.com/equ/xqsd/2009/12/17/103600，2164829.html。

第三节　相对过剩人口与资本积累的一般规律

资本积累使资本有机构成不断提高，这必然使可变资本在资本总量中占的比重减少，进而资本对劳动力的需求相对减少，形成相对过剩人口。

一、相对过剩人口是资本积累的必然产物

所谓相对过剩人口是指相对于资本对劳动力的需求而言表现为过剩的劳动人口，即失业者。

一方面，在资本积累过程中，随着资本有机构成的不断提高，在全部资

本中，不变资本所占比重日益增加，而可变资本比重日益下降（尽管资本总额的增长也包含了可变资本绝对量的增加），从而使劳动力的需求也就日益相对减少。有三种情况会使资本对劳动力的需求相对减少：第一种情况，扩大再生产中由于采用更先进的技术设备，追加资本有机构成提高，而原来的资本有机构成不变，于是，追加资本对劳动力的需求便会相对减少，但是从资本总额来看，资本对劳动力需求的绝对量却有所增加。例如，某企业原有资本 1000 万元，资本有机构成是 6 : 4 时，需要雇用 100 个工人，后采用新技术，追加资本 500 万元的有机构成变为 8 : 2，追加雇佣工人 25 个。雇佣工人的绝对量虽然增加了，但是，追加资本是原有资本的 1/2，而追加雇佣工人却只有原来雇佣工人数的 1/4，追加资本对劳动力的需求量相对减少了。第二种情况，不仅追加的资本有机构成提高，而且原有资本有机构成也提高，这样，原有资本就不再需要雇用过去那么多的工人，有一部分工人便会被解雇，成为失业人口，这时只要追加资本所吸收的劳动力数量少于被解雇的劳动力数量，资本对劳动力的需求就不仅会相对地减少，而且会绝对地减少。上例中，若所有资本有机构成提高到 8 : 2，则一共需要雇佣工人 75 人，比原来的 100 人还少 25 人，这 25 名工人就成为了“多余”的劳动力，被排挤出去了。第三种情况，追加资本需要的是具有较高技术水平的劳动力，而且随着原有资本有机构成的提高，也越来越多地需要具有较高技术水平的劳动力，这就使被资本排斥的低技术水平的劳动力数量，远远地大于被资本吸收的高技术水平的劳动力数量，大量的普通劳动力成为相对过剩人口。

另一方面，随着资本积累和生产技术水平的提高，劳动力的供给却日益绝对地增加。这是因为：第一，由于生产技术的不断进步和机器的广泛使用，简化了劳动操作方法，降低了对劳动力体能的要求，使得广大妇女也加入劳动力供给队伍中，从而增加了劳动力供给。第二，经济的发展总是伴随着产业结构的变化，农业在国民经济中的比重会不断下降，农民和手工业者会逐渐离开原有的生产资料而加入出卖劳动力的队伍之中，从而也增加了劳动力的供给。第三，市场经济的激烈竞争，使一些中小资本家陷于破产，他们有的也加入出卖劳动力的队伍之中，一定程度上也增加了劳动力的供给。

既然在资本积累过程中劳动力的供给绝对地增加，而资本对劳动力的需求又相对地甚至是绝对地减少，那么就不可避免地会产生相对过剩人口，即相对于资本对劳动力的需求而言显得“过剩”的人口，也就是我们常说的失业人口。

二、相对过剩人口是推动资本积累的杠杆

相对过剩人口不仅是资本积累的产物，它反过来又会成为资本积累的杠杆，成为雇佣劳动关系存在和发展的必然条件。这是因为：第一，相对过剩人口是一支可以随时调节和满足不同时期资本对劳动力需求的产业后备军，以适应经济复苏和高涨时增加工人、经济萧条和衰退时减少工人的需要。第二，相对过剩人口的大量存在，有利于资本加重对在业工人的剥削，迫使工人接受较低的工资和较差的劳动条件，或者强迫工人延长劳动时间和提高劳动强度但得到的工资却停留在劳动力价值水平。正如马克思所说："产业后备军在停滞和中等繁荣时期加压于现役劳动军，在生产过剩和亢进时期又抑制现役劳动军的要求。"[①] 第三，相对过剩人口的大量存在，使工人主动地接受新技术培训，以适应资本有机构成提高对工人技术水的要求，这自然有利于资本家提高企业劳动生产率和产业结构调整的需要。可见，相对过剩人口的存在有利于资本追逐更多的剩余价值，当然也就能促进资本积累，所以说，相对过剩人口是推动资本积累的杠杆。

三、相对过剩人口的基本形式

在市场经济中，相对过剩人口的存在形式是多种多样的，但基本形式有三种。

第一，流动形式的相对过剩人口。主要是指那些随着生产的扩张和收缩，企业的兴建和倒闭，时而被吸收时而被解雇的失业工人。在经济危机时期，许多企业生产规模缩小甚至破产倒闭，资本对劳动力的需求大量减少，这时，资本家就把"多余"的劳动人口抛进产业后备军队伍中去。例如，2007 年由美国次级贷款危机引发的全球性经济危机，导致了大量的雇佣工人失业。根据国际劳工组织（OIT）于 2009 年 9 月 20 日发布的数字显示，截至 2009 年 9 月全球的失业人口达到了 2.41 亿人，已经超过了历史最高纪录。根据该报告，2009 年全球的失业人口比 2007 年高出 3900 万到 6100 万，2007 年至 2009 年失业率增长了 0.9 个百分点。[②] 另据腾讯财经 2010 年 2 月 5 日讯，据国外媒体报道，经济学家预计美国劳工部最新估计的在 2007 年以来的衰退期间就业损失将达 800 万人。2008 年中国的市场经济也受到全球性经济危机的影响，城镇登记失业率也比过去提高，2009 年 5 月 19 日，中华人民共和国人

① 《马克思恩格斯全集》第 23 卷，人民出版社 1972 年版，第 701 页。

② http：//finance.ifeng.com/roll/20090922/1266528.shtml.

力资源和社会保障部在其网站上发布了《2008 年度人力资源和社会保障事业发展统计公报》(以下简称《公报》),《公报》指出,到 2008 年末,全国城镇登记失业人数为 886 万人,城镇登记失业率为 4.2%,而 2007 年城镇登记失业率为 4.0%,2006 年为 4.1%。[①]

第二,潜在形式的相对过剩人口。主要是指农业中的过剩人口。由于农业中资本有机构成的提高,对农业工人的需求会日益减少,于是农业中便产生了大量的过剩劳动人口。从表面上看,他们通常还保留着少量生产资料,有的甚至有少量土地,好像没有失业,但他们依靠自己的少量生产资料,难以维持生活,于是,随时准备加入城市工人的队伍,所以叫潜在的过剩人口。例如,中国自 20 世纪末期进入改革开放历史时期后,社会经济得到空前发展,经济结构也随之发生了迅速的变化,农业资本有机构成也得到不断提高,这就产生了过剩的农业劳动人口。《2007 年中国农业发展报告》中关于中国乡村劳动力状况,[②] 见表 4-1。

表 4-1 中国农村剩余劳动力状况

单位:万人

年 份	乡村劳动力人口	乡村从业劳动力人口	农村剩余劳动力
2000	92820	47962	44858
2001	93383	48229	45154
2002	93503	48521	44982
2003	93751	48971	44780
2004	94254	49695	44559
2005	94907	50387	44520

资料来源:《2007 年中国农业发展报告》。

第三,停滞形式的相对过剩人口。主要是指那些没有固定职业、长期依靠从事家庭劳动和打短工维持生活的劳动力。这些人劳动时间最长,劳动条件最恶劣,工资水平最低,他们的生活状况降到了工人的平均正常水平以下。

由此可见,相对过剩人口是资本积累的必然产物,同时又是资本雇佣劳动生产关系存在的条件。在现代市场经济条件下,由于科学技术的迅速发展,产业结构的不断调整,新兴产业部门的出现,增加了新的就业机会,雇佣工人在更大范围内和更大程度上被吸引;同时,由于熟练劳动比重不断增大、某些传统产业的衰落等,雇佣工人又常常出现结构性的失业。这种相对过剩

① http://finance.sina.com.cn/stock/t/20080121/15101948610.shtml.

② 中华人民共和国农业部:《2007 年中国农业发展报告》,中国农业出版社 2007 年版。

人口的存在，成为第二次世界大战以后各国经济发展的一个新特点。

四、资本积累的一般规律和劳动者的贫困化

1. 资本积累的一般规律

随着资本积累的不断增长，一方面，社会财富越来越集中在少数资本家手中；另一方面，社会财富的直接创造者——劳动者却工作没有保证，失业人数不断增加，许多人陷于待救济的贫困境地。马克思正是从资本积累对劳动者命运的影响所作的详尽考察中，发现了资本积累的一般规律。他指出："社会的财富即执行职能的资本越大，它的增长的规模和能力越大，从而无产阶级的绝对数量和他们的劳动生产力越大，产业后备军也就越大。可供支配的劳动力同资本的膨胀力一样，是由同一些原因发展起来的。因此，产业后备军的相对量和财富的力量一同增长。但是同现役劳动军相比，这种后备军越大，常备的过剩人口也就越多，他们的贫困同他们的劳动折磨成正比。最后，工人阶级中贫困阶层和产业后备军越大，官方认为需要救济的贫民也就越多。这就是资本积累的绝对的、一般的规律。"① 这段话包含三层意思：①资本的数量越多，资本积累的规模就越大，从而产业后备军也就越大；②产业后备军越大，经常的失业人口也越多，工人失业时，虽然不受劳动折磨了，却陷入了贫困的境地；③产业后备军越大，需要救济的贫民就越多。这就是说，资本积累包含两极相反的积累：一极是财富作为资本在资本家手里的积累；另一极则是创造这些财富的劳动者的贫困的积累。这就是资本积累一般规律的基本内容。

2. 劳动者的贫困化

劳动者的贫困问题要从两个方面理解：绝对贫困化和相对贫困化。

（1）劳动者的绝对贫困化是指在市场经济发展过程中，劳动者的生活状况有时候会出现绝对的恶化。也就是说，有时会出现工人的生活状况，这个时期比不上前一个时期，表现出绝对地下降。这种情况主要发生在经济危机或者战争时期。绝对贫困化的具体表现有：①失业和半失业人口增加。经济危机爆发时各市场经济国家失业人数大量增加。例如，2008 年全球性经济危机以来，各发达市场经济国家失业人数都有明显上升。美国劳工部公布的报告显示，受经济危机影响，2009 年 1 月份美国失业人数达到 59.8 万人，创下 1974 年单月失业人数最高纪录；整体失业率达到 7.6%，创下 1992 年以来的

① 马克思：《资本论》第 1 卷，人民出版社 2004 年版，第 742 页。

最高纪录。[①] 新华网巴黎 2009 年 11 月 26 日电，法国经济财政与就业部当日公布的数据显示，2009 年 9 月份，法国失业率已达到 9.8%，10 月失业人数增加到了 263 万，同比增长 25%。[②] 据新华网伦敦2009 年 1 月 21 日电，英国国家统计局的数据显示，英国 2008 年 12 月领取失业救济金人数增加 7.79 万，使该国失业大军增加到 191 万，失业率 6.1%，达到 1999 年以来的最高水平。[③] ②工人的实际工资有时会出现下降的情况。这是因为在通货膨胀严重、物价、房租、医药费用不断上涨，而货币工资并未相应提高，特别是在经济危机爆发时，大批工人失业，工资被压低的情况下，都不可避免地引起工人的实际工资下降。例如，美国在"二战"后到 1991 年为止，共发生过 9 次经济危机，除 1948~1949 年的战后第一次经济危机外，其余各次，工人的实际工资都不同程度地下降了。其中 1968~1970 年的那次危机，下降幅度更大，达到了 11%。③大量的工人生活在"贫困线"以下。市场经济国家的政府为了缓和资本积累带来的社会矛盾，官方会规定"贫困线"，即维持最低的消费水平的生活费用。例如，2008 年美国除阿拉斯加和夏威夷之外的 48 个州及哥伦比亚特区联邦贫困线，见表 4-2。

表 4-2 2008 年美国除阿拉斯加和夏威夷之外的 48 个州及哥伦比亚特区联邦贫困线

单位：美元

家庭人口数	贫困线	贫困线的 125%
1	10400.00	13000.00
2	14000.00	17500.00
3	17600.00	22000.00
4	21200.00	26500.00
5	24800.00	31000.00
6	28400.00	35500.00
7	32000.00	40000.00
8	35600.00	44500.00
超过 8 人每人多加	3600.00	4500.00

据美国人口普查局 2008 年 8 月公布的统计数字，2007 年，美国的贫困率为 12.5%，贫困人口 3730 万人，比 2006 年 3650 万人多出 80 万人，其中生活在贫困线以下的 18 岁以下儿童达到 18%，高于 2006 年的 17.4%，陷入贫困的家庭占 9.8%，达 760 万户。全年共有 156 万人年收入只达到贫困线的一

① http：//news.xinhuanet.com/fortune/2009-02/07/content_10777405.htm.

②③ http：//news.xinhuanet.com/world/2009-01/22/content_10702000.htm.

半，占贫困人口的41.8%。纽约市有23%的人生活在贫困线以下。[①]

（2）劳动者的相对贫困化。是指在市场经济国家的全部国民收入中，劳动者工资收入所占比重日益相对地下降。例如，美国制造业工人的工资，占该部门所创造的国民收入的比重，1974年为50%，1954年为47.4%，1963年为43.4%，1973年为41.8%，下降的趋势是十分明显的。

尽管当代发达市场经济国家工人的生活状况，与过去相比有了较大的改善，但这并没有也不可能改变资本积累的一般规律。“二战”后科学技术的进步和生产的进一步社会化和专业化，许多新兴部门相继出现，第三产业飞速发展，能够较多地吸引劳动力；农业生产趋于稳定，个体农民破产游离到城市的过程趋于结束；新兴产业推动了中小企业的发展，资本分散延缓了资本的集中；工会力量的壮大增强了工人与资本家的对抗程度；资本主义国家为了社会的稳定，被迫在推行福利制度的同时，采取了一些措施安排就业；等等。这些情况成为了抑制相对过剩人口扩大的重要因素。但是，资本家通过资本积累从而占有巨额社会财富并与工人贫困的对立，却是无法改变的事实。

我们也应该看到，在资本积累过程中，由于资本规模的不断扩大，生产的社会化程度得到进一步提高，有力地促进了社会生产力的发展。首先，生产资料的使用进一步社会化，许多人共同劳动，使用庞大的机器体系；其次，生产过程进一步社会化，社会生产各部门、各企业之间的相互依赖、相互制约的协作关系越来越密切；再次，劳动产品进一步社会化，产品成为许多人共同协作生产的社会产品；最后，狭小的、分散的、封闭的地方市场逐渐汇合成为巨大的、统一的、开放的国内市场，并进而突破国家和民族的界限，形成和发展为世界市场。

① (授权发布) 2008年美国的人权纪录：新华社，http：//www.shmtu.edu.cn/notes/mgrqjl2008.htm。

基本概念

简单再生产　扩大再生产　资本积累　资本积聚　资本集中
资本技术构成　资本价值构成　资本有机构成　相对过剩人口
绝对贫困化　相对贫困化

思考题

1. 分析简单再生产有什么意义。

2. 如何理解资本积累的原因和影响资本积累的因素。

3. 用当代市场经济中企业并购的案例，分析个别资本增大的方式。

4. 为什么说相对过剩人口不仅是资本积累的产物，而且是资本雇佣劳动生产关系存在和发展的必要条件?

5. 什么是资本积累的一般规律? 如何理解劳动者的贫困化?

第五章　个别资本的循环与周转

内容提要

产业资本循环要依次经历购买、生产和销售三个阶段，依次采取与之相适应的货币资本、生产资本和商品资本三种职能形式，使价值实现增殖，最后又回到出发点的运动过程。产业资本循环是生产过程和流通过程的统一，是货币资本循环、生产资本循环、商品资本循环三种循环形式的统一。产业资本连续循环的两个条件是必须保持三种职能形式在空间上并存和时间上继起。

周而复始、不断重复的资本循环过程就叫做资本周转。考查资本周转的中心问题是资本周转速度问题，衡量资本周转速度有两个指标：资本周转时间和资本周转次数。资本周转时间是生产时间和流通时间之和，生产时间又包括劳动时间、停工时间、自然力独立发生作用时间和生产资料储备时间；流通时间包括购买时间和销售时间。影响资本周转速度的一个重要因素就是生产资本的构成，即固定资本和流动资本的构成比例。生产资本按价值周转方式不同划分为固定资本和流动资本，固定资本的价值是逐步转移到新的产品中并通过销售逐次收回，流动资本的价值则是一次性收回。所以生产资本中固定资本所占比重越大，预付总资本周转速度越慢。加快固定资本周转速度，可以增加剩余价值，获得超额剩余价值，还可以减少或避免固定资本无形磨损，减少价值损失；加快流动资本周转速度，可以节省预付流动资本，增加剩余价值，增加年剩余价值和提高年剩余价值率。

通过本章学习，重点掌握以下内容：

1. 产业资本循环的三个阶段和三种职能形式。
2. 产业资本的三种循环形式。
3. 产业资本循环连续进行的条件。
4. 资本周转速度的影响因素。
5. 资本周转对剩余价值生产和实现的意义。

第一节　资本的循环

个别资本，亦称单个资本，是在市场经济中各自独立起职能作用的资本，是社会资本的一个组成部分。每一个个别资本是社会总资本中一个独立的、可以说是赋有个体生命的部分。

资本是在不断循环运动中实现价值增殖的。资本循环运动的典型形式是产业资本循环。

产业资本是指投放在工业、农业、建筑业、采矿业等物质资料生产部门及为物质资料生产部门服务的交通运输业的资本。产业资本是在封建社会末期小生产者的分化和资本原始积累过程中产生的。经过简单协作、工场手工业和机器大工业三个阶段，资本主义企业的生产技术和劳动过程的社会化日益提高，最终使产业资本支配了整个社会生产。随着资本主义的发展，商品资本和货币资本的职能由于社会分工而得到独立的发展，它们逐渐从产业资本的运动中分离出来，由不从事生产活动的特殊营业部门来承担，从而产生了同产业资本并列的独立的商业资本和借贷资本。商业资本是专门经营商品买卖的独立的资本形式；借贷资本是借贷资本家为了获得利息而暂时贷给产业资本家和商业资本家使用的货币，并且产业资本家和商业资本家向借贷资本家借货币的目的是为了获得更多的剩余价值，即把这些货币作为资本来使用，而非作为普通货币来使用。

在产业资本、商业资本和借贷资本三者中，只有产业资本经过物质资料生产过程，才创造剩余价值，使价值增殖。因此，分析资本是如何在不断运动中实现价值增殖的，应以产业资本为研究对象，商业资本和借贷资本增殖要以产业资本实现增殖为基础。

一、产业资本循环的三个阶段

产业资本在运动过程中，要依次经历购买、生产和销售三个阶段，先后相应采取货币资本、生产资本和商品资本三种职能形式。

1. 产业资本循环的第一阶段——购买阶段

资本家手中拥有一定量的货币并作为资本来使用是资本主义生产关系的前提之一。产业资本家要进行生产，首先要以手中的货币到生产要素市场购买生产资料和劳动力。在这个阶段，资本家作为买者出现于商品市场和劳动力市场；他的货币转化为商品，或者说，完成“货币—商品”这个生产要素购买行为。

这个购买阶段可以用下面公式表示：

$$G—W\begin{cases}P_m\\A\end{cases}$$

其中，G 代表货币，W 代表商品，P_m 代表生产资料，A 代表劳动力。

在资本家实施购买行为前，资本的价值形式是货币，我们把货币形态的资本称为货币资本 G，它的职能是购买生产资料和劳动力（合称为生产要素），为创造剩余价值做好物质准备。

G—W 这个流通过程自然要遵循等价交换的原则，也就是说 G 的价值量与 W 的价值量应该相等。从这个角度看，G—W 这个流通阶段好像是一般的商品流通阶段 g—w，其中 g 为普通货币，w 为一般商品。但这两个购买行为具有本质的区别，这是因为作为资本的货币 G 所购买的物质内容是进行物质资料生产所必需的基本要素即生产资料和劳动力，而且一定要包含劳动力这个特殊商品，资本家才可能获得剩余价值，其实质是为生产和实现剩余价值做准备。然而普通货币 g 所购买的是满足自己生产和生活所需要的物质资料，可以是生产资料，也可以是生活资料，但一定不包含劳动力。正是由于货币资本所购买的物质内容的特殊性，使得这个购买阶段成为资本循环的一个特定阶段。

在实施购买行为时，必须以资本有机构成为依据。一方面要依据资本技术构成购买与劳动技能相适应的劳动资料，尽量使劳动力和劳动对象能有效结合。如所聘请的工人不会使用电脑、不会运用现代化生产工具，购买再先进的自动化设备和生产工具也只能是个摆设，对于生产剩余价值不能充分发挥任何作用，而且带来资本的闲置。另一方面要依据资本价值构成使生产资料和劳动力具有在数量上保持恰当的比例。在等价交换的条件下，若生产资料太少不能吸收劳动工人的必要劳动则要亏损，若恰好能吸收必要劳动则盈亏持平，若生产资料太多超出了所有剩余劳动则意味着有闲置的生产资料，所以必须购买恰好能吸收劳动工人全部剩余劳动的生产资料为最优选择。正如马克思所说：“如果没有充分的生产资料，买者所支配的超额劳动就不能得到利用；他对于这种超额的支配权就没有用处。如果现有生产资料多于可供支配的劳动，生产资料就不能被劳动充分利用，不能转化为产品。”①

①《马克思恩格斯全集》第 24 卷，人民出版社 1972 年版，第 34 页。

购买劳动力是货币资本转化为生产资本的一个具有特征性质的因素，因为它是以货币形式预付的价值得以实际转化为资本，转化为生产剩余价值的价值的重要条件。即资本家购买劳动力，支付的是工人的劳动力价值并非工人劳动创造的全部新价值，工资只是一个新价值的伪装形式。在这个形式上，比方说，劳动力的一日的价格，表现为这个劳动力在一日中付出的劳动的价格，以致这个劳动力在必要劳动时间内生产的价值，表现为这个劳动力一日中全部劳动时间生产的价值。马克思主义经济理论与其他经济学理论的区别在于：其他经济学认为工资是工人一天劳动量的交换价值，这个交换价值低于相应的劳动量所物化的价值的原因或是工人自身的贫穷或工人自身的没文化或没水平，或是工人的自愿。但马克思主义理论则认为，劳动量根本不具有交换价值，在工资的形式中实际交换的是劳动力在一日之内的使用权。这种交换不同于我们付钱给理发师，让他给我们理发的交换，也不同于我们包下出租车一天，让出租车司机专门为我们开车，因为我们支付给出租车司机的并不是他一天的工资加汽车的折旧与油料的消耗，而是他一天的经营收入。如果该司机受雇于出租车公司，这一收入中除了他一天的工资加汽车的折旧与油料的消耗外，还包含归公司所有的剩余价值；如果司机是个体户，即汽车是他自己的，也就不存在工资这个概念了。因此工资并不是工人一天劳动量的交换价值。

购买阶段一经完成，买者就不仅支配着生产商品所必需的生产资料和劳动力。更重要的是他还支配着一种劳动力的使用权，或者说，支配着一个比补偿劳动力价值所必需的劳动量更大的劳动量；同时还支配着使这个劳动量实现或物化所必需的生产资料。因此，他支配的各种因素所能生产的商品的总价值量，比生产要素价值总量大，或者说，是一个包含剩余价值的商品量。

因此，资本购买过程是资本价值由货币形式到生产形式的转化过程，或者简单地说，是由货币资本到生产资本的转化。可见，在这里首先考查的循环公式中，货币表现为资本价值的第一个承担者，而货币资本也就表现为资本预付的形式。

经过购买阶段，资本价值在数量上虽然没有发生变化，但在形态上发生了变化，由货币形式的资本转化为生产资料和劳动力，即由货币资本转化为生产资本。

2. 产业资本循环的第二阶段——生产阶段

由于货币资本转化为生产资本，资本价值取得了一种实物形式，这种形式的资本价值不能继续流通，而必须进入消费，即进入生产消费。劳动力的使用，只能在劳动过程中实现。资本家不能再把工人当作商品出售，因为工人不是资本家的奴隶，并且资本家买到的仅仅是在一定时间内对他的劳动力的使用。另外，资本家只能这样来使用劳动力，就是通过劳动力把生产资料作为商品形成要素来使用。因此，第一阶段的结果是进入第二阶段，即资本的生产阶段。

在第二阶段，劳动工人开始进行物质资料生产，在必要劳动时间里面再创造出劳动力价值，在剩余劳动时间里面生产剩余价值。用公式表示如下：

$$W \left\langle \begin{matrix} P_m \\ A \end{matrix} \right. \cdots P \cdots W'$$

式中，W 代表商品，…表示流通过程中断，P 表示物质资料生产过程，W′表示包含着剩余价值的商品，即商品资本。

在生产过程资本以生产要素的形式而存在，在生产过程中的生产资料和劳动力也就称为生产资本，生产资本的职能是生产剩余价值。生产资本的不同的组成部分——生产资料和劳动力在生产剩余价值时具有不同的作用，生产资料为生产剩余价值提供必不可少的物质条件，若不考虑损耗，其价值通过劳动工人的具体劳动只能等价的转移到新的商品当中，也就是不变资本。而劳动力在生产过程中则是价值增殖的唯一源泉，也就是可变资本。生产资料在它为资本家所有时，即使在生产过程之外，仍然是他的资本，劳动力却只有在生产过程之中才是单个资本的一部分。生产资料只有在劳动力作为生产资本，能够和生产资料相结合时，才成为生产资本的物的形式的部分。如果说，劳动力只有在它的卖者即雇佣工人手中才是商品，那么相反，它只有在它的买者手中，即暂时握有它的使用权的资本家手中，才成为资本。因此，正如人类劳动力并非天然是资本一样，生产资料也并非天然是资本。只有在一定的历史发展条件下，生产资料才取得这种独特的社会性质，正如只有在一定的历史发展条件下，贵金属才获得货币的独特的社会性质，货币才获得货币资本的独特的社会性质一样。

生产资本在执行职能时，消耗它自己的组成部分，使它们转化为一个具有更高价值的产品量。雇佣工人的剩余劳动使新产品价值总量超过生产资本价值总量，也就是生产出包含剩余价值的新商品 W′。所以，马克思说："劳动力的剩余劳动使产品的价值超过产品形成要素的价值而形成的余额，也是资本的果实。劳动力的剩余劳动，是资本的无偿劳动，因而它为资本家形成剩余价值，一个无须他花费任何等价物的价值。因此，产品不只是商品，而且是孕育着剩余价值的商品。"① 所生产出的新商品价值总量等于实际消耗的生

①《马克思恩格斯全集》第 24 卷，人民出版社 1972 年版，第 45 页。

产资料价值与雇佣工人创造的新价值之和。

生产阶段既然是生产剩余价值的阶段，所以，生产阶段在资本循环中是决定性阶段，决定了资本家可能获得的剩余价值量。

经过生产阶段，资本不仅在形态上发生了变化，即由生产资本转化为商品资本。在此阶段，采取生产资本的职能，生产剩余价值，资本在价值量发生了增殖。

3. 产业资本循环的第三阶段——销售阶段

产业资本家重新回到市场上，以售卖者的身份把生产出来的已经包含着剩余价值的商品售卖出去，换回货币。这时，资本又重新回到了最初的货币形式。但这个货币与开始预付的货币在数量上发生了变化，除了原先预付的货币以外，还带来了一个新的增加额，即剩余价值。这样，商品资本转化为增殖了的货币资本。这一过程可以用公式表示为：

$$W'—C'$$

式中，C′表示实现增殖的货币资本。

从形式上看，W′—C′是一般商品流通过程，是商品转化为货币的过程。但从实质上看，它却是资本循环的一个特定阶段。这是由资本主义生产过程的性质决定的，而不是由销售阶段本身决定的。资本家销售的商品，是资本生产的产物，包含着预付资本的价值和剩余价值，是作为已经增殖的资本价值的存在形式。因此，处于销售阶段的商品，不仅是一般商品，而且是商品资本；销售阶段不仅是商品价值形式变化的一般商品的销售过程，而且是资本价值和剩余价值的实现过程，从而是资本循环的一个特定阶段。

只要已经增殖的资本保留商品资本的形式，停滞在市场上，再生产过程就会中断。这个商品资本既不会作为价值形成要素即货币资本起作用，也不会作为产品形成要素即生产资本起作用。由于卖的速度不同，同一个资本价值就会以极不相同的程度作为产品形成要素和价值形成要素起作用，再生产的规模也会以极不相同的程度扩大或者缩小。流通过程因没有物质资料生产过程，所以不增加新的价值，但它影响资本的作用程度，即影响资本的增殖程度，因而资本宁愿从提高的作用程度所带来的剩余价值中割让一部分给流通过程以便能够提高其总的增殖水平。因此，尽管个人、中介机构和商业机构因参与了流通过程而分了一杯羹，但并不意味着商业活动创造价值。如果新商品只卖掉一部分，有可能只够补偿预付资本价值，而不能实现剩余价值；如果卖掉得太少，有可能不仅不能实现剩余价值，甚至不能补偿预付资本价值，甚至导致破产。所以说，销售阶段非常重要，关系到资本循环能否正常进行和资本家的命运。

经过销售过程，资本的价值量不发生变化，形态发生了变化，商品转化为货币。在此阶段采取商品资本的职能，实现包含在商品当中的剩余价值。

4. 产业资本循环

产业资本循环是产业资本依次经历购买、生产、销售阶段，相应依次采取货币资本、生产资本、商品资本三种职能形式，实现价值增殖，最后又回到原来出发点的运动过程。货币资本、生产资本、商品资本分别执行不同的职能：货币资本的职能是购买生产要素，为生产剩余价值准备条件；生产资本的职能是促进雇佣劳动力和生产资料相结合，生产出包含着剩余价值的新商品；商品资本的职能是出售商品，实现预付资本的价值和剩余价值。用公式表示如下：

$$G—W\left\langle\begin{matrix}P_m\\A\end{matrix}\right.\cdots P\cdots W'—G'$$

资本的循环，一方面只有不停顿地从一个阶段转入另一个阶段，才能正常进行。如果资本在第一阶段 G—W 停顿下来，货币资本就会凝结为贮藏货币；如果资本在生产阶段停顿下来，要么生产资料就会搁置不起作用，要么劳动力就会处于失业状态；如果资本在最后阶段 W′—G′停顿下来，卖不出去而堆积起来的商品就会把流通阻塞。另一方面，资本在其运动的每一阶段上，又具有相对的稳定性，即只有完成每一阶段上的相应职能之后，才能进入下一阶段，转化为新的形式。在循环过程所经历的三个阶段中，产业资本都被限定在一定的形式上：货币资本、生产资本和商品资本。所以说货币资本、生产资本和商品资本，并不是独立的资本，自身不能增殖，而是产业资本循环在特定阶段所采取的相应职能形式，产业资本循环是依次采取所有这三种形式的。产业资本只有在完成一种和它的当前形式相适应的职能之后，才能进入一个新的阶段和采取相应职能形式。在这个运动中，预付的价值不仅被保存下来，而且实现了增殖。最后，在销售阶段完成后，它又回到总过程开始时它原有的形式——货币。因此，这个总过程是循环过程。

在产业资本循环的这三个阶段中，购买和销售两个阶段属于流通过程，生产阶段属于生产过程，所以产业资本循环是购买、生产、销售三阶段的统一，也是生产、流通两个过程的统一。在生产过程和流通过程中，生产过程起着决定性的作用，因为价值和剩余价值是在生产过程中创造出来的，流通过程只使资本的价值形态发生变化，并不引起价值增殖。但是，资本循环运动绝不能离开流通过程，否则资本家既无法购买到生产资料和劳动力，也无法实现包含在商品中的价值和剩余价值（见表 5-1）。

表 5–1　产业资本循环的三阶段和三职能形式

产业资本运动的阶段	相应的职能形式	资本的职能	重要原理
购买阶段 G—W	货币资本	为生产剩余价值准备条件	要使购买到的两种生产要素保持质的相互适应和量的恰当比例
生产阶段 W…P…W′	生产资本	生产剩余价值	资本循环中具有决定意义的阶段
销售阶段 W′—G′	商品资本	实现剩余价值	出卖商品的速度与数量是至关重要的大事

二、产业资本循环的三种职能循环形式

资本的生命在于运动，它只有在不断地运动中才能保存价值并得到增殖。因此，产业资本并非完成一次循环后就停顿下来，而必须周而复始地不断循环下去。

G—W…P…W′—G′·G—W…P…W′—G′…

资本循环从其连续进行的过程来看，无论是货币资本、生产资本还是商品资本，都是从自己特定的出发点出发，经过循环的三个阶段，再回到原来的出发点，这样便产生了三种循环形式。

1. 货币资本循环

货币资本循环是从货币资本开始，依次经过购买、生产和销售三个阶段，实现资本价值增殖，又回到货币资本的运动过程。货币资本一般地说是产业资本的最初表现形式。产业资本家总是首先把一定的货币额预付出去购买生产要素，经过一系列形态变化，最后得到增殖了的货币。

$$\underbrace{G—W\cdots P\cdots W'—G'}_{\text{货币资本循环}}\cdot G—W\cdots P\cdots W'—G'\cdots$$

货币资本循环具有如下特点：

（1）明确了资本生产的目的和动机。循环的起点和终点都是货币形式的资本，它最明显地表现了资本生产的目的和动机是取得剩余价值。因此，货币资本循环是产业资本循环的一般形式。

（2）掩盖了剩余价值的真正来源。在这一循环中，生产阶段处于两个流通阶段之间，成为流通过程的媒介和中间环节，由此便产生了一种假象：似乎价值和剩余价值不是从生产过程产生的，而是从流通过程产生的，这就掩盖了剩余价值的真正来源。

所以，马克思说："货币资本的循环，是产业资本循环的最片面、从而最明显的和最典型的表现形式。"①

①《马克思恩格斯选集》第 2 卷，人民出版社 1995 年版，第 284 页。

2. 生产资本循环

生产资本循环是从生产资本出发，依次经过生产、销售和购买三个阶段，实现价值增殖，最后回到生产资本形式的运动过程。在生产资本循环中，如果剩余价值全部用于资本家的个人消费，它表示简单再生产；如果剩余价值部分或全部地转化为资本，它就表示扩大再生产。

$$G—W\cdots\underbrace{P\cdots W'—(G'\cdot G)—W}_{\text{货币资本循环}}\cdots P\cdots W'—G'\cdots$$

生产资本循环不同于货币资本循环。货币资本在其一次循环中，只表示一次生产过程，而生产资本在一次循环中却包含着资本的再生产。生产资本循环也有其自身特点：

（1）揭示了剩余价值来源于生产阶段这个本质。从循环公式看，只有经过生产阶段，资本的价值量才会发生增殖，流通过程只是生产过程的中间环节和媒介，从而消除了剩余价值是在流通过程中产生的假象。

（2）掩盖了资本生产的实质。由于生产资本循环的起点和终点都是生产过程，从生产资本不断地再回到生产资本，这又造成一种新的假象，似乎资本生产是为生产而生产，是为工人创造就业机会而展开生产，目的不是为了追逐剩余价值。

3. 商品资本循环

商品资本循环是从商品资本为出发点，依次通过销售、购买、生产阶段，实现价值增值，又回到商品资本形式的运动过程。

$$G—W\cdots P\cdots\underbrace{W'—(G'\cdot G)—W\cdots P}_{\text{商品资本循环}}\cdots W'—G'\cdots$$

商品资本循环在一次循环中也包含着资本的再生产。商品资本循环的特点：

（1）重视流通过程对价值增殖的重要作用。商品资本的全部出售和全部被社会所消费（包括生产消费和生活消费）是产业资本循环正常进行的条件，揭示了生产与消费的内在联系。

（2）掩盖了生产的目的。以商品为终点会造成一种假象，似乎资本生产是为了满足社会生产和人民生活的需要，而不是为了获得剩余价值。

分别从三种职能循环形式分析可以看到，他们各有自己的特点，都从一个侧面反映了产业资本运动的特性，但同时又各有自己的片面性。因此，只有把三种循环形式统一起来再加以考察，才能全面地反映资本循环的本质：循环的目的是获得剩余价值，而剩余价值来源于生产阶段但又离不开流通阶段。产业资本循环是资本三种职能循环形式的统一，从理论上分别考察资本的三种循环形式，并不意味着它们是彼此孤立存在的。在产业资本连续循环中，每一种特殊的循环都是以其他的循环形式为前提，而且，一种循环形式的反复进行，也必然包含着其他循环形式的进行。实际上，每一个产业资本的循环都同时处于三种循环形式之中。

三、产业资本循环连续进行的条件

资本循环的关键在于保持资本运动的连续性，连续性是资本生产的特征。一方面，资本生产是社会化大生产，生产过程内部各环节之间既相互联系又相互独立，这为资本循环的各个阶段同时进行提供了可能；另一方面，机器生产克服了人力的限制，生产过程可以不断地进行。同时，资本生产的目的是获取剩余价值，为了不断地取得剩余价值，也要求资本循环连续不断地进行。

产业资本循环连续进行必须具备两个条件：

第一，必须保持产业资本三种职能形式在空间上并存。产业资本必须按照一定的比例分成三个部分在空间并存，同时存在于货币资本、生产资本、商品资本三种职能形式上。如果产业资本在一定时间内只采取一种职能形式，不管是全部集中于货币资本形式，还是集中于生产资本形式，或是集中于商品资本形式，循环过程就必然要中断。在当今信息化社会，有不少企业采取“零库存”管理，实行实时订购生产，似乎这些企业的资本循环中就不需要采取商品资本的职能形式，事实上所生产出来的商品在交付之前就是商品资本，在没有订单时意味着停产即资本循环的中断。再者，对于总资本来讲，每时每刻都需要有待售商品的存在。至于三种职能形式的资本应各占多大比例，则取决于企业生产的性质、技术水平、管理水平和市场状况等。

第二，必须保持产业资本每一种职能形式的依次转化，即在时间上的继起性。资本的三种职能形式必须在时间上连续继起，不断地进行循环。也就是说当一部分商品资本进入市场转化为货币资本时，另一部分资本正开始执行生产资本的职能，转化为商品资本，而同时又有一部分货币资本正在转化为生产资本，这样，资本循环过程才能正常进行。否则，资本的任何一个部分在循环的任何一个阶段发生停顿，资本的三种职能形式就不可能同时并存。如果商品资本不能按时转化为货币资本，商品就停滞于出售阶段，已经生产出来的剩余价值就不能实现。如果货币资本不能转化为生产资本，剩余价值的生产过程就无法开始。如果生产资本不能顺利地转化为商品资本，剩余价值的生产受到阻碍，继起的流通过程就要中断。

只有资本的三种职能形式依次转化和同时并存，才能实现资本运动的连续性。因此，资本的各种职能形式的继起性和并存性是互为前提、互为条件的。这是由于：一方面，资本的每一部分的不断继起，是由各个部分的并列存在决定的。如果产业资本不是按比例并列于三种职能形式上，它的每一部分的相继进行是不可能的。另一方面，只有资本的不同循环形式在时间上不断继起，才能使资本在运动中保持不同的职能形式，如果运动的继起性受到阻碍，它的各种形式在空间上的并存也就不复存在。

由于产业资本的整体同时处于货币资本、生产资本、商品资本三种职能形式上，而处在每一种职能形式上的资本都必须经过循环的三个阶段，其中包括两个流通过程和一个生产过程，由此形成三种不同的循环形式，即货币资本的循环、商品资本的循环和生产资本的循环。只有在这三个循环的统一之中，才能实现总循环过程的连续性。因此，“产业资本的连续进行的现实循环，不仅是流通过程和生产过程的统一，而且是它的所有三个循环的统一”。①

在现实的市场经济运行中，资本循环的链条常常因周期性经济危机、销售困难或工人罢工等原因而暂时中断。

第二节　资本的周转

资本生产的目的是获取剩余价值，使资本不断地增殖。为了实现资本的不断增殖，资本家就必须使他的资本周而复始、不断重复地循环下去。这种周而复始、不断重复的资本循环，就叫资本周转。

资本循环与资本周转既存在联系又有区别。资本循环和资本周转两者都是资本运动的形式。区别在于：一是两者分析的侧重点不同，资本循环是从资本运动的连续性角度进行分析的，而资本周转则是从运动速度的角度进行分析；二是两者分析的目的不同，资本循环是分析资本运动所处的不同阶段及应采取相应职能和如何保持连续循环，而资本周转是分析从某职能形式资本投入到收回该职能形式资本的速度快慢对剩余价值生产的重要意义。

一、资本周转时间和周转次数

从资本循环和资本周转的区别不难看出考察资本周转的中心问题是资本

①《马克思恩格斯选集》第 2 卷，人民出版社 1995 年版，第 291 页。

周转速度。所谓资本周转速度，就是指预付资本运动的快慢，该预付资本可以是货币资本，也可以是生产资本和商品资本。通常用两个指标来衡量资本周转速度，一是资本周转时间，即预付资本周转一次需要的时间；二是资本周转次数，即一定时间内（通常为一年）预付资本周转的次数。

1. 资本周转时间

从资本周转概念可以知道，资本周转一次的时间即预付某种职能形式资本到收回该职能形式资本所经历的时间，也就是资本循环一个周期所经历的时间。第一节我们分析了资本循环需经历生产过程和流通过程，那么资本周转时间也就是生产时间与流通时间之和。

（1）资本的生产时间。资本的生产时间，是指资本处在生产阶段的时间，也就是从生产资料和劳动力进入直接生产阶段开始到生产出产品为止的时间，包括劳动时间和非劳动时间两部分。

劳动时间是指劳动者借助于劳动资料作用于劳动对象生产出某种产品所需要的时间。它是劳动力和生产资料相结合并发挥作用的时间，只有在这个时间内才能创造价值和剩余价值。所以，劳动时间是生产时间中具有决定意义的时间。决定劳动时间长短的因素，首先是生产过程和产品的性质，如果生产过程和产品比较复杂，其所需要的劳动时间就会相应延长；反之，则会缩短。其次，生产的技术水平和劳动者的熟练程度也会影响劳动时间的长短，如果生产的技术水平落后、劳动者的熟练程度较差，则所需要的劳动时间较长；反之，则会缩短。此外，劳动组织是否合理、劳动对象的状况以及自然条件等也会影响到劳动时间的长短。

非劳动时间是指劳动过程中断的时间，它包括停工时间、生产资料储备时间、自然力作用于劳动对象时间等。虽然这三部分时间不是工人的劳动力和生产资料相结合的时间，但却都是生产过程中所必要的时间，同时又是生产要素已离开流通领域进入生产领域的时间，所以，也是生产时间的组成部分。在这部分时间里，由于工人没有付出劳动，从而不会生产出剩余价值。所以，资本家在生产过程中总是力图缩短非劳动时间，以缩小生产时间与劳动时间的差距，从而创造出更多的剩余价值。

停工时间是正常检修机器设备或工人必要休息而停止工作的时间。

生产资料储备时间是为了保证再生产的正常进行需要事先储存一定数量的原材料的时间。储存的原材料，虽然已进入生产领域，但还没有投入劳动过程直接发挥作用。例如：纺织厂必须在棉花上市季节采购棉花，这些棉花虽然进入生产领域，堆在工厂的仓库里，但还没有进入劳动过程。但对纺织厂来说，储存一定数量的棉花又是必需的。不同企业，生产资料储存数量的多少和时间的长短，取决于多种因素，包括原材料生产的周期、市场供求状况以及交通运输的发展程度，其中，市场供求状况是最主要的因素。这种储备的必要界限是既不能造成积压，又不能出现停工待料的现象。

自然力对劳动对象独立发生作用的时间，是劳动过程中断，劳动对象受自然力作用的时间。例如，农作物的自然生长时间、酿酒的发酵时间，等等。在这个期间，劳动过程全部或局部停止，但产品的使用价值在经过一个自然的作用过程，通过物理的、化学的或生物的变化之后所形成。值得说明的是，自然力作用的时间也不是一成不变的，随着科学技术的进步，有的可以缩短。也就是可以通过技术尽量营造某种使用价值形成的自然环境，如小鸡的孵化可以在恒温箱中进行。

（2）资本的流通时间。资本的流通时间是资本处在流通领域的时间，包括购买时间和销售时间两部分。购买时间就是货币资本转化为商品资本所需要的时间，售卖时间就是商品资本转化为货币资本所需要的时间。这两部分时间的长短都会对资本周转时间发生影响。但两者相比之下，售卖时间是更具有决定意义的部分。这是因为在市场经济环境下，资本家在市场上购买劳动力和生产资料比较容易，而商品的销售却“是资本形态变化的最困难部分，因此，在通常的情况下，也占流通时间较大的部分”。[①] 影响流通时间长短的因素主要有：市场供求情况，产销两地的距离和交通运输条件等。此外，产品质量的好坏、价格的高低、企业的形象以及售后的服务状况等都会对流通时间的长短、周转速度的快慢产生一定程度的影响。为了加快资本的周转速度，资本家总是想方设法缩短流通时间。但由于社会生产的无政府状态和生产与消费的矛盾日益加深，使商品销售更加困难，从而延长了资本的流通时间，延缓了资本周转的速度。

流通时间是资本增殖的一个必要条件，没有购买和售卖，生产过程就不能进行，剩余价值就缺乏生产的物质基础和实现的途径。但是，生产时间和流通时间又是相互排斥的，资本在流通时间内不能执行生产资本的职能，既不生产产品，也不生产剩余价值。流通时间的延长和缩短，对于一定数量的资本执行生产资本职能的规模，起了一种制约作用。因此，流通时间越短，越有利于资本发挥生产资本的职能，资本效率就越高，它增殖的规模也就越大。但由于各个行业资本的生产条件和流通条件不同，因而周转时间也不相同。例如，投入造船业、建筑业等行业的资本周转时间一般比较长，而投入纺织业、食品加工业等行业的资本周转时间则比较短。

---

①《马克思恩格斯选集》第2卷，人民出版社1995年版，第294页。

由此可见，资本周转时间的长短决定于资本生产时间和流通时间的长短。生产时间和流通时间越长，资本周转时间越长，标志着周转速度越慢；生产时间和流通时间越短，资本周转时间越短，标志着周转速度越快。所以，资本的周转时间和周转速度成反比。

2. 资本周转次数

所谓资本周转次数就是指在一定时间内（通常是指在一年内）资本价值周转的次数。如果用 U 代表“年”；用 u 代表一定数量资本周转一次所需要的时间；用 n 代表一年中资本周转的次数，则资本周转次数可用公式表示为：

$$n = \frac{U}{u}$$

例如，某个企业资本周转一次需要 3 个月，那么这个企业在一年内的周转次数就是 $n = \frac{12\text{月}}{3\text{月/次}} = 4$ 次，即每年周转 4 次；如果某企业资本周转一次需要 18 个月，那么这个企业在一年内的周转次数就是 $n = \frac{12\text{月}}{18\text{月/次}} = \frac{2}{3}$ 次。

资本周转次数公式表明，在一定时间内，资本周转时间越短，资本周转次数越多，资本周转速度越快；反之，资本周转时间越长，资本周转次数就越少，资本周转速度就越慢。也就是说，资本周转速度与资本周转时间成反比，与资本周转次数成正比。资本家总是尽量缩短资本周转一次的时间和增加一定时期内资本周转次数，来达到攫取更多剩余价值的目的。

二、固定资本和流动资本

影响资本周转速度快慢的因素，除了有影响资本生产时间和流通时间的诸多因素外，还有一个非常重要的因素就是生产资本的构成，即固定资本和流动资本的构成比例。生产资本的不同构成部分，按其价值周转方式的不同，可以区分为固定资本和流动资本两个部分。

1. 固定资本

固定资本是指以机器、设备、厂房、工具等劳动资料形式存在的生产资本。这部分资本在进行生产时，物质形态作为一个整体全部参加生产过程，并在较长时间内在多次生产过程中发挥作用。它的价值是按照在使用过程中的磨损程度逐渐地一部分一部分地转移到新产品中去，经过多次生产过程，资本的全部价值才能转移完毕。而转移到新产品中去的价值，是随着商品的销售，经过多次流通过程，才一部分一部分地逐渐收回。这样，固定资本的价值就取得了双重形式的存在：一部分存在于货币形式上，以折旧基金[①]的形式而贮藏起来；另一部分继续保持在劳动资料形式上，固定在生产领域中。例如，一台机器价值 10 万元，平均使用寿命为 10 年，在产品生产中，整个机器每年都全部参加生产过程，然而，它的价值每年只部分地转移到新产品中去。这样经过 10 年，该机器的全部价值才转移完毕，资本家通过销售产品可以把 10 万元收回并用于购买新的机器，这就是固定资本价值的特殊的周转方式。

2. 流动资本

流动资本是指以原材料、燃料、辅助材料等劳动对象形式和劳动力形式存在的那部分生产资本。用于原材料、燃料、辅助材料等劳动对象的那部分资本在进行生产时，全部一次投入生产过程，其物质形态在生产过程中一次全部消耗掉，不再保存下来；它的价值也在一次生产过程中就全部转移到新产品中去。而当商品出售以后，它们的价值以货币形式一次全部收回。此外，资本家用于购买劳动力的那部分资本，它的价值并不转移到新产品中去，而是在生产过程中，由活劳动重新创造出来。工人在劳动过程中不仅创造了相当于劳动力价值的那部分价值，而且还创造了剩余价值。因此，在价值形成上，投于劳动力的资本，同投在原材料上的资本是根本不同的。但是，从价值的周转方式来看，二者是一样的，都是通过一次生产过程就把全部价值加入新产品中去，并经过产品销售以货币形式一次性回到资本家手里。因此，购买劳动力的那部分生产资本，也构成流动资本的一部分。在考察流动资本时，不能把它和流通资本相混淆。流通资本是指处于流通领域中的资本，即货币资本和商品资本，它是与生产资本相对立的资本形式。而流动资本则是生产资本的一个组成部分，它是根据生产资本价值周转方式的不同，而与固定资本相区别的资本形式。

固定资本和流动资本的区别在于：①价值转移的方式不一样。固定资本的价值是逐次转移到新产品中；流动资本的价值是一次全部加入新产品中。②周转时间不一样。因为固定资本要经历若干次生产过程，所以固定资本周转一次的时间比较长；流动资本周转一次的时间相对较短。③价值回收方式和期限不一样。固定资本是一次预付，分批逐渐收回，全部价值的回收期限较长；流动资本是一次预付，一次收回，全部价值的回收期限较短。④物质更新方式不一样。固定资本的多种物质要素在发挥作用的时间内，不需要不

① 固定资本折旧是指固定资本的部分价值在生产过程中经过劳动工人具体劳动转移到新产品中并通过销售新产品而收回的货币。

断购买和更新；流动资本的多种要素，无论是原材料，还是劳动力都要不断地在实物形式上更新。

固定资本与流动资本这种划分和不变资本与可变资本这种划分都是对生产资本的构成进行划分，但这两种划分是不同的。首先，划分的依据不同。固定资本和流动资本是依据资本价值的周转方式不同来划分的；不变资本和可变资本是依据它们在剩余价值生产过程中所起的作用不同来划分的。其次，划分的内容不同。固定资本只包括劳动资料形式的资本，流动资本包括劳动对象和劳动力形式的资本；不变资本包括劳动资料和劳动对象等形式的生产资料资本，可变资本指劳动力形式的资本。最后，划分的目的不同。固定资本和流动资本的划分，目的是为了考察资本的周转速度对剩余价值生产的数量的影响；不变资本和可变资本的划分，目的是为了揭示可变资本是剩余价值的真正来源，从而揭示资本主义剥削的秘密。两种划分的区别可用图 5-1 表示。

<table>
<tr><td></td><td>不变资本与可变资本</td><td>固定资本与流动资本</td></tr>
<tr><td>划分依据</td><td>在剩余价值生产中的作用不同</td><td>价值周转方式不同</td></tr>
<tr><td>划分内容</td><td colspan="2">不变资本 { 劳动资料：厂房、机器、设备、工具等 —— 固定资本
不变资本 { 劳动对象：原材料、燃料、辅助材料等 } 流动资本
可变资本 —— 劳动力（工资） } 流动资本</td></tr>
<tr><td>划分目的</td><td>揭示剩余价值的真正来源</td><td>揭示流通速度对剩余价值的影响</td></tr>
</table>

图 5-1　生产资本两种划分区别

3. 固定资本的磨损与折旧

固定资本是根据它自身磨损的程度将价值逐渐转移到新产品中去的，固定资本磨损程度直接影响着固定资本的周转，所以有必要考察固定资本价值的转移与损耗。固定资本的磨损分为有形磨损（或物质磨损）和无形磨损（或精神磨损）。

（1）固定资本的有形磨损。它是指机器、厂房、建筑物等固定资本的物质要素由于使用以及自然力的作用而造成的价值磨损。固定资本的有形磨损是由两种原因引起的：一是由于固定资本在生产过程中经使用引起的磨损，磨损的价值转移到新的商品中，通过出售新的商品而得到补偿。例如机器的运转会造成磨损，机器运转的速度越快，使用的时间越长，磨损程度就越大，一定时期内转移到新产品中的价值也就越多；二是由于自然力的作用而引起的损失，如金属工具生锈，木制设备腐烂等，在一定意义上往往与它们的使用成反比。

（2）固定资本的无形磨损。它是指固定资本在它们的有效使用期限内，由于生产技术进步引起的资本价值上的损失。这也是由两方面原因引起的：一是由于生产技术的改进和劳动生产率的提高，生产同样机器设备的社会必要劳动时间缩短，因而使原有固定资本的价值相应下降；二是由于新技术的发明和应用，出现了生产效率更高的同类机器设备，因而使原有的机器设备价值相对贬值。

（3）固定资本的折旧。固定资本的价值按照它的磨损程度逐渐地转移到新产品中去以后，为了保证再生产的正常进行，必须把这部分资本的价值从商品销售收入中提取出来，以备将来用于更新固定资本。这种根据固定资本的磨损程度逐步以货币形式提取的补偿，就叫做固定资本折旧；提取的补偿金额叫做折旧费（或折旧基金），提取的折旧费与固定资本原始价值的比率就是折旧率。例如，一台机器价值 10000 元，平均使用 10 年。那么，这台机器每年就要提折旧基金 1000 元，折旧率为 10%，待 10 年后机器报废时，就可以重新购置新的机器。由于折旧基金是用来补偿已经损耗掉的劳动资料的价值，替换已经磨损了的厂房、机器、设备等劳动资料的，因此，折旧基金的提取与使用实际上属于简单再生产的范围。但是，由于固定资本的物质要素在其平均使用年限内，在物质形态上总是独立存在和发挥作用的，不到全部磨损，不需要更新。因而逐步提取的折旧基金，又可以起积累基金的作用，用于扩大再生产。

三、预付总资本的周转

固定资本和流动资本，由于价值周转方式的不同，它们的周转速度也不相同，固定资本的周转速度要慢于流动资本的周转速度。在固定资本中，各种要素的周转速度也不相同，如以厂房形式存在的固定资本和以机器形式存在的固定资本，它们的周转速度就不可能完全一样。因此，全部预付总资本的周转速度，要受到固定资本和流动资本本身周转速度的影响，还要受生产资本中固定资本和流动资本构成比例的影响。生产资本中固定资本所占的比重越大，预付总资本的周转速度就越慢；流动资本所占的比重越大，预付总资本的周转速度就越快。所以，生产资本的构成对预付总资本周转速度的快慢有着重要的影响。

产业资本家的全部预付资本中，既然固定资本和流动资本的周转速度各不相同，而且固定资本和流动资本的比例会发生变化。因此，计算预付总资本的周转速度时，要把生产资本的各个组成部分都转化为同质的货币形式，将固定资本和流动资本各自在一年中周转的价值额合计起来，除以预付资本总额，才能计算出预付总资本的年平均周转速度，可用公式表示为：

$$\text{预付总资本周转次数}=\frac{\text{固定资本年周转价值总额}+\text{流动资本年周转价值总额}}{\text{预付资本总额}}$$

$$\text{周转价值总额}=\text{预付资本}\times\text{周转次数}$$

假如某资本家的预付资本总额为 14 万元，其中固定资本 10 万元，流动资本 4 万元。在固定资本中，厂房价值 3 万元，可使用 30 年；机器设备价值 6 万元，可使用 10 年；小工具价值 1 万元，可使用 10/3 年。流动资本一年可周转 5 次。这个资本的构成及各组成部分周转情况如表 5–2 所示。

表 5–2 生产资本构成及周转情况

生产资本的各要素	价值（万元）	一年内周转次数	一年周转价值总额（万元）
固定资本	10		1
其中：厂房	3	1/30	0.1
机器设备	6	1/10	0.6
小工具	1	3/10	0.3
流动资本	4	5	20

这个预付总资本的周转次数为：

$$n=\frac{3\times\frac{1}{30}+6\times\frac{1}{10}+1\times\frac{3}{10}+4\times5}{14}=\frac{21}{14}=1.5\text{（次）}$$

总之，固定资本与流动资本在生产资本中所占比重一定的条件下，固定资本和流动资本的周转速度越快，预付总资本的周转速度也就越快；反之，固定资本和流动资本的周转速度越慢，预付总资本的周转速度也就越慢。在固定资本和流动资本的周转速度一定的条件下，在生产资本中固定资本所占的比重越大，预付总资本的周转速度就越慢；反之，流动资本所占的比重越大，预付总资本的周转速度就越快。

四、资本周转速度对剩余价值生产的影响

资本周转速度对剩余价值的生产和实现有着重大影响。

第一，加快固定资本周转速度，可以增加剩余价值。加速固定资本周转速度，一定时期内提取的固定资本折旧费就可以增多，这部分折旧费可以用

于扩大再生产购买更多的原材料和劳动力，从而在一个生产周期中可以增加剩余价值。例如甲乙两企业各生产条件都相同，共投入 100 万元固定资本，甲企业固定资本周转次数为 1/10 次，则甲企业第二年可以用 10 万元的固定资本折旧费用于扩大再生产，乙企业固定资本次数为 1/5 次，则乙企业第二年可以用 20 万元的固定资本折旧费用于扩大再生产，毫无疑问，在未来的生产过程中乙企业将生产更多的剩余价值。

第二，加快固定资本周转速度，可以获得超额剩余价值。机器设备等固定资本还有一个非常特殊的性质，就是其价值虽然全部转移到新的产品中，但并不等同于其使用价值就随之消失，还有可能参与到生产过程当中发挥其作用，即无偿为企业服务。如前例，乙企业经过 5 年的生产可以全部收回固定资本价值，若这批劳动资料仍然可以用于生产的话，这意味着乙企业产品的个别价值低于社会价值，也就是说乙企业可以获得超额剩余价值。

第三，加快固定资本周转速度，可以减少或避免固定资本无形磨损，减少价值损失。如前例，在第 6 年由于研究开发研制生产出一款生产效率更高的机器，因为乙企业正好以折旧的方式把 100 万元的固定资本价值收回，可以及时购买先进的机器，一方面避免了固定资本无形磨损，另一方面由于及时购买先进设备使得该企业率先改善生产条件，即可获得超额剩余价值。而甲企业要及时购买先进机器，则必须承担固定资本的无形磨损，若不及时购买生产条件又将得不到及时改善。

第四，加快流动资本周转速度，可以节省预付流动资本，增加剩余价值。如某企业流动资本周转次数为 1 年，需预付流动资本 12 万元。现加速流动资本周转速度，实现了 6 个月周转一次，则只需预付 6 万元的流动资本，节省了 6 万元；若 4 个月周转一次，只需预付 4 万元的流动资本，可节省 8 万元。资本家可以用节省下来的货币用于扩大再生产增加剩余价值。

第五，加快流动资本周转速度，一定量的预付资本将发挥更多的作用，提高年剩余价值和年剩余价值率。年剩余价值是在一年中获得的剩余价值总量，年剩余价值率是年剩余价值量与预付可变资本的比率，是预付可变资本的增值率。年剩余价值（率）与剩余价值（率）在数量上的关系为：

$$M = m \cdot n = m' \cdot v \cdot n$$

$$M' = \frac{M}{v} = m' \cdot n$$

式中，M 为年剩余价值，m 为剩余价值，v 为预付可变资本，m′为剩余价值率，n 为可变资本年周转次数，M′为年剩余价值率。

可变资本周转速度越快，年剩余价值就越多，年剩余价值率也越大。这是因为，加速可变资本周转速度可使一定量的可变资本发挥更大的作用。如某企业根据实际生产条件决定用 12 万元聘请雇佣工人，工人月工资为 1000 元，若可变资本周转次数为 1 次，12 万元的预付可变资本职能聘请 10 个工人，只能发挥 12 万元的价值；若可变资本周转次数为 2 次，12 万元的预付可变资本则可聘请 20 个工人，可发挥 24 万元的价值。因为 7 月份的工资可以用收回的 1 月份的工资再次支付，而这一年中工人实际从资本家手中领回 24 万元的工资；同理，若可变资本周转次数为 3 次，则 12 万元的预付可变资本能实际发挥 36 万元的价值。

年剩余价值率与剩余价值率是完全不同的两个概念。首先，两者含义不同，年剩余价值率是年剩余价值量与预付可变资本的比率，而剩余价值率是同一时间内剩余价值与实际发挥作用的可变资本的比率。由上一段的分析及公式很清楚年剩余价值率与剩余价值率呈正比关系，比例为可变资本的周转次数。其次，两者表示的关系不同，剩余价值率表示资本家对工人的剥削程度，年剩余价值率表示预付可变资本的增殖程度。

海尔“怎样让石头漂起来”

海尔在 1998 年实行了一场“业务流程再造”工程。在一次关于“业务流程再造”的高级经理人培训会议上，海尔集团 CEO 张瑞敏目光炯炯地看着讲台下的中层干部们，提出了一个像脑筋急转弯的问题：“石头怎样才能在水上漂起来？”

“把石头掏空。”有人喊了一句，张瑞敏摇了摇头。

“把石头放在木板上。”又有人答道，张瑞敏又摇了摇头。

“做一块假石头。”这个回答引来了一片笑声，张瑞敏还是摇了摇头：“石头是真的。”

“速度。”海尔集团见习副总裁喻子达回答道。

“正确。”张瑞敏脸上露出了笑容：“《孙子兵法》：‘激水之疾，至于漂石者，势也。’速度决定了石头能否漂起来。网络时代，速度同样决定了企业能否跃上新的高峰！”这一细节形象地表明了海尔“业务流程再造”是解决企业的循环与周转的速度问题。

海尔“业务流程再造”主要是从采购和销售这一资本循环的两个重要环节入手。海尔采购和配送，过去是各个事业部各自采购，现在成立物流本部，实行集团统一采购。这一改革效果显著。其一是降低了集团对外采购成本，仅 1999 年当年降低的采购成本就达 5 亿元，2001 年在

1999 年的基础上又降低了 10 亿元。其二是择优采购，带来了零部件产品质量的整体提高。其三是库存减少，其中零部件仓库存放面积减少了 32 万平方米。目前在海尔开发区的物流中心，原材料只有不到 7 天的库存，成品 24 小时就发往全国的 42 个配送中心，呆滞物资减少了 90%，原材料库存资金周转天数从 30 天以上降为 10 天。过去海尔的销售是在市场布阵上各自为战，造成资源浪费。现在实行商流整合，全国销售人员减少了 30%，全国的营销网络增加到 2000 多家。这一改革使营销成本降低，与用户实现零距离，对客户需求快速反应。海尔接到客户订单，在 10 天内即可完成从采购、制造到配送的全过程，而一般企业完成这个过程要 36 天。

通过改革，海尔与商家之间实现了现款现货，资金周转速度快了，不良资产少了。目前国内应收账款几乎为零，集团流动资产的周转速度 1999 年为 118 天，2001 年为 79 天。一年资金吞吐量高达千亿元，日均相互结算为 3 亿元。

资料来源：《海尔再造》，《经济日报》2002 年 7 月 23 日。

基本概念

产业资本　产业资本循环　货币资本　生产资本　商品资本　资本周转　资本周转时间　资本周转次数　固定资本　流动资本　有形磨损　无形磨损

思考题

1. 产业资本循环要经历几个阶段？采取哪几种职能形式？
2. 资本循环连续进行需要什么条件？
3. 固定资本、流动资本与不变资本、可变资本两者的划分有什么区别？
4. 衡量资本周转速度的指标和影响资本周转的因素有哪些？
5. 资本周转速度对剩余价值生产有何影响？

第六章　社会总资本的再生产及其周期性

内容提要

社会总资本是互相联系、互相依存的个别资本的总和。社会资本再生产的核心问题是社会总产品的实现。社会总产品的实现，就是社会总产品的各个组成部分，在价值上得到补偿，在物质上得到替换。只有社会总产品得到了实现，社会资本再生产才能顺利进行。资本主义社会总产品，按价值形式分为不变资本、可变资本和剩余价值；按实物形式分为生产资料和消费资料。与此相适应，生产部门分为两大部类：第Ⅰ部类为生产生产资料的部类；第Ⅱ部类为生产消费资料的部类。

在社会资本简单再生产条件下，社会总产品的实现要通过三大交换过程，其实现条件是：①$\text{I}(v+m)=\text{II}c$；②$\text{I}(c+v+m)=\text{I}c+\text{II}c$；③$\text{II}(c+v+m)=\text{I}(v+m)+\text{II}(v+m)$。社会资本扩大再生产的两个前提条件是：①$\text{I}(c+v+m)>\text{I}c+\text{II}c$；②$\text{II}(c+v+m)>\text{I}(v+\frac{m}{x})+\text{II}(v+\frac{m}{x})$。在社会资本扩大再生产条件下，社会总产品的实现也要通过三大交换过程，其实现条件是：①$\text{I}(v+\Delta v+\frac{m}{x})=\text{II}(c+\Delta c)$；②$\text{I}(c+v+m)=\text{I}(c+\Delta v)+\text{II}(c+\Delta c)$；③$\text{II}(c+v+m)=\text{I}(v+\Delta v+\frac{m}{x})+\text{II}(v+\Delta v+\frac{m}{x})$。社会资本再生产理论表明两大部类之间及内部无论是总量上还是结构上都必须保持供需平衡。

资本主义生产方式存在的固有对抗性矛盾，必然引起资本主义经济危机，周期性爆发的经济危机的实质是生产相对过剩，其产生的根源是资本主义基本矛盾。经济危机的周期性爆发决定了资本主义再生产的周期性，每个再生产周期一般包括危机、萧条、复苏和高涨四个阶段。资本主义经济危机周期性的物质基础是固定资本的更新。

通过本章学习，重点掌握以下内容：

1. 社会资本再生产的核心问题。
2. 研究社会资本再生产的两个基本原理。
3. 社会资本简单再生产的实现过程及其实现条件。
4. 社会资本扩大再生产的实现过程及其实现条件。
5. 经济危机的实质及根源。

第一节 社会总资本及其运动

资本是在运动中实现增殖的。研究个别资本运动的目的是为了揭示价值是如何实现增殖的，而研究社会总资本运动的目的则与研究个别资本运动的目的有所不同。

一、社会总资本的概念

在市场经济体制中各个企业的个别资本都分别归属于不同的资本家或资本家集团，它们各自通过独立的循环和周转，实现价值的增殖。但是在复杂的社会分工和社会化大生产环境下，任何一个个别资本都不可能离开其他个别资本而独立存在。因为每一个个别资本都必须通过流通过程同其他个别资本发生关联，既要与那些为它提供生产资料的个别资本发生关联，又要与那些消费其产品的个别资本发生关联。这种互相联系、互相依存的所有个别资本的总和就是社会总资本或简称社会资本。

要注意把政治经济学的社会资本同其他学科中的社会资本的概念区分开来，其他学科中的社会资本是 20 世纪 80 年代从人力资本概念引申出来的，至今没有公认的概念，代表性观点有："社会资本是实际的或潜在的资源集合体，这些资源或多或少与制度化的相互默认与承认的持久关系网络有关。"（布迪厄，1980）"社会资本是个人拥有的表现为社会结构资源的资本资产，由构成社会结构的要素组成，主要存在于人际关系和社会结构之中，并为结构内部的个人行动提供便利。"（科尔曼，1988）科尔曼将社会资本的表现形式概括为：义务与期望、信息网络、规范与有效惩罚、权威关系等。政治经济学中的社会资本是"实体"资本，是"有形"资本，劳动力虽然是抽象的，但有载体雇佣工人；而社会学中的社会资本是"无形"资本。这完全是两个不一样的概念。

二、社会资本运动与个别资本运动的区别

个别资本要使自己的资本价值不断增殖，就必须进行再生产，连续不断地进行资本的循环与周转运动。个别资本的运动不是孤立进行的，而是要同另外一些个别资本相互交错进行。个别资本的循环运动是社会总资本循环的一个环节，只要一个环节发生故障，整个链条就会中断。这种相互交错、互

为条件的个别资本运动的总和，就形成了社会总资本的运动或社会资本的运动。

社会资本运动与个别资本运动有许多共同之处：一是从运动过程看，两者都是生产过程和流通过程的统一；二是从运动形式看，它们在循环过程中都要经过购买、生产、销售三个阶段，并相应采取货币资本、生产资本和商品资本三种职能形式；三是从运动目的看，它们都是为了实现价值增殖。

社会资本运动是相互交错的个别资本运动的总和，作为一个有机整体的总资本运动，同各个独立的个别资本运动又是不同的。个别资本运动和社会资本运动的主要区别有：

第一，个别资本运动只包括对生产资料和劳动力的生产消费以及与此相适应的资本流通，不包括工人和资本家对生活资料的生活消费以及与此相适应的普通货币和一般商品流通。而社会资本的运动既包括对生产资料和劳动力的生产消费以及与此相适应的资本流通，又包括工人和资本家对生活资料的生活消费以及与此相适应的普通货币和一般商品流通。因为在个别资本运动中，工人和资本家的生活消费不是资本流通的环节，而是在个别资本运动体系外部进行的商品流通。而社会资本运动是由各个个别资本运动总和构成的，工人和资本家需要的消费资料，只能在整个社会生产的商品中购买。他们购买消费资料的过程，同时也是那些专门生产消费资料的资本家销售商品的过程，即把他们的商品资本转化为货币资本的过程，这个过程是社会资本运动的一个组成部分。

第二，个别资本运动只包括预付资本的价值运动，在扩大再生产时包括部分剩余价值的运动，而社会资本运动既包括预付资本的价值运动，也包括全部剩余价值的运动。因为在个别资本运动中，剩余价值用于资本家的生活消费的部分是作为普通货币使用的，是在个别资本运动的外部进行的，只有用于追加资本的那部分剩余价值作为资本来使用才包括在个别资本运动之中。但在社会资本运动中，资本家用剩余价值购买消费品的过程，同时也是生产消费品的资本家销售商品的过程。

因为资本家拥有一定的货币是资本生产的前提，所以研究个别资本运动是以货币资本为出发点。那么研究社会资本运动的出发点是货币资本、生产资本还是商品资本呢？研究社会资本运动应以商品资本为出发点。

一方面，以社会总产品（商品资本）为出发点符合研究社会资本运动的要求。社会总产品即全社会的总商品资本，是指社会各物质资料生产部门在一定时期内（通常为一年）所生产出来的全部物质资料的总和。由于社会资本的运动既要包括生产资料的流通又要包括生活资料的流通，而只有社会总产品才既包括用于生产消费的生产资料，又包括用于生活消费的消费资料。所以，社会总产品具备了研究社会资本运动的物质要素，因此，考察社会资本运动必须以社会总产品为出发点。如果从货币资本或生产资本出发进行研究，由于起点都是预付资本，不包含剩余价值，因而不包含剩余价值的运动，自然也就不包含资本家的消费以及与此相适应的普通货币的流通。

另一方面，以社会总产品为出发点能够揭示出社会资本再生产的实现条件。因为在商品资本的运动中，既要说明商品资本的每个组成部分是如何销售出去实现其价值的，又要说明生产要素的各个组成部分从什么地方购买到的。而从货币资本或从生产资本出发研究，却无法揭示社会资本再生产的条件。

三、社会资本运动公式

社会资本运动以商品资本为出发点，同个别资本运动一样要经过购买、生产和销售环节，这样就可以写出社会资本运动公式。

$$W'—\begin{cases} G—W\cdots P\cdots W' \\ g—w \end{cases}$$

式中，g 为普通货币，w 为消费资料。

从社会资本运动公式来看，第一个环节就是销售，资本家通过销售把包含剩余价值的商品资本全部转化为货币 G'（$G' = G + g$），资本家从 G'中拿出 G 作为货币资本投入生产要素市场中购买生产资本 W，经过生产过程又重新转化为包含剩余价值的商品资本 W'，这部分资本运动包括了资本流通和生产消费。资本家把剩下的货币 g 用于购买消费品 w，这部分包括了资本家的生活消费和与之相联系的一般商品流通。同时，工人出卖劳动力得到的货币，也用于购买消费资料，属于一般商品流通。

四、考察社会资本运动的核心问题

从社会总产品出发考察社会资本的运动，其核心问题是社会总产品的实现，即社会总产品的补偿问题。社会总产品的补偿包括价值补偿和实物补偿两个方面。社会总产品的价值补偿是指社会总产品的价值如何通过商品的全部出售，以货币形式收回，从而用以补偿生产中预付的不变资本和可变资本并获得剩余价值。社会总产品的实物补偿或实物替换，是指社会总产品的价值转化为货币以后，再转化为所需要的产品。社会总产品的价值补偿和实物补偿都必须以等价交换为前提。

在分析个别资本再生产时，假定资本家的商品都能销售出去，实现价值补偿，并能从市场购买到各种生产要素。但是，在考察社会资本再生产时，就不能做这种假定。因为：一方面，考察个别资本再生产的主要矛盾是增殖问题，关键在生产阶段，而考察社会资本再生产的主要矛盾是实现问题，关键在流通阶段。另一方面，由于生产资料归资本家私人所有，各企业的生产策略由资本家个人决定，从社会整体而言，社会生产却是一种无序状态，因为资本家个人不可能完全掌握市场需求，这就使得社会总产品的实现问题成了再生产的关键。研究资本家怎样才能够把自己的产品全部卖掉，卖到哪里去？资本家又从哪里可以买到再生产所需要的生产资料？工人和资本家又从哪里获取自己需要的消费品？这些都是社会资本再生产顺利进行的关键问题。这些问题只有在流通中通过商品的交换才能实现。当社会总产品既能全部卖出去，同时，再生产所需要的物质资料又能够买进来，那么社会资本再生产就能顺利运行，社会总产品的价值补偿和实物补偿也就能够得到解决。可见，补偿问题也就是社会总产品的实现问题，而社会总产品的实现问题又是研究社会资本再生产的核心问题。

首先，实现社会总产品的价值补偿，社会资本再生产才能获得持续进行的动力。马克思认为，研究资本的运动“要求货币形式的资本或货币资本作为一个新开办的企业的第一推动力和持续的动力。特别是流动资本，要求货币资本作为动力经过一段短时间不断地反复出现。全部预付资本价值，即资本的一切由商品构成的部分——劳动力、劳动资料和生产材料，都必须不断地用货币一再购买”。[①] 而要在再生产过程中不断地补充货币，最基本的条件就是社会总产品必须全部销售出去，并在补偿预付资本的同时获得剩余价值。只有这样，才能重新购买再生产所需要的生产资料和劳动力。如果社会总产品不能全部销售出去，生产这些产品的资本耗费不能得到补偿，资本再生产将无法获得持续下去的足够动力。

其次，社会总产品的实物补偿是保证社会资本运动正常进行的物质基础。在社会再生产过程中，既要消耗生产资料，也要消耗生活资料。只有社会生产过程中耗费掉的生产资料和工人与资本家需要的生活资料都从社会总产品中得到了补偿，新的再生产过程才能真正开始；否则，再生产过程将会中断。所以，马克思说：“这个运动不仅是价值补偿，而且是物质补偿，因而既要受社会总产品的价值组成部分相互之间的比例的制约，又要受它们的使用价值，它们的物质形式的制约。”[②] 因此，社会总产品的实现问题成为社会资本补偿的

①《马克思恩格斯全集》第 24 卷，人民出版社 1972 年版，第 393 页。

②《马克思恩格斯全集》第 24 卷，人民出版社 1972 年版，第 437~438 页。

核心问题。

五、研究社会资本再生产的两个基本理论前提

为了考察社会总产品的实现及其所需要的条件，首先应该分析社会总产品的价值和实物构成情况。

从价值构成看，社会总产品分为不变资本（c）、可变资本(v）和剩余价值(m）三个部分。其中不变资本是旧价值的转移，代表在生产商品中耗费掉的预付不变资本；可变资本和剩余价值，是雇佣工人在商品生产过程中创造出来的新价值，可变资本用于补偿劳动力，剩余价值用于资本家的消费和扩大再生产的资本积累。

从实物构成看，总产品按其最终用途可分为生产资料和消费资料两大类。其中生产资料用于补偿生产中消耗掉的生产资料和扩大再生产必须追加的生产资料。消费资料则用于满足资本家的生活消费和劳动力再生产的工人消费的需要。当然，同一种物质资料可以是生产资料，也可以是消费资料，如粮食可以用来深加工，也可以直接食用，但由于物质资料使用的排他性，同一担粮食用来深加工就不能用来直接食用，反之也一样。所以按最终使用用途划分是成立的，要么是生产资料，要么是消费资料。与此相适应，社会生产部门便分为两大部类：一类是生产生产资料的部类，称为第一部类，用符号“Ⅰ”表示；另一类是生产消费资料的部类，称为第二部类，用符号“Ⅱ”表示。

根据这两个基本原理，就能用一个包含实物形态和价值形态的表达式来表示社会总产品的各个组成部分，也能明确的表示实物补偿对物质资料的需求。如所有的生产资料可表示为Ⅰ(c+v+m)，所有的生活资料可表示为Ⅱ(c+v+m)。从价值补偿的角度看，如所有的生产资料都销售出去换回了第一部类中的“c+v+m”这么多的货币，则认为所有的生产资料实现了价值补偿。同样的，如所有的生活资料都销售出去换回了第二部类中的“c+v+m”这么多的货币，则认为所有的生活资料实现了价值补偿。从实物补偿的角度看，c是不变资本，是用来购买生产资料的；v是可变资本，是用来购买劳动力的，这部分的资本以工资的形式转让给了工人，工人用这部分的货币是用来购买生活资料的；m是剩余价值，在简单再生产情况下，资本家把m全部用来购买生活资料。所以，在简单再生产情况下，第一部类资本家对生产资料的需求可用Ⅰc表示，第一部类工人对生活资料的需求可用Ⅰv表示，第一部类资本家对生活资料的需求可用Ⅰm表示。类似的，在简单再生产情况下，第二部类资本家对生产资料的需求可用Ⅱc表示，第二部类工人对生活资料的

需求可用Ⅱv表示，第二部类资本家对生活资料的需求可用Ⅱm表示。

应注意的是，任何一个含实物形态和价值形态的表达式都有价值补偿和实物补偿两个方面的含义。简单再生产情况下，各表达式的经济含义见表6–1。

表6–1 简单再生产的价值补偿和实物补偿

	价值补偿	实物补偿
Ⅰc	价值为Ⅰ部类中“c”的生产资料	Ⅰ部类再生产对生产资料的需求
Ⅰv	价值为Ⅰ部类中“v”的生产资料	Ⅰ部类工人对生活资料的需求
Ⅰm	价值为Ⅰ部类中“m”的生产资料	Ⅰ部类资本家对生活资料的需求
Ⅱc	价值为Ⅱ部类中“c”的生活资料	Ⅱ部类再生产对生产资料的需求
Ⅱv	价值为Ⅱ部类中“v”的生活资料	Ⅱ部类工人对生活资料的需求
Ⅱm	价值为Ⅱ部类中“m”的生活资料	Ⅱ部类资本家对生活资料的需求

把社会总产品按价值构成分为c、v、m三个部分以及把社会生产按社会总产品的实物构成分为生产资料生产和消费资料生产两大部类，这是社会资本再生产理论的两个基本原理，也是研究社会资本再生产的两个基本理论前提。

第二节 社会资本的简单再生产

社会资本的简单再生产是在技术水平不变的情况下，资本投入总规模和产出总规模均保持不变的一种再生产，即资本家把所获得的剩余价值总量全部作为普通货币来使用购买生活资料。那么，在这种简单再生产过程中社会总产品是如何得到实现的？其实现条件是什么？

一、社会资本简单再生产实现过程

马克思考察社会资本再生产是从分析简单再生产入手的，虽然现实中再生产的特征不是简单再生产而是扩大再生产。但是，简单再生产是扩大再生产的起点和基础。这是因为：首先，只有使原有规模的再生产得到保证，才有可能进一步扩大生产的规模。其次，简单再生产同样能够为积累和扩大再生产提供物质基础。因此从研究方法上来说，如果把简单再生产各组成部分的价值补偿和实物补偿弄清楚了，扩大再生产积累部分的实现问题也就容易解决了。可见分析社会资本再生产，应该从简单再生产开始，简单再生产在考察社会资本再生产中有着重要的地位。

简单再生产是资本家把剩余价值全部用于购买消费品而维持原来规模的再生产。为了便于从本质上考察社会资本简单再生产的实现条件，需做一些有必要的假设，界定或排除非关键因素，其分析结果及经济意义并不会因为假设而受到影响。在分析社会资本简单再生产时有四条必要的假设。

（1）假设整个社会只有资本家和雇佣工人两个阶级。之所以作这个假设，是界定生产资料只能卖给资本家，消费资料只能卖给资本家和雇佣工人，生产资料和消费资料只能从资本家手中购买，而没有其他群体对生产资料和消费资料有供给和需求。也就是说，社会总产品的价值总是为“c+v+m”，对物质资料的需求总量也为“c+v+m”。

（2）假设在一个为期一年的生产周期中，不变资本价值全部转移到新产品中去。之所以作这个假设，是简化分析过程，其结果及结论并不受影响。

（3）假设全部商品按价值出售，商品的价格与价值一致。从社会整体的角度出发，这个假设是合理的，也是价值规律的客观要求。

（4）假设是一个封闭的经济体，即不存在国际贸易，全部社会产品都要在国内得到补偿和实现。如不作这个假定，对于一国的经济分析将毫无意义，因为多余的生产资料可以销售到国外，得到价值补偿。但从全球经济作为一个整体来分析这条假设是合理的。

在这些必要的假设条件下，我们便可以对社会资本简单再生产过程进行分析。下面举例分析。

假定生产生产资料的第一部类的资本有机构成为不变资本 4000，可变资本 1000，剩余价值率为 100%；生产消费资料的第二部类的资本有机构成为不变资本 2000，可变资本 500，剩余价值率 100%。那么，全年社会总产品的构成可用下式表示：

$$\begin{cases} \text{Ⅰ} \quad 4000c + 1000v + 1000m = 6000 \quad \text{生产资料} \\ \text{Ⅱ} \quad 2000c + 500v + 500m = 3000 \quad \text{消费资料} \end{cases}$$

从上式可以知道，一年生产出来的社会总产品包括价值 6000 单位的生产资料和价值 3000 单位的消费资料。现在我们主要分析 6000 单位的生产资料和 3000 单位的消费资料如何卖出去实现价值补偿，如何购买生产资料和雇用劳动工人实现实物补偿以维持第二年的再生产。

我们先看社会总产品中价值 6000 单位的生产资料Ⅰ（c+v+m）的价值补偿。由于我们假设生产资料在一年的生产过程当中全部消耗掉，要进行简单再生产，必须补充等量价值的生产资料。也就是说第一部类要维持简单再生产必须对生产资料进行实物补偿，即购买价值 4000 单位Ⅰc 的生产资料，生产资料只能到第一部类购买。第一部类有价值6000单位Ⅰ（c+v+m）的生产资料需要卖出去实现价值补偿，同时需要购买4000单位Ⅰc的生产资料实现实物补偿，有了供给和需求，那么可以从生产资料Ⅰ（c+v+m）中拿出价值4000单位且满足第一部类生产需求的Ⅰc卖给本部类。例如，钢铁厂和机器制造厂都是第一部类的企业，钢铁厂生产的钢材需要实现价值补偿，在钢材生产中消耗的机器需要实现实物补偿；相反，机器制造厂生产的机器需要实现价值补偿，而在生产中消耗的钢材需要实现实物补偿。他们互相交换，就使各自既实现了价值补偿又实现了实物补偿。Ⅰ（c+v+m）中的Ⅰc买给了第一部类实现了价值补偿，还有Ⅰ（v+m）需要卖出去实现价值补偿，正好第二部类要维持简单再生产需要购买价值2000单位的生产资料Ⅱc实现实物补偿。若所剩下的生产资料Ⅰ（v+m）正好能满足第二部类生产的需要，第一部类就把价值2000单位且满足第二部类生产需求的生产资料Ⅰ（v+m）卖给第二部类实现价值补偿，第二部类向第一部类购买的价值2000单位的生产资料Ⅱc实现实物补偿。这样，全部的生产资料Ⅰ（c+v+m）都得到了价值补偿。

同样的可分析价值3000单位的消费资料Ⅱ（c+v+m）的价值补偿过程。消费资料由第二部类生产，第二部类的资本家和工人为满足生活的需要购买消费资料。在简单再生产情况下，第二部类资本家和工人总共需要1000个单位的消费资料Ⅱ(v+m)，那么第二部类首先满足本部类资本家和工人对消费资料的需求，第二部类资本家从Ⅱ(c+v+m）中拿出Ⅱ(v+m）卖给本部类的资本家和工人实现价值补偿。如农场的农业工人，生产过程中生产了粮食，但同时又消耗了布，纺织厂的工人生产了布，但同时又消耗了粮食，他们之间可通过互相交换产品，既实现了价值补偿又实现了实物补偿。还剩下价值2000个单位的消费资料Ⅱc需要卖出去实现价值补偿，第一部类的工人和资本家正好总共需要购买2000单位的消费资料Ⅰ（v+m）实现实物补偿，若能剩下的生活资料正好能满足第一部类的需求，第二部类把剩余的消费资料Ⅱc卖给第一部类实现价值补偿，第一部类向第Ⅱ部类购买消费资料实现实物补偿。这样，全部的消费资料Ⅱ(c+v+m）都得到了价值补偿。

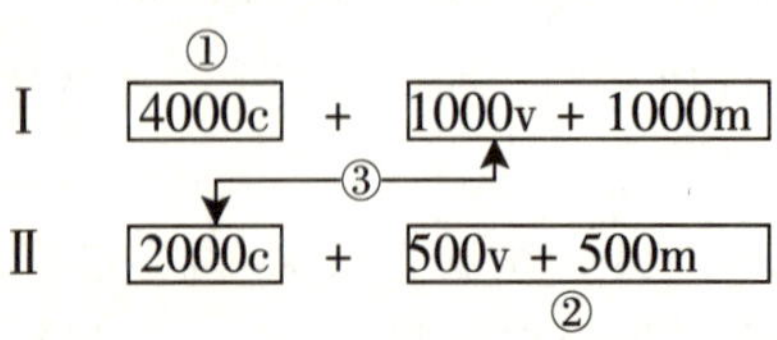

综上所述，社会资本简单再生产情况下社会总产品是通过三大交换来实现的，见表6-2。

（1）第一部类的内部交换，使得Ⅰc得到价值补偿和实物补偿。

（2）第二部类的内部交换，使得Ⅱ（v+m）得到价值补偿和实物补偿。

（3）两大部类相交换，第一部类向第二部类出售生产资料，使得Ⅰ（v+m）得到价值补偿，同时使得Ⅱc得到实物补偿；第二部类向第一部类出售消费资料，使得Ⅱc得到价值补偿，同时使得Ⅰ（v+m）得到实物补偿。

表 6-2　社会资本简单再生产实现过程

社会总产品	价值补偿	实物补偿	交换
Ⅰ(c+v+m)	Ⅰc	Ⅰc	第一部类内部交换
	Ⅰ(c+v+m)－Ⅰc=Ⅰ(v+m)	Ⅱc	第一部类和第二部类相交换
Ⅱ(c+v+m)	Ⅱ(c+v+m)－Ⅱ(v+m)=Ⅱc	Ⅰ(v+m)	
	Ⅱ(v+m)	Ⅱ(v+m)	第二部类内部交换

二、社会资本简单再生产实现条件

通过上面的例子很明显地看到，如果第一部类向第二部类提供的生产资料量大于第二部类再生产对生产资料的需求量，即Ⅰ（c+v+m）－Ⅰc>Ⅱc，就会有一部分生产资料得不到价值补偿；如第一部类向第Ⅱ部类提供的生产资料量小于第二部类再生产对生产资料的需求量，即Ⅰ（c+v+m）－Ⅰc<Ⅱc，第二部类的生产资料得不到实物补偿，就无法维持简单再生产。同样，若Ⅱ（c+v+m）－Ⅱ（v+m）<Ⅰ（v+m），第一部类的资本家或工人购买不到所需要的消费资料，即得不到实物补偿；若Ⅱ（c+v+m）－Ⅱ（v+m）>Ⅰ（v+m），第二部类就有部分消费资料卖不出去得不到价值补偿。所以在社会资本简单再生产条件下，社会总产品要得到实现，必须满足一个基本条件，Ⅰ（v+m）=Ⅱc，由这个基本条件可派生出两个条件。现把社会资本简单再生产的三个实现条件及其经济意义阐述如下。

（1）Ⅰ（v+m）=Ⅱc。该等式有两层经济含义：一是第一部类向第二部类提供的生产资料必须与第二部类简单再生产对生产资料的需求相平衡，即一（c+v+m）－Ⅰc=Ⅱc；二是第二部类向第一部类提供的消费资料必须与第一部类资本家和工人对消费资料的需求相平衡，即Ⅱ（c+v+m）－Ⅱ（v+m）=Ⅰ（v+m）。

（2）Ⅰ（c+v+m）=Ⅰc+Ⅱc。该等式的经济含义为生产资料的总供给要与两大部类简单再生产对生产资料的总需求相平衡。

（3）Ⅱ（c+v+m）=Ⅰ（v+m）+Ⅱ（v+m）。该等式的经济含义为消费资料的总供给要与两大部类资本家和工人对消费资料的总需求相平衡。

以上三个条件从不同的角度揭示出社会资本再生产问题，归根结底就是社会生产要按比例发展的问题。它反映了社会生产两大部类之间的互相依存、互为条件的关系，表明了社会生产和社会消费之间，生产资料生产与生产性消费之间，消费资料生产与生活性消费之间，供给与需求之间，必须保持合适的比例关系。否则，整个社会再生产就会受到挫折和破坏，就不能够顺利运行。

第三节　社会资本的扩大再生产

社会资本的扩大再生产是资本家把所获得的剩余价值总量的一部分作为普通货币来使用，购买生活资料；一部分作为资本来使用，追加购买生产资料和劳动力，从而使投入总规模和产出总规模都有所扩大。在这种扩大再生产过程中社会总产品又是如何得到实现的？其实现条件又是什么呢？

一、社会资本扩大再生产的前提条件

市场经济中的资本再生产的主要特征是扩大再生产，资本家为了获得更多的剩余价值总是尽量扩大生产规模。扩大再生产就是资本家把剩余价值 m 按使用用途一分为二：一部分是消费基金，作为普通货币用于购买消费品，用$\frac{m}{x}$表示；另一部分是积累基金，作为货币资本用于追加投资购买更多的生产资料 Δc 和劳动力 Δv。并且有 $\Delta c+\Delta v+\frac{m}{x}=m$。

要实现社会资本扩大再生产，积累基金必须转化为生产资本，购买用于扩大再生产所追加的生产资料和劳动力。由于存在相对过剩人口，资本家可以随时从产业后备军中雇用劳动工人，关键在于是否有更多的生产资料用于扩大再生产，是否能为新增产业工人提供消费资料，这就是社会资本扩大再生产的两个前提条件。

(1) 生产资料总供给除满足简单再生产两大部类对生产资料的总需求量外还必须有一个余额，用公式表示为 $\text{I}(c+v+m)>\text{I}c+\text{II}c$，或简化为 $\text{I}(v+m)>\text{II}c$。

(2) 消费资料总供给除满足两大部类资本家的实际消费需求和原有工人消费需求外还必须有一个余额，用公式表示为 $\text{II}(c+v+m)>\text{I}(v+\frac{m}{x})+$

$Ⅱ(v+\frac{m}{x})$，其中$\frac{m}{x}$为资本家对消费资料的实际需求。

二、社会资本扩大再生产实现过程

在具备了上述两个基本前提条件后，社会资本扩大再生产的进行也就具备了可能性。但是，要使扩大再生产由可能变为现实，不仅要求社会总产品必须按照扩大再生产的上述两个前提条件重新组合，而且要使社会总产品的各个组成部分全部得到实现，即所生产出来的社会总产品需全部销售出去得到价值补偿，扩大再生产所需要的生产资料和消费资料能得到实物补偿。

同分析社会资本简单再生产一样，我们举个例子来说明社会资本扩大再生产的实现过程和实现条件。

假定某年的生产情况如下式所示。

$$\begin{cases} Ⅰ\quad 4000c+1000v+1000m=6000 \quad 生产资料 \\ Ⅱ\quad 1500c+750v+750m=3000 \quad 消费资料 \end{cases}$$

在这种情况下显然是不能维持简单再生产的，那么价值6000个单位生产资料和3000单位的消费资料如何来实现价值补偿呢？在分析社会总产品的实现过程之前首先分析社会资本扩大再生产的过程。

由于Ⅰ(1000v+1000m)>Ⅱ1500c，符合扩大再生产的第一个基本前提条件，具备了扩大再生产的可能。

假定第一部类的积累率α为50%，即第一部类积累基金$m-\frac{m}{x}=\alpha\cdot m=50\%\times1000=500$，消费基金$\frac{m}{x}$为500；并假定追加投资的资本有机构成保持4∶1不变。那么第一部类的资本家追加购买的生产资料ⅠΔc为400，相适应的ⅠΔv为100。这样的话，如果生产资料全部销售出去，第一部类的资本家将打算如何分配全部的货币呢？显然，用4400购买生产资料，1100购买劳动力，500用于购买消费品，可用如下等式描述第一部类资本家的货币使用用途组合。

$$Ⅰ\quad 4000c+400\Delta c+1000v+100\Delta v+500\frac{m}{x}=6000$$

我们再来看第二部类的情况，为了获得更多的剩余价值，如所剩下的生产资料能满足第二部类的需求，第二部类的资本家会把剩下的生产资料全部购买回来，即：

$$Ⅱ\Delta c=Ⅰ(c+v+m)-Ⅰ(c+\Delta c)-Ⅱc=6000-4400-1500=100$$

假定第二部类资本有机构成也不变，那么ⅡΔc=50，第二部类资本家的货币使用用途组合为：

$$\text{Ⅱ}\quad 1500c + 100\Delta c + 750v + 50\Delta v + 600\frac{m}{x} = 3000$$

第二年社会资本投资情况如下：

$$\begin{cases}\text{Ⅰ}\quad 4400c + 1100v \\ \text{Ⅱ}\quad 1600c + 800v\end{cases}$$

假定剩余价值率不变，则第二年生产结果如下：

$$\begin{cases}\text{Ⅰ}\quad 4400c + 1100v + 1100m = 6600 \\ \text{Ⅱ}\quad 1600c + 800v + 800m = 3200\end{cases}$$

现在我们回到社会资本扩大再生产的社会总产品的实现过程。

从第一部类生产资料供给的角度看，共有 6000 单位的生产资料Ⅰ（c + v + m）需要销售出去实现价值补偿；从第一部类生产资料需求的角度看，第一部类要实现扩大再生产需购买 4400 单位的生产资料Ⅰ（c + Δc）。如简单再生产一样，通过第一部类内部交换，Ⅰ（c + Δc）可以得到价值补偿和实物补偿。还有 1600 单位的生产资料需要［Ⅰ（c + v + m）－Ⅰ（c + Δc）］销售出去实现价值补偿，恰好第二部类为实现扩大再生产需购买 1600 单位的生产资料Ⅱ（c + Δc），如果第一部类提供的这些生产资料正好能满足第二部类的需求，那么第一部类向第二部类出售生产资料可以使得［Ⅰ（c + v + m）－Ⅰ（c + Δc）］得到价值补偿，同时第二部类向第一部类购买生产资料使得Ⅱ（c + Δc）得到实物补偿。

同样，第二部类消费资料供给的角度看，共有 3000 单位的消费资料Ⅱ（c + v + m）需要销售出去实现价值补偿；而第二部类在扩大再生产情况下需 1400 单位的消费资料Ⅱ（$c + \Delta v + \frac{m}{x}$），通过第二部类内部交换，Ⅱ（$v + \Delta v + \frac{m}{x}$）可以得到价值补偿和实物补偿。还有 1600 单位的消费资料Ⅱ（c + v + m）－Ⅱ（$v + \Delta v + \frac{m}{x}$）需要销售出去实现价值补偿，恰好第一部类资本家和工人需要 1600 单位的消费资料Ⅰ（$v + \Delta v + \frac{m}{x}$）实现实物补偿，如果这些消费资料正好能满足第一部类的需求，那么第二部类向第一部类销售消费资料可以使得Ⅱ（c + v + m）－Ⅱ（$v + \Delta v + \frac{m}{x}$）得到价值补偿，同时第一部类向第二部类购买消费资料使得Ⅰ（$v + \Delta v + \frac{m}{x}$）得到实物补偿。

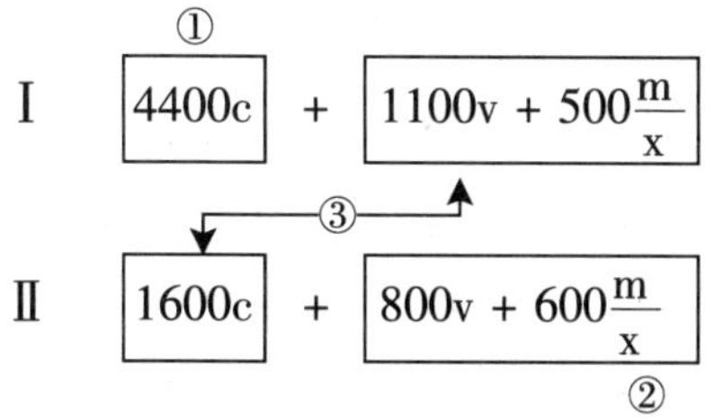

综上所述，社会资本扩大再生产情况下社会总产品也是通过三大交换来实现的。

（1）第一部类的内部交换，使得Ⅰ$(c+\Delta c)$ 得到价值补偿和实物补偿。

（2）第二部类的内部交换，使得Ⅱ$(v+\Delta v+\frac{m}{x})$得到价值补偿和实物补偿。

（3）两大部类相交换，第一部类向第二部类出售生产资料，使得Ⅰ$(v+\Delta v+\frac{m}{x})$ 得到价值补偿，同时使得Ⅱ$(c+\Delta c)$ 得到实物补偿；第二部类向第一部类出售消费资料，使得Ⅱ$(c+\Delta c)$ 得到价值补偿，同时使得Ⅰ$(v+\Delta c+\frac{m}{x})$得到实物补偿。

表 6–3　社会资本扩大再生产实现过程

社会总产品	价值补偿	实物补偿	交换
Ⅰ$(c+v+m)$	Ⅰ$(c+\Delta c)$	Ⅰ$(c+\Delta c)$	第一部类内部交换
	Ⅰ$(c+v+m)-$Ⅰ$(c+\Delta c)$	Ⅱ$(c+\Delta c)$	第一部类和第二部类相交换
Ⅱ$(c+v+m)$	Ⅱ$(c+v+m)-$Ⅱ$(v+\Delta v+\frac{m}{x})$	Ⅰ$(v+\Delta v+\frac{m}{x})$	
	Ⅱ$(v+\Delta v+\frac{m}{x})$	Ⅰ$(v+\Delta v+\frac{m}{x})$	第二部类内部交换

三、社会资本扩大再生产实现条件

从上述社会资本扩大再生产的过程分析中，可以揭示出社会资本扩大再生产的实现条件。

（1）Ⅰ$(v+\Delta v+\frac{m}{x})=$Ⅱ$(c+\Delta c)$。该等式有两层经济含义：一是第一部类向第二部类提供的生产资料必须与第二部类扩大再生产对生产资料的需求相平衡，即Ⅰ$(c+v+m)-$Ⅰ$(c+\Delta c)=$Ⅱ$(c+\Delta c)$；若Ⅰ$(c+v+m)-$Ⅰ$(c+\Delta c)>$Ⅱ$(c+\Delta c)$ 意味着有部分生产资料得不到价值补偿，若Ⅰ$(c+v+m)-$Ⅰ$(c+\Delta c)<$Ⅱ$(c+\Delta c)$ 意味着第二部类购买不到需要的生产资料。二是第二部类向第一部类提供的消费资料必须与第一部类资本家实际消费需求和原有工人及

新增工人对消费资料的需求相平衡，即$\text{Ⅱ}(c+v+m)-\text{Ⅱ}(v+\Delta v+\frac{m}{x})=\text{Ⅰ}(v+\Delta v+m)$。

（2）$\text{Ⅰ}(c+v+m)=\text{Ⅰ}(c+\Delta c)+\text{Ⅱ}(c+\Delta c)$。该等式的经济含义为生产资料的总供给要与两大部类扩大再生产对生产资料的总需求相平衡，即第一部类生产的生产资料不仅要补偿两大部类已经消耗的生产资料，而且要满足两大部类追加投资对生产资料的需求。

（3）$\text{Ⅱ}(c+v+m)=\text{Ⅰ}(v+\Delta v+\frac{m}{x})+\text{Ⅱ}(v+\Delta v+\frac{m}{x})$。该等式的经济含义为消费资料的总供给要与两大部类资本家实际消费需求和原有工人以及新增工人对消费资料的总需求相平衡。

社会资本扩大再生产的实现条件进一步说明了社会生产两大部类在扩大再生产中互相依存、互为条件的关系。它表明第一部类为第二部类提供追加的生产资料的数量，决定着第二部类的积累和扩大再生产能够达到的程度和规模；反之，第二部类为第一部类提供追加的消费资料的数量，也对第一部类的积累和扩大再生产起着制约作用。

四、生产资料生产优先增长

以上对社会资本扩大再生产实现问题的分析，是假设以社会的生产技术没有进步，从而资本有机构成不发生变化的外延式扩大再生产为条件的。但是实际上，在资本积累的过程中，随着生产规模的扩大，技术进步和劳动生产率的提高，资本有机构是不断提高的。如果把技术进步和资本有机构成提高的因素考虑进去，就不难看出生产资料的生产比消费资料的生产增长得要快。

资本有机构成提高，意味着在不断增长的社会资本中，不变资本的比重趋向增大，可变资本的比重相对缩小。不变资本的物质要素是生产资料，可变资本的物质要素是劳动力，而劳动力是靠消费资料来维持的。因此，在以技术进步为特征的扩大再生产过程中，资本有机构成提高，要求生产资料相对于消费资料增长更快，要求第一部类的生产比第二部类的生产增长更快，即生产资料的生产优先增长。

但是，生产资料的快速增长，并不意味着生产资料生产可以脱离消费资料生产而孤立地增长，更不意味着生产资料生产比消费资料增长越快越好。因为，生产资料的增长，也要依赖于或受制于消费资料生产的增长。表现在：①第一部类扩大再生产所追加的劳动力对消费资料的需要，要依靠第二部类生产的增长来提供；②第一部类为第二部类制造生产资料的生产，其产品质量、品种、规格直接取决于第二部类生产发展的需要，如果没有第二部类生产的相应发展，第一部类的这部分产品就无法实现；③第一部类为本部类制造生产资料的生产，最终也要受第二部类生产发展的制约，因为制造第一部类自身用的生产资料的生产，最终是为了给第二部类提供更多的生产资料，以生产出更多的消费品。

马克思关于社会资本再生产的理论，虽以资本主义社会为特定对象，反映了资本主义生产的特点，但是也揭示了社会化大生产条件下再生产的一般规律性。

深化产业结构调整化解产能过剩矛盾（节选）

习近平指出，新的五年奋斗历程已经开启。面对日益激烈的综合国力竞争，我们的事业就如同逆水行舟，不进则退。习近平强调，要深化产业结构调整，构建现代产业发展新体系，抓住化解产能过剩矛盾这一工作重点，使我国经济发展提高质量、增加效益、增强后劲。要积极稳妥推进城镇化，促进大中小城市和小城镇协调发展，推动城镇化向质量提升转变，加强社会主义新农村建设，做到工业化和城镇化良性互动、城镇化和农业现代化相互协调。要扎实推进生态文明建设，实施“碧水蓝天”工程，让生态环境越来越好，努力建设美丽中国。

资料来源：《科技日报》2013 年 3 月 9 日，第 1 版。

第四节　经济危机与再生产的周期性

社会资本再生产理论揭示了社会生产应保持总量和结构上的均衡发展，但事实上这种均衡并不能保持下去，而是表现出一种周期性。

一、经济危机的实质和根源

1. 经济危机的实质

社会资本再生产理论表明，社会生产两大部类及各个生产部门之间必须保持一定的比例关系，社会资本再生产才能顺利进行。但是，市场经济再生产中充满了各种不可克服的矛盾，从而导致社会资本再生产所需要的比例关系经常遭到破坏，爆发周期性的经济危机。经济危机实质上是生产相对过剩的危机。危机中的各种现象，是从生产相对过剩中派生出来的。从 19 世纪中叶开始，每隔若干年，在几个主要的市场经济国家或者整个市场经济世界，就要爆发一次周期性的经济危机。在危机爆发时，大量商品积压，销售停滞；大批的工厂停工、减产或倒闭，整个社会生产急剧下降；大量工人失业，从而陷入绝对贫困的境地；信用崩溃，许多银行、金融企业、商店纷纷破产。总之，整个社会经济生活陷入一片混乱之中。这些危机中的种种现象，都是由生产过剩引起的，或者说是生产过剩在经济生活中的各方面的表现。

市场经济中的生产过剩，并不是生产出来的东西超过了消费者的绝对需求，而是相对于广大劳动群众的购买力来说，显得“太多了”、“过剩了”。即相对过剩，是相对于人们有支付能力的需求而言是过剩的。

2. 经济危机的根源

在简单商品经济下，经济危机只是一种可能性，并没有现实性基础。这是因为，简单商品经济下，小商品生产的目的是为了换取生产资料维持自己的生产和换取生活资料用来维持自己的生活，卖后不买的情况是不多的，因此，供求状况比较稳定，买卖脱节情况较少。同时，在奴隶社会和封建社会，由于生产力水平很低，生产规模狭小，社会分工还不发达，社会中占统治地位的是自给自足的自然经济。买卖脱节即使发生，它的影响面也不会大，只是影响局部，不会导致整个社会的经济危机。

因此，在简单商品经济下只是存在经济危机的可能性，在发达的商品经济下，经济危机才具有现实性和必然性。因为在发达的商品经济中，占统治地位的已不是自然经济而是商品经济，商品生产已经在整个社会生产中占据统治地位。商品的内在矛盾已经发展成为剩余价值生产和剩余价值实现之间的矛盾。信用关系已经在整个社会得到发展，与此同时，生产社会化的发展已经把整个社会经济连成一个有机整体。这样，经济危机的可能性变为现实性的客观条件已经具备了。

资本主义社会必然要爆发经济危机，这是由资本主义经济制度本身决定的。资本主义生产方式区别于以往任何生产方式的特点有两方面：一是生产力获得巨大的发展，生产达到了高度社会化的水平；二是社会的生产资料和生产成果却被资本家私人占有。正是这种生产的社会化同资本主义私有制的矛盾，构成了资本主义经济危机的根源。资本主义的基本矛盾，必然表现为以下两个矛盾。

第一，生产无限扩大的趋势同劳动人民有支付能力的需求相对狭小之间的矛盾。资本主义生产具有无限扩大的趋势，这是由资本主义基本经济规律即剩余价值规律所决定的。资本家本身对剩余价值有无限的贪欲，加上外部竞争的压力，促使资本家必须不断改进生产技术和扩大生产规模。在资本主义经济中客观上存在着一种不顾市场限制而盲目提高生产能力和扩大生产规模的趋势。同时，由于生产的社会化，客观上完全有可能把生产迅速扩大，高度社会化的大生产是以现代机器工业作为物质技术基础的，大机器工业拥有先进生产技术，它可以在新的基础上改造生产，可以有系统地将新的科学技术应用于生产。这样，就造成了生产规模无限扩大的趋势。但是，和资本主义生产无限扩大趋势同时并存的，却是劳动人民有支付能力的需求相对缩小的趋势。因为在资本主义制度下，生产的发展并不是为了提高劳动人民的生活水平，而是资本家为了获得高额利润。资本家在改进生产技术和提高企业生产能力的同时，又总是尽量加强对工人的剥削，降低他们的工资，使工人阶级日益相对贫困化。此外，大资本家还利用大生产的优越地位，不断地排挤和剥夺中小生产者，使他们日益贫困和破产。这样，资本主义制度就把广大人民有支付能力的需求限制在了一个极狭小的范围内，并且同日益扩大的生产规模越来越不相适应。然而，社会生产的增长，归根结底要依赖于人民群众的消费。资本主义既然在无限扩大生产的同时，相对缩小了广大劳动人民的购买力，降低了他们的消费水平，这就在生产和消费之间造成了日益尖锐的对抗性矛盾。当这种矛盾发展到一定程度，即若干重要商品由于人民群众无力购买而找不到销路时，社会总产品的实现条件就要遭到猛烈的破坏，于是普遍性的生产过剩的经济危机就会爆发。

第二，个别企业内部生产的有组织性与整个社会生产的无政府状态之间的矛盾。生产资料的资本家私有制决定了资本家对自己企业的生产活动有绝对的支配权，企业生产什么，如何生产和生产多少，都是由他自己决定。资本家为了获得更多的剩余价值总是力求采用先进技术，改进生产条件，调整劳动组织，加强生产管理。就单个资本主义企业的生产来说，各个车间、各个工段和各个工种之间，可以有着严密的组织。但是，就整个社会来说，各个企业分属不同的资本家所有，每个资本家都是自己企业的主人，谁也管不了谁，势必导致宏观失控。整个社会的生产必然是无政府状态。这样，生产的社会化和资本主义私有制的矛盾就表现为个别企业生产的有组织性和整个社会生产的无政府状态之间的矛盾。在资本主义发展比较顺利时，产业资本家竞相扩大生产，商业资本家竞相扩大经营范围。当生产出来的产品已经供过于求时，产业资本家并不清楚，因为生产的无政府状态掩盖了本来已经出现的生产过剩。而当生产过剩终于掩盖不住的时候，产业资本家竞相抛售自己的产品，商业资本家往往停止进货或少量进货，以库存应付市场。这时，整个社会生产的无政府状态就会使生产和消费的矛盾尖锐地表现为经济危机。

而西方经济学对经济危机的根源分析持有不同的观点，其中最具影响力的是约翰·梅纳德·凯恩斯（1883~1946）的观点。他认为，资本主义经济危机主要是“有效需求不足”造成的。所谓有效需求就是商品的总供给和总需求达到均衡状态的总需求。有效需求不足，就是总需求小于总供给。凯恩斯认为，有效需求不足的原因有两点：一是对消费品的需求不足；二是对生产资料的需求不足。他认为，前一个原因是由于工人没有把全部工资用于消费，而是把一部分工资存入银行，工人工资收支间的差额，造成对消费品的需求不足。后一个原因是由于随着投资的增加，利润率有降低的趋势。因此，资本家不愿意投资，而宁可把货币资本贷放出去以取得利息，这就造成对生产资料需求不足。

二、社会再生产的周期性

资本主义的基本矛盾在资本主义制度下始终存在。但是，经济并不是每时每刻都陷于经济危机之中，它是一种周期性的，每隔若干年爆发一次的经济现象。从一次危机开始，到下一次危机爆发之间的时期，就构成再生产的一个周期。经济周期是国民收入及经济活动的周期性波动。

从 1825 年英国发生了第一次经济危机算起，到 19 世纪末 20 世纪初资本主义进入垄断阶段前，世界上一些主要资本主义国家，如英、美、法、德等国，先后于 1836 年、1847 年、1857 年、1866 年、1873 年、1882 年、1890 年、1900 年、1907 年共发生了 9 次经济危机。其中在 1857~1907 年间爆发的 7 次经济危机，都是世界性的。

1. 社会再生产周期性的四个阶段

经济危机的周期性爆发使社会再生产具有周期性。一般来说社会再生产的周期性大体包括危机、萧条、复苏和高涨四个阶段。

（1）危机阶段。这是再生产周期的决定性阶段，它既是上一个周期的终点，又是新周期的起点。其特征是：商品销售困难，物价下跌，出现商业危机。商业危机又迫使企业缩小生产规模或倒闭，造成工人大量失业，导致产业危机。商业和产业危机，意味着职能资本周转困难，现金奇缺，又引发货币信用危机，于是，整个社会经济陷入一片混乱之中。

（2）萧条阶段，又称停滞阶段。危机持续了一段或长或短的时间以后，通过对生产力的强制破坏，使社会上积存的商品数量减少，生产和消费的需求渐渐趋向平衡。这时，生产下降就停止了。萧条阶段是进入复苏和高涨的过渡阶段。在萧条阶段，资本家不再缩减生产，失业人数不再增加，商品的价格不再下跌。但这时，由于大批失业工人还没有得到就业，社会购买力仍然很低，整个社会处于经济停滞状态，市场惨淡，一片萧条景象。在萧条阶段，资本家继续拍卖积压的一些过剩产品，使积压商品逐渐减少，市场情况逐步好转。于是资本家着手恢复生产和更新固定资本。这就对生产资料和劳动力产生了新的需求，从而推动了整个社会生产的逐步恢复和发展，这时萧条阶段开始转入复苏阶段。

（3）复苏阶段，又称恢复阶段。这一阶段的特征是生产渐渐扩大，社会对各种商品的需求日益增加。由于资本家为扩大生产而大量进行固定资本更新，投资继续增长，造成对生产资料需求的增长。这就促进了机械设备、钢铁、电力等生产资料部门生产的发展。生产资料生产的发展，又会使就业人数增加，并引起社会购买力的提高，从而推动生活资料生产的发展。这时，物价缓缓回升，市场容量增大，企业利润增加，生产渐渐恢复到危机前的水平。当社会生产超过危机以前的最高水平，复苏阶段就进入了高涨阶段。

（4）高涨阶段，也称繁荣阶段。高涨阶段的特征是生产迅速扩大，整个资本主义生产超过危机前的水平，迅速增长。资本家的利润猛增，旧企业得到扩充，新企业不断涌现。此时，商业也活跃起来了，销售领域大批进货，信用关系也普遍扩展了，信贷异常活跃。这时，资本家拼命扩大生产，企图获得更多利润，生产水平突飞猛进。生产急剧扩张和劳动人民购买力相对缩小的矛盾一天天尖锐起来。随着这种矛盾的日益尖锐，生产过剩的经济危机将再一次爆发。

危机—萧条—恢复—高涨—危机，在市场经济发展中不断交替出现。这既体现着经济危机的周期性，又体现着再生产周期经过的四个阶段。

马克思认为，经济危机之所以周期性地爆发，其原因在于资本主义基本矛盾运动过程本身的阶段性。资本主义矛盾有时趋向缓和，有时趋向激化。只有当资本主义基本矛盾发展到尖锐化的程度，使社会再生产的比例严重失调时，才会爆发经济危机。而经济危机的爆发，造成企业倒闭，生产下降，社会生产力遭到巨大的破坏，从而使社会生产与有支付能力的需求暂时得到平衡，资本主义的基本矛盾暂时缓和，经济危机才得以逐渐摆脱，生产才得以重新恢复和发展。但是，由于资本主义基本矛盾这一产生经济危机的根源并没有消除，因此，生产的恢复、高涨只能是暂时的。随着资本主义生产的恢复和高涨，资本主义基本矛盾又重新激化，必然再次导致经济危机的爆发。

2. 社会再生产周期

当代主流经济学建立了一套经济周期理论来解释社会再生产的周期性。代表性理论有如下四种：

（1）纯货币理论：用货币因素来解释经济周期。认为经济周期是一种纯货币现象，周期性波动完全是由于银行体系交替地扩大和紧缩信用所造成的。

（2）投资过度理论：用生产资料的投资过多来解释经济周期。认为无论是什么原因引起了投资的增加，这种增加都会引起经济繁荣。这种繁荣首先表现在对生产资料需求的增加以及生产资料价格的上升，这就更加刺激了对生产资料生产的投资。生产资料的生产过度发展引起消费资料的减少，从而形成经济结构的失衡。而生产资料生产过多必将引起生产资料的过剩，于是出现生产过剩危机。

（3）创新理论：用技术创新来解释经济周期。创新是指对生产要素的重新组合。认为创新提高了生产效率，为创新者带来了盈利，引起其他企业效仿，形成创新浪潮。创新浪潮使银行信用扩大，对生产资料的需求增加，引起经济繁荣。随着创新的普及，盈利机会的消失，银行信用紧缩，对生产资料的需求减少，这就引起经济衰退。直至另一次创新出现，经济再次繁荣。

（4）乘数—加速原理。乘数是指投资变动所引起的产量的变动，加速原理是指产量变动所引起的投资的变动。认为经济周期在于乘数原理与加速原理的相互作用。投资增加引起产量的更大增加，产量的更大增加又引起投资的更大增加，这样，经济就会繁荣。然而，产量达到一定水平后由于社会需求与资源的限制无法再增加，这时就会由于加速原理的作用使投资减少，投资的减少又会由于乘数的作用使产量继续减少，进入萧条期。萧条持续一定时期后由于产量回升又使投资增加、产量再增加，从而进入另一轮繁荣。

马克思主义经济学认为社会再生产周期性的物质基础是固定资本的更新。所谓固定资本更新，是指以厂房、机器设备等物质形式存在的那部分生产资本，由于磨损或其他原因而用新的物质形式来更新。资本家为了对付激烈的竞争，获取高额的利润，便要不断地采用新技术，提高劳动生产率，千方百计降低成本。因此，资本家往往利用萧条阶段物价低廉，生产不足的时机，买进新的机器设备，更换陈旧的落后的或已磨损的设备，甚至翻建厂房，扩建或新建企业。为什么固定资本更新是经济危机周期性爆发的物质基础呢？这是因为：①固定资本的大规模更新为暂时摆脱危机，促进复苏和高涨的到来准备了物质条件。由于大规模固定资本更新，就必然推动生产资料生产部门的恢复和发展，从而促进整个经济从萧条走向复苏和高涨。②固定资本大规模更新又为下一次危机的到来准备了物质前提。因为大规模的固定资本的更新，会一方面促进生产力的急剧增长；另一方面又造成社会资本有机构成和劳动生产率的提高，其结果必然增加社会相对过剩人口，引起劳动者有支付能力需求的相对缩小，从而使资本主义基本矛盾激化，引起新的经济危机的到来。但必须明确，固定资本更新，只是经济危机周期性爆发的物质基础，而不是经济危机周期性爆发的根源。

三、“二战”以后经济危机的新特点

第二次世界大战以后，资本主义经济危机呈现出新的特点。

第一，周期缩短。第二次世界大战前，经济危机的周期是平均 8~12 年，第二次世界大战后经济危机的周期则是 3~5 年，危机爆发频繁，说明资本主义社会矛盾空前尖锐。

第二，物价上涨。第二次世界大战前的危机，物价一般都猛烈下跌，而第二次世界大战后历次危机中，由于各主要资本主义国家采纳了凯恩斯的经济主张，加强国家对经济生活的干预，陆续废除金本位制和实行通货膨胀政策。金本位制是一种以黄金为本位货币的货币制度。放弃这种制度，主要是防止黄金外流。英国在 1931 年废除，美国在 1933 年、法国在 1936 年、荷兰在 1936 年、瑞士在 1936 年相继废除。这是经济危机进一步激化在货币制度上的反映，物价下跌只是暂时的和偶然现象，多数时间是物价上涨。

“二战”以前，每逢危机时，固定资本都是急剧下降的，当危机阶段过后，才更新固定资本。而“二战”以后，由于资产阶级国家干预经济，采纳凯恩斯的主张（实行通货膨胀及降低银行利息），不断扩大财政支出，采取种种刺激资本家扩大投资的政策。其结果，在危机期间，固定资本投资不但不下降，反而进一步上升。这样，就使生产能力得不到抑制，危机过后尚未得到喘息，新的危机又开始了。

第三，再生产周期变形。“二战”以前，危机和高涨阶段，一个是生产急剧下降，一个是生产迅速上升，二者形成鲜明的对照。但是，第二次世界大战后，由于国家干预，实行反危机的措施，四个阶段划分不如“二战”前明显。比如，停滞阶段比较短，与恢复时期不易区分，同时，危机持续时间较短，生产下降幅度小。从这些现象上看，危机的严重程度较第二次世界大战前小。这就说明，这种人为地“消除危机”和刺激经济发展的措施，在短期内还是起了一定作用。但并没有从根本上解决问题。在危机程度减轻的同时，却又出现了新的情况：危机阶段不能使再生产的各种矛盾得到有力的缓解，从而使经济复苏阶段恢复缓慢，形成萧条阶段同恢复阶段之间的界限不明显。同时，高涨阶段生产增长缓慢，使再生产周期变形。

第四，出现了“滞胀”现象。20 世纪 70 年代以来，各主要资本主义国家出现了“停滞膨胀”现象，停滞指生产停滞、经济发展缓慢和失业增长。膨胀是通货膨胀和物价上涨同时并存。1973~1975 年的经济危机以后，各主要资本主义国家不再存在 20 世纪五六十年代那种经济发展的“黄金时代”，即高增长率、低失业率、低物价上涨率的繁荣局面。而是相反，出现了低增长率和高物价上涨率的“滞胀”局面。

经过 1973~1975 年的危机后，1977~1978 年是经济发展较快的时期，但这一时期各主要资本主义国家的国民生产总值平均每年只增长 3.5%，而 20 世纪 60 年代平均每年增长 5.1%。马克思主义认为这种“滞胀”局面的出现，主要原因是垄断资本主义的高度发展使资本主义基本矛盾日益加深的结果。“二战”后，国家垄断资本主义进一步发展，国家机器更多地直接干预经济，人为地抑制资本主义基本矛盾和刺激经济的增长，虽然在一定程度上克服了私人垄断资本的局限性，从而暂时地和部分地起到了缓和危机和刺激经济增长的作用。但是，它又不能使危机充分展开，不能较为彻底地解决生产和消费的矛盾，只是把矛盾积累起来，从而使经济发展受到限制，造成生产上的这种停滞状态。同时，资本主义国家实行通货膨胀政策，导致物价上涨，工人实际收入降低，购买力下降，促使生产和消费的矛盾加剧，也使生产受到阻碍，促使生产停滞状态的形成。“滞胀”现象的出现说明，战后通货膨胀和增加政府开支来刺激经济的“反危机”措施不是万能的，尽管各主要资本主义国家经过长时间的努力，争取走出“滞胀”的泥潭，但是“滞胀”现象的出现，毕竟反映了经济危机深化的趋势。

2007 年爆发的全球金融危机

金融危机是指一个国家或几个国家与地区的全部或大部分金融指标（如短期利率、货币资产、证券、房地产、土地价格、工商企业破产数和金融机构倒闭数）的急剧、短暂和超周期的恶化。在金融危机期间，人们往往基于经济未来将更加悲观的预期，整个区域内货币币值出现幅度较大的贬值，经济总量与经济规模会出现较大的损失，经济增长受到打击。严重的金融危机往往伴随着企业大量倒闭，失业率大幅度提高，社会普遍的经济萧条，甚至有些时候伴随着社会动荡或国家政治层面的动荡。

此次全球金融危机始发于美国的次贷危机，由美国次贷危机的发展而演化成一场席卷全球的国际金融危机。此次金融危机，一般认为浮现于 2007 年下半年，自美国次级房屋信贷危机爆发后，投资者开始对按揭证券的价值失去信心，引发流动性危机，导致金融危机的爆发。到 2008 年，这场金融危机开始失控，并导致多家相当大型的金融机构倒闭或被政府接管。随着金融危机的进一步发展，又演化成全球性的实体经济危机。

历史经验表明，经济危机往往孕育着新的科技革命。正是科技上的重大突破和创新，推动经济结构的重大调整，提供新的增长引擎，使经济重新恢复平衡并提升到新的更高水平。谁能在科技创新方面占据优势，谁就能掌握发展的主动权，率先复苏并走向繁荣。在应对这场国际金融危机中，各国正在进行抢占经济科技制高点的竞赛，全球将进入空前的创新密集和产业振兴时代。要推动中国经济在更长时期内全面协调可持续发展，走上创新驱动、内生增长的轨道，就必须把建设创新型国家作为战略目标，把可持续发展作为战略方向，把争夺经济科技制高点作为战略重点，逐步使新兴战略性产业成为经济社会发展的主导力量。

基本概念

社会资本　社会资本运动　社会总产品　社会总产品的实现　价值补偿　实物补偿　经济危机

思考题

1. 个别资本运动和社会资本运动的联系与区别是什么？
2. 马克思关于社会再生产的两个基本理论前提是什么？
3. 社会总产品实现的含义是什么？
4. 社会资本简单再生产条件下社会总产品的实现过程及条件是什么？
5. 社会资本扩大再生产的前提条件、实现过程及实现条件是什么？

第七章 职能资本和平均利润

内容提要

成本价格是商品生产中所耗费的不变资本和可变资本之和，是商品生产中的资本耗费。当把剩余价值看作是全部预付资本的产物时，剩余价值就转化为利润，利润是剩余价值的转化形式。随着剩余价值转化为利润，剩余价值率就转化为利润率，利润率是剩余价值同全部预付资本的比率。影响利润率的因素主要有：剩余价值率、资本有机构成、资本周转速度、不变资本的节省。

在其他条件相同的情况下，由行业性质决定了不同行业其资本有机构成也有所不同，即投放在资本有机构成不同行业的资本所获得的利润是不等的。各个资本家为了争夺利润，在各部门间展开竞争，竞争的途径就是资本的转移，竞争的结果就是形成平均利润率，各产业资本家都获得平均利润。随着平均利润率的形成，价值就转化为社会生产价格，社会生产价格规律并不违背价值规律。

资本主义商业资本是从产业资本当中单独分离出来专门从事商品经营买卖的资本，其职能是形式商品资本的职能，为产业资本的商品资本向货币资本转化服务。商业资本的形成有其必要性也有其可能性。商业资本通过自身循环获得商业利润，商业利润是产业资本家在出售产品前让渡给商业资本家的部分剩余价值，是由产业工人创造的部分剩余价值，通过商业店员的劳动来实现。商业资本与产业资本之间展开竞争，结果是产业资本和商业资本都获得平均利润。商业活动必然要产生生产性流通费用和纯粹性流通费用。和使用价值运动有关的费用是生产性流通费用，其价值会转移到产品中去，故生产性流通费用是通过对商品直接加价的方式得到补偿。和价值运动有关的费用是纯粹性流通费用，其价值不会转移到产品中，也不会给产品带来任何价值增殖，只能从剩余价值中得到补偿。

通过本章学习，重点掌握以下内容：

1. 剩余价值是如何转化为利润的？
2. 平均利润率是如何形成的？
3. 商业资本的形成及职能。
4. 商业利润的来源及实现途径。
5. 商业流通费用的补偿。

第一节　成本价格与利润

对于资本家而言，他并不关心可变资本的量，也不关心剩余价值量，而是关心资本投入总量与实际收回的价值量。

一、成本价格

从价值运动的角度看，劳动的一般性是指劳动工人用具体劳动把已经蕴涵在生产资料中的价值转移到新的商品当中，用抽象劳动形成价值凝结在新的商品当中。这就决定了商品的价值量由两大部分组成：旧价值的转移和新价值的凝结。在雇佣劳动生产方式中，雇佣工人的劳动又分为必要劳动和剩余劳动，在必要劳动时间里面创造劳动力价值，在剩余劳动时间里面创造剩余价值，所以在商品价值中，新价值又等于劳动力价值与剩余价值之和。用公式可表示为：

$$
\begin{aligned}
W &= \text{旧价值的转移} + \text{新价值的凝结} \\
&= c + (v + m)
\end{aligned}
$$

式中，W 为商品的价值量，c 为不变资本，v 为可变资本，m 为剩余价值。

但对于资本家来说，生产商品所耗费的只是他的资本价值（c+v），剩余价值 m 没有耗费他任何东西。因此，资本家把不变资本与可变资本看成一个整体，称为成本价格（c+v）。由于商品价值中的（c+v）转化为成本价格，商品价值就等于成本价格与剩余价值之和。用公式表示为：

$$
\begin{aligned}
W &= c + (v + m) \\
&= (c + v) + m
\end{aligned}
$$

商品的成本价格（c+v）和实际价值（c+v+m）不仅在含义上不同，而且在数量上也不一致，前者小于后者，它们之间的差额就是剩余价值。这个差额的存在，既表明了资本对雇佣劳动的剥削，也是资本家之间展开激烈竞争的基础。

成本价格对于资本家的生产经营具有重要的意义和直接的影响。正如马克思所说：“商品的成本价格也绝不是一个仅仅存在于资本家账簿上的项目。这个价值部分的独立存在，在现实的商品生产中，会经常发生实际的影响。”①

① 《马克思恩格斯全集》第 25 卷，人民出版社 1975 年版，第 33 页。

这主要表现在如下两方面：

第一，成本价格是资本家经营企业盈亏的分界线。成本价格是资本的实际耗费，资本家必须在出卖商品后将它收回，才能重新购买生产中已耗费的生产资料和劳动力，并使再生产得以正常进行。因此，成本价格是资本家销售商品时价格的最低界限。资本家生产的商品的售卖价格如果高于成本价格，就能收回已耗费的资本并能盈利；反之，资本家的经营则会亏本。

第二，成本价格是决定资本家在竞争中成败的关键。由于各个资本家所属企业的生产条件各不相同，因而在生产同种商品时，成本价格也有高有低。对于成本价格低、商品价值与成本价格差额大的企业来说，销售商品时，销售价格有更大的选择余地，就可以在竞争中处于有利地位；而对成本价格较高的资本家所经营的企业来说，则将处于不利境地，甚至亏本破产。所以，资本家总是想方设法降低成本价格。

成本价格这一范畴抹杀了不变资本和可变资本之间的区别，掩盖了它们在价值增殖过程中的不同作用，从而掩盖了剥削的秘密。

其一，它掩盖了剩余价值的源泉。剩余价值的真正源泉是可变资本，但当不变资本和可变资本被归结为成本价格这一范畴时，剩余价值就被看作是商品价值在成本以上的增加额，即资本家所费资本的产物。不仅如此，对资本家来说，剩余价值不仅是作为成本的所消耗资本的一个增加额，而且是资本家全部预付资本的一个增加额。因为预付资本中未被消耗的那部分不变资本虽然不构成成本，但同样参加了商品生产过程，同样也是剩余价值生产不可缺少的物质因素，因而也被看作是剩余价值的源泉。

其二，它掩盖了价值增殖的秘密。如果资本家出售商品的价格低于成本价格，那么，资本家的经营不仅无利可图，而且还会赔本。反过来，如果商品的出售价格高于生产成本，资本家的经营就会盈利，高出的部分越大，赚的钱就越多。因而，资本家就把补偿他们资本耗费的生产成本看作是自己商品的真正的内在价值，而把剩余价值看作是商品出售价格超过这个内在价值的价值余额。这样，资本的增殖过程就被更进一步歪曲了、神秘化了。马克思说："在资本家看来，在商品出售时实现的价值余额或剩余价值（笔者注：m），似乎是商品的出售价格（笔者注：c+v+m）超过它的价值（笔者注：c+v）余额，而不是它的价值（笔者注：c+v+m）超过它的成本价格（笔者注：c+v）的余额，因而商品中包含的剩余价值好像不是通过商品的出售来实现，而是从商品的出售本身产生的。"①

①《马克思恩格斯全集》第25卷，人民出版社1972年版，第46页。

二、利润

当不把剩余价值看作是雇佣工人剩余劳动的产物，而是把它看作是全部预付资本的产物或增加额时，剩余价值便转化为利润。这样，商品价值就等于成本价格加利润。如果用 P 表示利润，则商品价值的公式就是 $W=(c+v)+m=(c+v)+P$。

把剩余价值看成是全部预付资本的产物，这个观念的形成并不是主观的，而具有一定的客观性。①在成本价格上，不变资本和可变资本的区别消失了，剩余价值的起源，就由可变资本转到预付总资本上。②由于劳动力的价格表现为工资这个转化形式，好像资本家支付了工人的全部劳动报酬，所以，剩余价值就好像不是工人劳动创造的，而是预付总资本产生的。因此，剩余价值就必然采取利润这个转化形式。

事实上，利润和剩余价值本来是一个东西，所不同的仅仅是：第一，剩余价值是对可变资本而言的，而利润则是对全部预付资本而言的。所以我们说，剩余价值是利润的本质，利润是剩余价值的转化形式或现象形态，它在外表上表现为整个预付资本的产物。第二，剩余价值揭露的是资本家剥削工人的关系，而剩余价值转化为利润，就歪曲了剩余价值的来源，似乎剩余价值不是由雇佣工人创造的，而是由资本自行生出来的，这样也就掩盖了剥削关系。

三、利润率

剩余价值转化为利润，剩余价值率就转化为利润率。利润率是剩余价值与全部预付资本的比率。如果以 P′代表利润率，以（C+V）代表预付总资本，则利润率公式可以表示为：

$$P' = \frac{m}{C+V} \times 100\%$$

不难看出，剩余价值率和利润率只是同一个剩余价值的不同计算方法，但由于剩余价值率是剩余价值同可变资本的比率，利润率是剩余价值同预付总资本的比率，因此，二者在量上会有所差异。由于预付总资本在量上总是大于可变资本，所以利润率总是小于剩余价值率。利润率与剩余价值率不仅有量上的差别，而且二者所表示的经济关系也是不同的。剩余价值率表示的是资本家对工人的剥削程度，利润率表示的是预付总资本的增殖程度；剩余价值率表明了剩余价值的真正来源是可变资本，而利润率却掩盖了剩余价值的真正源泉，似乎剩余价值是全部预付资本的产物。

利润率是每个资本家所唯一关心和最大限度追求的东西。利润率越高，资本家越要不惜一切地去追求，甚至冒着践踏法律和丧失生命的危险。那么，影响利润率的因素有哪些呢？我们以年利润率计算公式为例子可以很清楚地看到影响利润率的影响因素，年利润率的计算公式为：

$$\tilde{P}' = \frac{m' \cdot v \cdot n}{c + v} = m' \cdot \frac{v}{c + v} \cdot n$$

式中，n 为可变资本周转次数。

所以，影响利润率的因素主要有剩余价值率、可变资本占预付资本的比例（可用资本有机构成来反映）、周转次数和不变资本。

（1）剩余价值率。在预付资本总量和资本有机构成一定的条件下，利润率的高低取决于剩余价值量的多少，而剩余价值量的多少又取决于剩余价值率的高低。剩余价值率越高，同量的可变资本带来的剩余价值量越大，利润越多，利润率也就越高；反之则利润率低。如资本家预付资本为 100，其中可变资本为 20，假设剩余价值率为 100%，则利润为 20，利润率为 20%。如果剩余价值率为 200%，则利润为 40，利润率为 40%。因此，凡是能提高剩余价值率的措施，如延长工作日长度，提高劳动强度，提高劳动生产率等，都会相应地提高利润率。

（2）资本有机构成。资本有机构成对利润率的影响应从部门之间和部门内部两个方面进行分析。就不同部门来说，在预付资本和剩余价值率不变的条件下，利润率的高低同资本有机构成的高低按相反的方向变化。因为资本有机构成越高，等量的资本分配到可变资本的量就少，在剩余价值率相等的情况下，所生产的剩余价值就少，利润率就小。如预付资本为 100，剩余价值率为 100%，如果某生产部门资本有机构成为 7 : 3，则可变资本为 30，利润为 30，利润率为 30%；如果另一个生产部门的资本有机构成为 8 : 2，则可变资本为 20，利润为 20，利润率为 20%。但就同一部门内不同企业来说，情况就不同了。在其他条件相同的情况下，资本有机构成高的企业，反映的是技术水平较高，劳动生产率较高，商品的个别价值较低，因而可以获得超额剩余价值或超额利润，一般来说利润率会较高。

（3）资本周转速度。在剩余价值率和资本有机构成不变时，资本每年周转的速度越快，其中的可变资本的周转次数也就越多，同量可变资本带来的剩余价值就越多，资本的年利润率就越高。可见，年利润率与资本的周转速度成正比。如投入资本为 100，资本有机构成为 8 : 2，剩余价值率为 100%，周转一次得到利润为 20，则年利润率为 20%。如果以年周转两次，则年利润率为 40%。资本家为了提高年利润率，总是想方设法加快资本的周转速度。

(4) 不变资本的节省。在可变资本和剩余价值率既定的情况下，不变资本越节省，生产同量的利润需要投入的资本就越少，因而利润率越高。如甲生产 20 利润要投入 100 资本，乙只要投入 50 资本，则甲的利润率为 20%，乙的利润率为 40%。节省不变资本的办法有：充分利用社会化大生产条件，组织适度规模生产，使得单位商品的总成本最小；集中使用生产资料，提高劳动资料的使用率，节省用于建筑物、机器设备、动力照明等方面的资本开支；延长工人的劳动时间，在不增加厂房机器等投资的情况下，可获得更多的剩余价值；等等。

以上是影响利润率变动的主要因素。此外，还有其他一些因素，如原材料价格的波动等。

第二节　产业资本与平均利润

在自由竞争的条件下，各生产部门的资本有机构成不同，但不同部门之间等量资本却获得了大致相等的利润，利润率具有平均化的趋势，那么平均利润率的形成机制是怎样的呢?

一、产业资本之间的竞争

自由竞争，指的是在市场上有非常多的生产者和消费者，生产者可以自由的进入或退出该市场，商品价格主要受市场供需关系的影响。在自由竞争市场，资本家可以自由地进行资本投入、转移和商品买卖的竞争。在价值规律的作用下，资本家为了追逐较高的利润，彼此之间必然展开激烈的追逐高利润的竞争。资本家之间的竞争可分为：部门内部的竞争和部门之间的竞争。

部门内部的竞争，是指同一生产部门内部，即生产同类商品的各个企业之间的竞争。竞争的目的是为了争夺有利的生产、销售条件和获得超额利润。这种竞争主要是围绕着价格展开的。部门内部竞争使商品的市场价格围绕着社会价值上下波动，使同类商品逐步形成一个统一的、由社会必要劳动时间决定的社会价值。

在影响利润率变化的诸多因素中，各企业的剩余价值率将趋于一致，因为雇佣劳动者具有人身自由，他们有选择为谁工作的自由。不变资本的节省在自由竞争时期各部门内的企业也将趋同化，这是由自由竞争市场和价值规律共同作用决定的。

部门之间的竞争，是指不同生产部门的资本家之间的竞争。部门之间展开竞争是因为各部门的利润率存在差异，他们竞争的目的是为了取得有利的投资场所和获得较高的利润率。既然影响利润率的四大因素中剩余价值率和不变资本的节省程度在自由竞争时期都将趋同化，那么资本有机构成和资本的周转速度就成了影响利润率的最重要因素。资本的周转速度在某种程度上与资本有机构成存在着密切的联系，而且资本周转速度并不会影响一个循环片段（只经过一个购买、生产和销售过程）的利润率。所以我们先撇开资本周转速度的影响。也就是说资本有机构成成了影响利润率的最主要因素，而资本有机构成是由行业性质决定的，各部门之间的资本有机构成的不同是客观存在的。在其他条件相同的情况下，资本有机构成较高的部门其利润率较低，各资本家为了争夺利润必然展开部门间的竞争。

部门之间的竞争一般是通过资本的自由转移来实现的，即资本从利润率低的部门向利润率高的部门转移。资本转移包括新资本的进入和已有社会资本的重新调整。利润率低的部门由于资本的流出，生产减少，产品供给随之减少，使需求超过供给，从而使产品价格上升，利润率提高；反之，原来利润率高的部门，由于资本的大量涌入，生产扩大，出现产品供给超过需求的状况，导致价格下跌，利润率下降。部门之间的竞争结果使各生产部门的利润率趋于某一平均值，即形成平均利润率。

下面我们举例说明各部门的不同利润率趋于平均利润率的形成过程。

以机械、纺织、食品三个产业部门为例。假定这三个部门其他条件相同，仅资本有机构成不同，分别为 90c：10v，80c：20v，70c：30v。每个部门同样投入 100 资本，剩余价值率都是 100%，并假定全部不变资本都转移到商品价值中去。这时，由于资本有机构成不同，三个部门的剩余价值就不一样。机械工业部门是 10，纺织工业部门是 20，食品工业部门是 30。如果商品按价值出售，它们的利润率分别为 10%、20%、30%（如表 7–1 所示）。这就是说，在不同生产部门投入等量的资本不能得到等量的利润。

表 7–1　资本有机构成对利润率的影响

生产部门	资本有机构成	剩余价值率	剩余价值	商品价值	利润率
食品	70c：30v	100%	30	130	30%
纺织	80c：20v	100%	20	120	20%
机械	90c：10v	100%	10	110	10%

资本生产的目的是最大限度地获得利润，它并不关心自己所生产的商品具有什么样的使用价值，也不关心自己所生产的商品具有什么样的特殊性质，

资本家所关心的只是生产剩余价值，只是自己能获得的利润量的多少。投入了与别的资本相同的预付资本量，就要求获得与别的资本相同的利润量。

在这个例子中，机械生产部门的资本家不会甘愿接受利润率最低的安排，他们会把资本转移到利润率高的食品工业部门去。机械工业部门资本减少，生产规模缩小；食品工业部门由于投资增加，生产规模扩大。生产比例的这种变化，引起市场上产品供求关系的变化，食品供给增加，会导致供过于求；机械产品供应量减少，会引起供不应求。商品供求关系的变化，又会引起商品市场价格的变化，供过于求的食品价格下降，供不应求的机械产品价格上升。商品价格的变化，又使各部门的利润率发生相应的变化，食品部门的利润率下降，机械部门的利润率上升。只有当各部门的利润率趋于一致时，资本的流动才趋于平衡（如表 7–2 所示）。

表 7–2 平均利润率的形成

生产部门	资本有机构成	剩余价值率	剩余价值	商品价值	出售价格	利润率
食品	70c ：30v	100%	30	130	120	20%
纺织	80c ：20v	100%	20	120	120	20%
机械	90c ：10v	100%	10	110	120	20%
合计	240c ：60v	100%	60	360	360	20%

二、社会平均利润率的形成

利润率平均化是等量资本取得等量利润规律的要求，是剩余价值规律和竞争规律作用的结果。平均利润率实质上是就把社会总资本作为一个整体看待时所得到的利润率，即社会剩余价值总额与社会预付总资本的比率，用公式表示为：

$$平均利润率 = \frac{社会剩余价值总额}{社会预付总资本} \times 100\%$$

实际上，平均利润率是各部门利润率的加权平均值，权重为相应部门预付资本量占社会预付总资本的比重。平均利润率的方式还可表示为：

$$\bar{P}' = \sum_i \frac{K_i}{K} P'_i$$

式中，i 为某生产部门，K_i 为某生产部门的预付资本总量，K 为社会预付资本总量，P'_i 为平均利润率形成前某生产部门的利润率。

平均利润率的高低取决于两个因素：一是各生产部门的利润率水平，各个部门的利润率水平高，平均利润率也就高；二是社会总资本在各部门所占的比重，在社会总资本中，投资在资本有机构成低的生产部门的资本量所占比重越大，平均利润率越高。

各个部门的不同利润率转化为平均利润率，并非利润率的绝对平均化，而仅仅是一种在经济运动中存在的一般的趋势。事实上，在平均利润率规律的作用下，各个生产部门的利润率仍然存在着差别。这是因为，资本竞争和社会生产的无政府状态会使资本在各个生产部门的转移快慢不等、参差不齐。此外，还有垄断和非雇佣劳动经济成分以及土地私有制等因素的存在，阻碍着不同利润率的平均化过程。不过，从一个较长的时期看，各个部门的利润率确实存在着平均化趋势。

平均利润率形成之后，并不排斥各个部门内部少数先进企业获得超额利润。平均利润率的形成，是把每一个部门作为整体，并以部门的平均资本有机构成为前提的。至于在每一个部门内部，各个企业的资本有机构成和资本周转时间，以及其他生产条件仍然会有差别，它们的利润率也会有高有低。因此，在利润率的平均化过程中，自始至终存在着部门内部各资本家之间为了获得超额利润而进行的激烈竞争。

三、利润转化为平均利润

平均利润率一经形成，各产业资本家就可根据平均利润率从剩余价值总量中分得同他们的资本量成比例的一份。利润率转化为平均利润率后，利润也就转化为平均利润。一定量资本按照平均利润率获得的利润，就是平均利润。

$$平均利润 = 预付资本 \times 平均利润率$$

平均利润的形成过程，实质上是不同部门的资本家通过竞争重新瓜分剩余价值的过程。平均利润形成以后，各个部门的资本家所得到的利润往往与本部门工人所创造的剩余价值不相等。在上面的例子中，全部劳动工人创造的 60 剩余价值，其中有 30 来源于食品生产部门，20 来源于纺织生产部门，10 来源于机械生产部门。在平均利润形成之前，雇佣劳动工人创造的 60 剩余价值按 3∶2∶1 的比例分别分配到食品、纺织和机械生产部门；在平均利润形成后，按 1∶1∶1 的比例分配到三个生产部门。但从社会整体来看，平均利润总额与剩余价值总额是相等的。

利润转化为平均利润，进一步掩盖了剥削关系。剩余价值转化为利润已经掩盖了剩余价值的源泉，但这时各部门的利润量和剩余价值量还是相等的。利润转化为平均利润以后，使许多部门所得的利润量和本部门工人创造的剩余价值量不相等了，利润和剩余价值在量上的联系被割断了。不同生产部门投入等量资本得到等量利润，这就造成了一种假象，似乎利润的多少只和投入的资本量有关，似乎资本是利润的源泉。这样，就使利润的本质和真实的源泉被进一步掩盖。

四、价值转化为社会生产价格

1. 社会生产价格

随着利润转化为平均利润，商品的价值就转化为社会生产价格。由商品的成本价格加平均利润所构成的价格就是社会生产价格，用公式表示为：

$$社会生产价格 = 成本价值 + 平均利润 = c + v + \bar{P}$$

社会生产价格的形成要以平均利润率的形成为前提，平均利润率的形成过程，同时就是社会生产价格的形成过程。社会生产价格形成以后，资本有机构成高的部门的商品，社会生产价格高于价值；资本有机构成低的部门的商品，社会生产价格低于价值；只有资本有机构成相当于社会平均资本有机构成的部门的商品，其社会生产价格才与价值相当，如表 7–3 所示。

表 7–3　价值与社会生产价格

生产部门	资本有机构成	剩余价值率	商品价值	平均利润率	社会生产价格	社会生产价格与价值之差
食品	70c:30v	100%	130	20%	120	–10
纺织	80c:20v	100%	120	20%	120	0
机械	90c:10v	100%	110	20%	120	10
合计	240c:60v	100%	360	20%	360	0

2. 价值规律作用形式的变化

在价值转化为社会生产价格以后，价值规律作用的形式便发生了变化。在此以前，商品的市场价格以价值为中心上下波动。现在，市场价格的变动不再以价值为中心，而是以社会生产价格为中心上下波动。这样，价值规律就以社会生产价格规律的形式发生作用并调节着市场价格的变动。但是，市场价格围绕着社会生产价格上下波动，这绝不是对价值规律的否定，而只是价值规律发生作用的形式发生了变化，是在自由竞争时期的具体作用形式。这是因为：①就个别部门来说，虽然部分生产部门的社会生产价格和商品的价值不一致，但是整个社会的商品价值和社会生产价格总额是相等的。②虽然有的部门生产出来的剩余价值同资本所有者获得的平均利润不一致，但是全社会生产的剩余价值总额和全体资本所有者获得的平均利润总额是相等的。③社会生产价格是以价值为基础的，社会生产价格的变动，是由平均利润率和价值的变化决定的。在一个较短的时期内，社会生产价格的变化是由商品的实际价值的变动引起的，即使平均利润率有变动，但最终还是由商品价值的变化引起的。假定剩余价值量不变，只有不变资本和可变资本的价值发生变化，才能引起平均利润率的变化。所以，平均利润率的变化，是以不变资本和可变资本的价值变化为前提的。

五、平均利润和社会生产价格理论的意义

马克思的平均利润和社会生产价格理论具有十分重要的意义。首先，在理论上，这一理论科学地解决了劳动价值论同等量资本得到等量利润之间表面上的矛盾。它表明，社会生产价格只是价值的转化形式，它的基础仍然是生产商品所耗费的社会必要劳动时间，即价值。因此，只有在劳动价值论的基础上，才能说明平均利润和社会生产价格变动的规律，平均利润和社会生产价格学说在理论上是劳动价值学说的进一步丰富和发展。其次，在实践上，它揭示了工人不仅直接受本企业资本家的剥削，而且受整个资产阶级的剥削。因为，利润平均化的过程表明，整个经济好像是一个庞大的股份公司，所有的资本家都是这个公司的股东，各个部门所创造的剩余价值汇集在一起，按照各个资本家所占的股份来分配。各个资本家在瓜分剩余价值过程中尽管存在着这样那样的矛盾，但是，在剥削工人阶级这个根本问题上，他们的利益是完全一致的。

第三节　商业资本与平均利润

商业资本是处于流通领域的资本，商业资本经过自身循环实现了价值增殖，这意味着价值增殖来源于买卖活动吗？本节就讨论商业资本的利润来源及量的规定。

一、商业资本的产生及作用

1. 商业资本的产生

商业资本又称商人资本，是专门经营商品买卖的独立的资本形式。

商业资本早在商品经济发展初期就已存在，特别是15~18世纪在欧洲兴起的重商主义时期，商业为资本原始积累做出了巨大的贡献。商业资本从奴隶社会初期产生，经历了奴隶社会、封建社会，到了资本主义社会，商业资本的规模迅速发展起来。在商品经济发展初期，由于生产规模不大，市场范

围狭小，产业资本通常是一身二任，自产自销。资本循环理论告诉我们货币资本、生产资本和商品资本三种职能形式在空间上要并存，因此，总有一部分资本表现为商品资本。随着商品生产的发展，市场范围的扩大，商品流通量的日益增加，需要建立庞大的商业机构、营销网络，需要雇用商务代理人和大量商业店员。如果产业资本家仍坚持自产自销，不可避免地会增大流通领域开支，减少生产领域中的资本投入，降低利润率水平。在这种情况下，由于商业资本专门从事商品买卖，具有产业资本家所不具备的商品流通方面的特有优势，产业资本家就把商品流通的业务专门交给商人去完成，使商品资本职能从产业资本中独立出来，成为发达的商业资本。

发达商业资本和早期商业资本（简称前商业资本）之间有其共同点，一是它们都是活动在商品流通领域的职能资本，都是从事商品买卖，在商品交换中起媒介作用；二是其目的都是为了取得商业利润。但他们之间也存在着本质区别，具体表现在以下四个方面：

第一，产生的经济条件不同。前商业资本产生于简单商品经济的基础上，而发达商业资本产生于发达商品经济基础上，其商品流通量、市场范围都存在着很大的区别。

第二，功能不同。前商业资本是为供需双方服务，在重商主义的影响下支配着产业资本，在商品交换中真正起中介作用；而发达商业资本从属于产业资本，是产业资本派生出来的一种资本形式，是为产业资本实现剩余价值服务。

第三，谋取利润的手段不同。前商业资本通过贱买贵卖，用侵占和欺诈手段直接剥削小商品生产者，同时又通过把商品高价卖给奴隶主和地主阶级的方法，取得他们从劳动者那里榨取来的一部分剩余产品；而发达商业资本则是通过参与利润平均化过程来瓜分产业资本转让给他的利润。

第四，利润来源不同。前商业资本的利润来源：一是小商品生产者的剩余产品和一部分必要产品；二是奴隶主和封建主剥削来的一部分剩余产品。而发达商业资本的利润来源于产业工人创造的剩余价值。

发达商业资本是从产业资本中分离出来的独立从事商品买卖的资本。这种分离和独立既有必要性又有可能性。

商业资本产生的必要性在于商品经济的发展向商品资本提出了独立化的要求。在产业资本规模比较小时，产业资本家既完成生产商品的职能，又完成销售商品的职能，既生产剩余价值又实现剩余价值。但是，在产业资本规模和市场范围比较大之后，继续由产业资本家自产自销，就会产生许多不利的影响。①在流通环节会以商品资本和流通费用的形式占用大量的资本，从而减少生产资本，影响生产规模，会减少剩余价值的生产。②从产品出厂到完成销售，需要占用相当长的流通时间，从而降低再生产的周转速度，减少年剩余价值率和剩余价值量。③产业和商业是两个比较独立的领域，遵循不同的规律，产业资本家既要从事商品生产，又要完成商品的销售，就会降低效率，影响分工和协作。为了克服以上的不利影响，客观上要求产业资本家把商品资本的职能，即销售产品实现剩余价值的职能，交由独立的资本去承担。在资产阶级中就出现了一部分资本家把自己的资本专门用来为产业资本的流通服务，推销产业资本家的商品，这部分资本家就是商业资本家，用于流通领域的资本就是商业资本。

商业资本产生的可能性在于产业资本循环采取的三种职能形式之间的相对独立性和连续循环所要求的并存性。在产业资本循环中，商品资本与货币资本和生产资本并存，它的职能不同于货币资本和生产资本的职能，而且产业资本只要有货币资本和生产资本就能生产出剩余价值。正是由于商品资本的相对独立性，当产业资本运动发展到一定阶段以后，把商品资本分离出来成为独立的商业资本，就具备了可能性。同时，从社会总资本的角度看，总有一部分资本是经常处于流通流域中，执行着商品资本的职能，这也有可能使商品资本独立化为商业资本。

2. 商业资本的作用

商品资本独立化为商业资本，对产业资本具有重要的作用：

第一，这可以使产业资本家减少流通过程中的资本，增加生产过程中的资本。产业资本家自己销售商品，势必要有大量资本停留在流通领域。而现在由商业资本家专门集中经售商品，这不但可使产业资本家减少流通过程中的资本，把它用于生产领域，而且，由于一个商业资本家可以经销若干产业资本家的产品，从整个社会看也会大大节省流通领域中的资本，相应增加用于生产领域中的资本，从而有利于促进商品经济的发展。

第二，可以减少流通费用。商业资本家集中销售商品，对商品销售业务和市场情况比较熟悉，必然比由产业资本家各自销售自己的商品要减少大量流通费用。我们知道，流通领域中的商品的买卖只是使价值形式发生变化，由货币形式变为商品形式，或由商品形式变为货币形式，它不会使价值增殖。因而，减少流通费用可以提高平均利润率，促进资本生产。

第三，可以缩短流通时间。商业资本家专门销售商品，熟悉市场及流通渠道，必然会加快商品流通的速度，缩短流通时间。

第四，加快生产资本的周转速度。商业资本独立以后，产业资本家只要把自己的产品卖给商业资本家，就暂时完成了商品资本向货币资本的转化，大大缩短了周转时间，加快了周转速度。同时，由于全社会产业资本的周转时间普遍缩短，因而也就加快了整个产业资本的周转速度。

但是，商业资本虽有利于促进商品经济的发展，同时也促进了商品经济矛盾的尖锐化。当然其积极作用占主导地位，其消极作用主要表现在以下两点：

第一，随着商品经济的发展，商业资本的量呈现出日益相对增大的趋势，商业机构臃肿、重叠，流通环节增多，纯粹流通费用大量增加，资本周转速度日趋缓慢，导致生产领域的资本相对减少，从而阻碍商品生产。

第二，商业资本的活动既掩盖又加深了生产和消费的矛盾。流通领域中的商品储备点和储备量无限扩大，这就造成了市场的虚假需求，使商品经济中生产和消费的矛盾被掩盖并积累起来，从而促使这一矛盾更加尖锐化，加速经济危机的到来，加剧经济危机的破坏性。

二、商业资本循环及职能

商业资本所执行的职能，仍然是商品资本的职能，即实现剩余价值。商业资本的职能是通过其循环来实现的，商业资本的循环公式为 G—W′—G′。从公式可以看到，商业资本家用自己手中的货币购买产业资本家的商品，予以销售并实现价值增殖，获得商业利润。

商业资本循环要经历两个阶段：购买阶段和销售阶段。

商业资本运动的第一阶段为购买阶段 G—W′，商业资本家从产业资本家那里购买商品，对于产业资本来讲，已完成商品资本向货币资本的转化，而对商业资本来说，仍处于流通过程中。商业资本的购买过程只是使得商品所有权发生转移，使商品从产业资本家手中转到商业资本家手中，并没有进入消费领域，没有真正被卖掉。

商业资本运动的第二阶段为销售阶段 W′—G′，是使商品资本实际转化为货币资本的阶段。只有进行商业资本运动的第二阶段，才真正完成商品资本向货币资本的转化，从而才真正实现了产业资本的最终形态变化，使商品退出流通领域，进入生产消费或生活消费领域。

在商品生产的流通顺利进行的情况下，人们往往把和商业资本运动的第一阶段 G—W′相应的产业资本运动的 W′—G′过程，看成是产业资本的从商品资本到货币资本的最终形态变化的完成。然而，一旦出现了生产过剩、商品滞销，人们便会痛切地认识到，只有完成商业资本运动的第二阶段 W′—G′，才是实现了产业资本的最终形态的变化。

三、商业利润

1. 商业利润的来源

商业资本家投资于商品经营，其目的是为了获取利润。商业资本在流通领域中活动，从事商品的买卖，是不会创造价值和剩余价值的。因为商业资本的购买和销售行为只是使得价值存在形式发生变化，由货币资本转化为商品资本，由商品资本转化为货币资本。购买和销售活动都不是物质资料生产活动，在这两个环节并不能产生价值的增殖，价值和剩余价值都只有在生产领域中通过生产性劳动才能产生。但是，商业资本又取得了利润，那么商业利润从何而来？从现象上看，商业利润似乎产生于流通领域的“贱买贵卖”，实则不然。商品售价和购价确实存在差额，但这差额并不是流通领域中的单纯加价的结果，而是来自产业资本家向商业资本家出售商品时，事先留给商业资本家的价格差额，在销售给消费者时必须按其价值或社会生产价格出售。“贱买贵卖”只是商业资本家获得剩余价值的途径，并不表明商业利润的真正来源。

因此，商业利润仍然是生产领域中产业工人创造的剩余价值的一部分，是由产业资本家转让给商业资本家的部分剩余价值。由于商业资本家投资于商业，替产业资本家销售商品，实现剩余价值，产业资本家就不能像自己经营商品时那样独自占有全部剩余价值，而必须把剩余价值的一部分以商业利润的形式转让给商业资本家。

2. 商业利润量的规定

那么，商业资本获得多少利润呢？商业资本和产业资本一样，只能获得平均利润，这是由商业部门和产业部门之间的竞争来决定的。如果商业利润率低于产业利润率，一部分商业资本就会转移到产业部门中去，从而导致产品生产增加，商业资本不足，商品销售艰难，使产业资本不得不降低商品价格，使利润率也随之下降。如果商业利润率高于产业利润率，一部分产业资本就会转移到商业部门。这时生产资本减少，产品供给也减少，使商品供不应求，价格提高，利润上升。产业利润和商业利润正是这种竞争中趋于一致的。当产业利润率和商业利润率相等的时候，他们才会各自安心于自己的投资领域。所以，商业资本也参与利润平均化的过程。

下面举例说明。假定有产业资本 900，其有机构成为 720c ∶ 180v，剩余价值率为 100%，剩余价值则为 180，产品的社会生产价格为 1080（900 + 180），平均利润率为 $\frac{180}{900}\times 100\% = 20\%$。为加快商品流通，新注入商业资本

100，剩余价值总额仍为 180，但社会总资本为 1000，平均利润就为 $\frac{180}{900+100}\times 100\% = 18\%$。最终产业资本与商业资本都以 18%的平均利润率获利，产业资本家获得 $900\times 18\% = 162$ 的利润，即按 1062 的社会生产价格卖给商业资本家。商业资本家用手中 100 的资本经过若干次周转从产业资本家手中共购买价值 1080 的产品，但商业资本家共向产业资本家支付了 1062，把这些产品销售出去共收回 1080，共获得 18 的利润。

由于商品资本从产业资本中单独分离出来，社会总资本量就等于产业资本与商业资本之和，故：

$$\text{平均利润率} = \frac{\text{剩余价值总额}}{\text{社会总资本}} = \frac{\text{剩余价值总额}}{\text{产业资本} + \text{商业资本}}$$

从商业资本参与利润平均化的现象看，它降低了产业资本的利润率，对产业资本不利。但事实上，如果没有商业资本家的介入，产业资本家要完成商品资本的职能，也要在流通中投入资本，而且投入的资本量要更大，如前例，产业资本 900 要拿出一部分资本用于行使商品资本的职能，所得到的剩余价值可能比 162 还要少。而且，商业资本加快了产业资本的商品资本向货币资本转化的速度，从而可以增大产业资本的年利润率，商业资本进入后使得产业资本在相同时期内所获得的利润总量增大。

3. 商业资本与商业雇员的关系

商业利润的获得是通过商业雇员的劳动实现的。商业雇员和产业工人一样，也是靠出卖劳动力为生的雇佣劳动者。但和产业工人不同的是，产业工人是在生产领域进行劳动创造价值，商业雇员的劳动主要是从事商品的买卖，这类劳动是非生产性的劳动，处于流通流域，它本身并不创造价值和剩余价值，只是实现剩余价值。但这并不影响商业资本家对商业雇员的剥削。商业雇员的劳动同样可分为必要劳动和剩余劳动。在必要劳动时间内实现的剩余价值，补偿资本家支付给他们的工资；在剩余劳动时间里实现的剩余价值，除其中一部分用来补偿工资以外的纯粹流通费用外，其余部分形成商业资本家获得的利润。因此，商业雇员和产业工人一样，属于受剥削的无产阶级。而商业资本家正是通过剥削商业雇员的无偿劳动来取得产业资本家转让给他们的那部分剩余价值。

四、商业流通费用及其补偿

商业资本家经营商业，除了需要垫付一定的资本购买商品外，还需要在商品流通过程中支付一定的费用，这种费用称为流通费用。流通费用分为生产性流通费用和纯粹性流通费用两种。

1. 生产性流通费用及其补偿

由于商品具有二因素，商品在流通领域里的运动也是两重的，一方面是商品体本身即商品的使用价值的运动，另一方面是商品的价值形态变化的运动。

由商品的使用价值运动而引起的费用，如运输费、保管费、包装费等，是同生产过程在流通领域内的继续有关系的费用，属于生产性流通费用。从事运输、保管、包装等的劳动，也是生产性的劳动。这种劳动不仅能把劳动过程中消耗掉的物质资料的价值转移到商品中去，而且能创造新价值，即增加商品的价值和剩余价值。这部分流通费用可以从已经增大了的商品价值中得到补偿。

例如，假定有产业资本 900，资本有机构成是 720c + 180v，剩余价值率为 100%；有商业资本为 100，其中 50 为生产性流通费用，资本有机构成是 40c + 10v，剩余价值率为 100%，所有剩余价值全部参与平均化过程。

$$\bar{P}' = \frac{\text{利润总量}}{\text{资本总量}} = \frac{180_{\text{产}} + 10_{\text{商}}}{900_{\text{产}} + 100_{\text{商}}} \times 100\% = 19\%$$

$$P_{\text{产}} = K_{\text{产}} \times \bar{P}' = 900 \times 19\% = 171$$

$$P_{\text{商}} = K_{\text{商}} \times \bar{P}' = 100 \times 19\% = 19$$

产业资本家投入资本 900，产品出厂时的价值总量为 1080，社会生产价格为 1071，获得 171 的平均利润。商业资本家投入 50 的资本周转若干次使其实际发挥了 1071 的作用从产业资本家手中购买价值 1080 的产品，另外投入 50 的生产性流通费用全部转移到产品中，并在流通领域创造了 10 剩余价值，产品卖给消费者时的价值总量为 1140，零售价格也为 1140。零售价格与出厂时的社会生产价格的差额为 69，其中 19 作为商业利润，50 用于补偿生产性流通费用。

2. 纯粹性流通费用及其补偿

由商品价值的运动引起的流通费用，即在商品买卖过程中，由商品变为货币和货币变为商品而支出的费用，是纯粹流通费用。这种费用包括：商业雇员的工资、广告费、办公费、簿记费、商店设备等方面的开支及其他一些费用开支。纯粹流通费用属于非生产性开支。这部分劳动是非生产性劳动，它不能增加商品的价值。它是资本家进行商品买卖，实现剩余价值所不可缺少的。这类费用用于价值形式变化和价值的实现过程，与使用价值运动毫无关系。商业资本家垫支纯粹流通费用，不仅要求得到补偿，而且要求按照平均利润率带回一份相应的利润。纯粹流通费用是从剩余价值总额中得到补偿，它是剩余价值的一种扣除。所以，纯粹流通费用的补偿及这部分利润归根结底是来源于产业工人所创造的剩余价值的一部分。

例如，在前例基础上，再假定商业资本家又追加 50 用于支付商业店员工资等纯粹性流通费用，那么：

$$\bar{P}' = \frac{利润总量}{资本总量} \times 100\% = \frac{180_{产} + 10_{商} - 50_{纯粹流通费用}}{900_{产} + 150_{商}} \times 100\% = \frac{14}{105} \times 100\%$$

$\approx 13.33\%$

$$P_{产} = K_{产} \times \bar{P}' = 900 \times \frac{14}{105} \approx 120$$

$$P_{商} = K_{商} \times \bar{P}' = 150 \times \frac{14}{105} \approx 20$$

产业资本家投入资本 900，产品出厂时的价值总量为 1080，出厂时的社会生产价格为（$900 + 900 \times \frac{14}{105}$）$\approx$1020，获得约为 120 的平均利润。商业资本家投入 50 的资本，周转若干次使其实际发挥了约 1020 的作用并从产业资本家手中购买价值 1080 的产品，投入 50 的生产性流通费用全部转移到产品中去，并在流通领域创造了 10 的剩余价值，产品卖给消费者时的价值总量为 1140，零售价格也为 1140。零售价格与出厂时的社会生产价格的差额约为 120，其中 20 作为商业利润，50 用于补偿生产性流通费用，50 用于补偿纯粹性流通费用。

从这两个例子中我们可以发现，生产性流通费用会通过生产性劳动转移到产品中去，并可进一步生产剩余价值，从而增大产品价值，生产性流通费用实际上是通过对产品直接加价的方式得到补偿的。而纯粹性流通费用的价值不能转移到产品中去，故不能和生产性流通费用一样通过对产品加价的方式得到补偿，而这部分费用是商品资本转化为货币的必要支出，只能从剩余价值中直接扣除的方式得到补偿，实际上是由产业资本家和商业资本家按其资本比例共同来承担纯粹性流通费用的。

随着商品经济的发展，商业资本的量呈现出日益增大的趋势，商业机构臃肿、重叠，流通环节增多，纯粹流通费用大量增加，导致资本周转速度日趋缓慢。如果纯粹流通费用的增长超过正常需要，会造成社会财富的巨大浪费。

广告高价的根源

国家税务总局在 2000 年 5 月份出台了《企业所得税税前扣除办法》，其中的第 40 条分别对一般企业及白酒类企业的广告开支的税前作出了明确的规定：前者不得超过销售额的 2%，后者则为零，该办法定于 2000 年 1 月 1 日起执行。该办法适用于所有地区、所有行业、各种组织形式的内资企业。

政府官员如是说——过去有的企业广告投放太豪放。

在此项政策推出后，有一些企业对此不是十分理解。有一种意见认为，国家不是说要大力扶持第三产业吗？把广告费的税前扣除比例定死，是否会影响广告业的发展呢？为此，记者走访了广东省地税局的有关人员，请他们介绍一下该办法出台的主要背景及原因。省地税局的杨处长认为，该项政策的出台，与过去一些企业在媒体上的广告投放过于“豪放”有关，个别企业的这些行为，造成广告支出失去控制，对所得税的影响比较大。他还谈到，在一些企业中，年年都会出现广告铺天盖地，可是所得税却一分没有的怪现象。这些现象在社会上引起了很多议论，从而引起了有关部门的重视，因此通过税收政策对企业的广告费用进行适当地制约，维护国家的税收利益，这是十分必要的。杨处长还说，该办法也不能算是完全的“一刀切”，按照规定，纳税人因行业特点等特殊原因，确实需要提高广告费扣除比例的，可向国家税务总局报批。杨处长还介绍说，从 1998 年开始，国家就已经规定了粮食类白酒的广告不得税前扣除，这次只是归类明确。但这几年国产白酒的销售量和价格的上升势头超过了洋酒，可以说，对广告费税前扣除的控制，不仅不会给企业的生产经营造成负面影响，还会起到一些正确的引导作用，使国家和企业都受益。

生产企业如是说——有的无所谓，有的没法活。

一些提供公共产品的企业称该办法的出台对其经营没有任何影响。粤电力的董事会秘书张先生说，我们电力企业的生产与销售都是有计划的，买家也是固定的，因此根本不需要作广告。记者了解到，像粤电力这种企业对企业的经营单位，本身对广告的依赖性很低，有些几乎没有广告支出，除了电力企业外，还有高速公路、自来水、煤气公司等。而另一些企业则称影响较大，主要是一些从事生产经营大众消费品的企业，这些企业的产品销售，与广告的开支高度相关，如食品类、日用品类，离开广告要想有一个良好的销售几乎不可能。一位医药企业的财务人员说，公司每年的广告支出都占到销售收入的 10%，与一些北方的药厂比起来根本不算高，在这种情况下，要想把广告费压到 2%不太可能。她表示尽管企业的利润受这一办法的影响会有所降低，但公司的年广告费用的比例还会维持在这一水平上。同时她还担心，由于每年企业都会推出一些新产品，所以超支部分虽可以无限期向以后纳税年度结转，但恐怕根本没可能冲抵，因而会给企业带来利润虚增的问题。而房地产公司的人认为，虽然该行业对广告的投放量较大，一般都会超过2%，但好房子自有好回报，总体来看影响不是很大。

专家的建议——企业应精打细算。

麦肯锡公司资深董事戴乔治先生认为，在现行政策下，企业应精打细算。不同的行业、不同的业务种类、产品的不同周期，所需要的营销支出都是不一样的，要充分利用这种差别制定最合适的投入。一些企业也可以考虑将部分投入广告的费用改投推广促销活动。企业要全面考虑在广告和促销上的投资所带来的效果，不断尝试创新的广告和促销方式，根据消费模式和消费者行为来对原有的营销组合进行修正，减少总体营销开支，提高营销支出的有效性。该公司的申先生则认为，企业应更好地进行广告与销售的有效性分析，按企业所确立的明确目标来考虑支出的数量。他手头有一些资料可供企业参考，即：大宗商品化产品或原材料产品的广告开支可能大于1%，而香水及化妆品有的要达到40%到50%。媒体使用也有不同，如，专业杂志及大众媒体的区别，消费品生产企业应更注重大众媒体。企业应该检查媒体的受众达到程度及其相对成本，并决定正确的沟通频率，以保证更大的效果。企业需要在大众媒体和直接接触两种方式中寻找平衡，因为直接接触成本更高同时更具有针对性。而戴乔治先生更进一步说，如果产品概念不是新推出的，而是在市场上已获得成功并领先的产品，它的广告和促销一般可以是其营业收入的5%~10%，其中广告的投入占到80%~90%，而在促销投入中，针对消费者和流通渠道的费用各占50%。根据他的经验，采用科学的广告和促销方法通常会使企业的销售额增加10%~40%，而利润则可增加2%~5%。

资料来源：圣才学习网，2010年6月8日，http：www.100xuexi.com。

基本概念

成本价格　利润　平均利润　利润率　平均利润率　社会生产价格
商业资本　商业利润　商业流通费用　生产性流通费用　纯粹性流通费用

思考题

1. 什么是利润？它是怎样掩盖资本主义剥削关系的？
2. 平均利润是怎样形成的？
3. 社会生产价格规律和价值规律之间矛盾吗？
4. 商业资本是怎样形成的？
5. 商业利润的来源？剩余价值如何在产业资本和商业资本之间进行分配？

第八章　生息资本与利息

内容提要

在市场经济社会里，除了产业资本和商业资本外，还有一种特殊形式的资本即借贷资本。借贷资本是借贷资本家为了获得利息而暂时贷给职能资本家使用的货币资本。借贷资本不是职能资本，不是产业资本运动中货币资本职能的独立化形式，因而借贷资本具有不同于职能资本的特点。

利息是职能资本家为了取得贷款而付给借贷资本家的一部分剩余价值。借贷资本的出现，使资本的所有权同使用权相分离。与此相适应，平均利润被分割为利息和企业利润两部分，利息同资本所有权结合在一起，企业利润同资本的使用权结合在一起。

信用是商品买卖中延期付款或货币借贷活动的总称。它是一种以偿还为条件的价值的特殊运动形式。资本主义信用的基本形式有商业信用和银行信用两种。商业信用是职能资本家之间用赊账方式买卖商品（或提供服务）时彼此提供的信用。银行信用是银行向职能资本家贷出货币的借贷关系。它在许多方面突破了商业信用的种种限制，可以在更大程度上满足资本扩大再生产的需要。

股份公司是通过发行股票集资经营的企业，它是伴随着自然经济的解体和商品经济的发展而发展起来的。股份公司是社会化大生产的产物，其本身是中性的，资本主义可以利用它发展经济，社会主义也可以利用它发展经济。

股份公司为筹集资本发行的股票，是股票持有者向公司投资入股并取得股息的证书。尽管股票持有者能够凭票从公司盈利中取得一份股息收入，但也不能向公司要求退股，这是股票的特点。如果股票持有者想要收回本金，只有到金融市场（证券交易所）去出卖股票。股票之所以能够买卖，是因为它能给持有者定期带来相应的收入。既然股票能够像商品一样买卖，当然就有价格，股票价格又称股票行市。但股票本身只是投资的凭证而没有价值。所以，股票价格不是股票票面额的货币表现，而是资本化的收入。

凡以有价证券形式存在并使其持有者能定期获得一定收入的资本，就是虚拟资本。虚拟资本本质上不同于实际资本。它没有价值，又不进入资本生产和流通过程发挥职能，只不过是资本所有权的证书，正如马克思所说，是“资本的纸制复本”。虚拟资本和实际资本还有量的差别。由于资本掺水，股票票面额大于投入企业的实际资本，以及股票价格通常又大于股票票面额等原因，各种有价证券的价格总额，即虚拟资本的数量，总是大于实际资本，其数量变化，也不反映实际资本数量变化。虚拟经济就是从具有信用关系的虚拟资本衍生出来的，并随着信用经济的高度发展而发展。

通过学习本章，重点掌握以下内容：

1. 借贷资本的形成及其本质。
2. 借贷资本及利息。
3. 商业信用及其特点。
4. 银行信用及其特点。
5. 虚拟资本和虚拟经济。

第一节　借贷资本与利息

在市场经济中，除了产业资本和商业资本外，还有一种特殊形式的资本即借贷资本。借贷资本是借贷资本家为了获得利息而暂时贷给职能资本家使用的货币资本。

一、借贷资本的形成

借贷资本是生息资本在市场经济条件下的表现形式。所谓生息资本，是为了取得利息收入而贷出去的货币资本。生息资本有两种形式：一是在发达的市场经济产生之前，表现为高利贷资本；二是在发达的市场经济中表现为借贷资本。

借贷资本与高利贷资本虽然都是生息资本，都是通过借贷活动取得利息而占有别人的剩余劳动，但他们仍然存在很大的区别。

第一，两者所处的经济条件不同。高利贷资本产生于商品生产不发达时期，“高利贷资本作为生息资本具有的特征形式，是同小生产者、自耕农和小手工业主占优势的情况相适应的”。而借贷资本却产生于发达的商品经济时期，与社会化大生产相联系。

第二，两者形成的基础不同。高利贷资本的主要来源是贮藏的货币转化而来，而借贷资本是由职能资本运动中游离出来的闲置货币资本转化而来。

第三，两者贷款的对象不同。高利贷资本虽然也贷款给商人，但其主要的贷款对象是奴隶主和封建主，以及个体手工业者和农民。而借贷资本主要的贷款对象是职能资本家。

第四，借款的目的不同。高利贷资本的借款人是将借款当作纯粹的货币来使用，奴隶主和封建主借款是为了满足其寄生性生活所需的巨大开支，个体手工业者和农民则是用于应付生产、生活上的困难，以便渡过难关。而借贷资本，无论是贷出方还是借入方都是把它当作资本使用，都是为了实现价值增殖。

第五，利息的来源和利息量大小不同。高利贷资本的利息是来自奴隶、农奴或小生产者的剩余劳动，甚至部分必要劳动，而借贷资本利息的来源是雇佣工人创造的剩余价值。利息量也有很大的区别，高利贷资本的利息往往会占有全部剩余劳动，有时还会侵吞部分必要劳动，而借贷利息只是剩余价值的一部分，一般低于职能资本家所获得的平均利润。

第六，体现的经济关系不同。高利贷资本体现了高利贷者和奴隶主、封建主借款是共同剥削奴隶、农奴、个体手工业者和农民的经济关系。而借贷资本体现的是借贷资本家和职能资本家共同剥削雇佣工人的经济关系。

借贷资本是适应市场经济发展的需要而产生发展起来的，其形成是与资本再生产密切相联系的。在资本再生产中，一方面经常会有一部分货币资本暂时闲置起来，它包括：①暂时闲置的固定资本折旧基金。固定资本折旧是准备用于固定资本实物更新的，但在固定资本实物更新以前，其价值以折旧基金的形式提取并逐渐储存起来，成为闲置的货币资本。②暂时闲置的流动资本；在流动资本周转中，如果商品出售之后获得的货币资本不需要立即购买原材料和支付工资，也会暂时闲置起来。③用于积累的剩余价值。用于积累的那部分剩余价值，在未达到一定的数量之前，也会以货币资本的形式暂时闲置。④还有食利者阶层拥有的货币资本以及社会各阶层拥有的暂时闲置的货币存款。⑤广大社会阶层民众的部分小额存款。以上这些闲置的货币资本，脱离资本的运动，不能给它的所有者带来剩余价值，这与资本的本性是相矛盾的。所以，必须设法寻找增殖价值的出路，尽快地贷出去发挥作用。另一方面，有一些工商业资本家，又确实需要补充货币资本。因为各个个别资本的循环和周转是相互交错的，当某些资本家在资本周转中出现闲置货币资本时，另一些资本家由于相反的情况恰恰亟须借入货币资本来补充，比如，产品还未销售出去，又要大量购买原材料或支付工资；亟须扩大生产规模，但资本积累的数量还不够；固定资本要提前更新，等等。于是，持有闲置货币的资本家就将它贷放出去，供亟须货币的资本家使用，从而形成了资本家之间的借贷关系。

货币资本的借贷是有条件的，并且是暂时的。到了规定的时期，职能资本家不仅要如数归还，而且要支付一定的报酬。职能资本家为了取得借贷资本的使用权而支付给货币所有者的一定数量的货币就是利息。以获取利息为目的，专门从事货币资本借贷活动，依靠借贷资本利息生活的货币资本持有者就是借贷资本家。职能资本家借入货币资本，是为了用于生产或流通过程的经营，得到利润；借贷资本家贷出货币，是为了获得利息，分占职能资本家获得的剩余价值。因此，从本质上看，借贷资本是借贷资本家为了取得利息而暂时贷给职能资本家使用的闲置货币资本，它反映了资本家和雇佣工人之间的经济关系。

二、借贷资本的特点

借贷资本不是职能资本，不是产业资本运动中货币资本职能的独立化形式，而是从产业资本和商业资本等职能资本运动中游离出来的闲置货币资本转化而来的。因而借贷资本具有不同于职能资本的特点。

1. 借贷资本是一种资本商品

在发达的市场经济中，一定数量的货币能够转化为资本，可以为它的所有者带来利润。这样作为资本的货币就具有双重的使用价值：一方面具有作为货币的使用价值，可以充当一般等价物；另一方面，具有作为资本来执行职能的使用价值，能够为资本家带来利润。借贷资本家把货币资本贷给职能资本家使用，实际上就是把资本的使用价值，即生产利润的能力让渡给职能资本家。作为生产利润的手段的这种属性来说，它变成了商品，不过是一种特别的商品，即资本商品。它与普通的商品存在重大区别：①转让的方式不同。普通商品是以买卖的形式转让的，卖方让出了商品的所有权，买方按等价支付货币。而资本商品的转让却不是买卖关系，转让的也不是商品的所有权，而只是使用权，借贷资本家在贷出货币资本时，没有同时收回他的等价物，只是到期要收回同量资本，并索取一定的利息。②消费的结果不同。普通商品一经消费，其使用价值和价值随之消失；而资本商品的消费，及货币资本的使用，它的价值不仅被保存，而且还会增殖。③有无价格的不同。普通商品都有价格，商品价格是其价值的货币表现；而资本商品没有价格，利息不是借贷资本价值的货币表现，只是对使用资本商品的一种报酬。

2. 借贷资本是一种作为财产的资本，即所有权资本

借贷资本家手中的货币既不是普通的货币，但也没有实际发挥资本的职能，而只是作为一种财产归借贷资本家所有，借贷资本家凭借对它的所有权，定期从职能资本家那里收取利息。只有当这种货币资本转到职能资本家手中之后，才能实际执行资本的职能，生产或实现剩余价值。于是同一借贷资本取得了双重的身份：对它的所有者来说，是财产资本，他只对它拥有所有权；对使用它的经营者来说，它是职能资本，他只对它拥有使用权。所以，借贷资本的出现，使资本的所有权和经营权发生了分离。

3. 借贷资本是最具有拜物教性质的资本

借贷资本不仅具有特殊的转让形式，而且具有特殊的运动形式。从表面看来，借贷资本的运动公式为 G—G′，既不经过生产过程，又不经过流通过程，直接采取 G—G′的形式。这就造成一种假象，似乎货币可以自己生出更多的货币。既不像产业资本那样要经过生产过程，也不像商业资本那样要经

过流通过程，在两极货币之间，似乎不存在中介作用的过程。这就造成了一种假象，似乎货币就会自行增殖。借贷资本这一特点，进一步掩盖了资本对劳动剥削的实质，使资本拜物教达到了顶峰。

实际上，货币资本只有在产业资本家手中，投入生产过程，榨取雇佣工人的剩余价值，才能使自己的价值增殖，从而借贷资本家才可能以利息的形式获得一部分剩余价值。因此，借贷资本完整的公式应是 G—G—W…P…W′—G′—G′。开始阶段 G—G 表示借贷资本家把货币资本贷给职能资本家。中间阶段 G—W…P…W′—G′表示职能资本家借入资本进行生产经营的过程，这一过程揭示了利息的真正来源，揭开了资本自行增殖的秘密，说明利息无非是产业工人创造的剩余价值的一部分。最后阶段 G′—G′表示职能资本家向借贷资本家还本付息的过程。而借贷资本的一般运动公式 G—G′只是表明借贷资本家和职能资本家之间的借贷关系，它掩盖了资本增殖的真实过程。

三、利息和利息率

1. 利息及其来源

借贷资本家把货币资本贷放给职能资本家使用，但这种使用不是无偿的。职能资本家归还贷款时，必须向借贷资本家支付一定数量的货币作为使用这笔货币资本的报酬，这就是利息。因此利息是借贷资本家因贷出货币资本而从职能资本家手里获得的报酬，或者说是职能资本家因使用借入货币资本而获得的利润中分割给借贷资本家的部分。

利息是职能资本家为了取得贷款而付给借贷资本家的一部分剩余价值。职能资本家使用所借资本从事商品生产或商品经营活动获得平均利润，但由于他使用的是别人的资本，不是自己的资本，因此，他不能独占这个平均利润，而必须把利润的一部分以利息的形式交给货币所有者。利息是剩余价值的一种特殊转化形式。

借贷资本的出现，使资本的所有权同使用权相分离。与此相适应，平均利润被分割为利息和企业利润两部分，利息同资本所有权结合在一起，企业利润同资本的使用权结合在一起。作为资本的所有者，他们要获得利息；作为资本的使用者，他们要获得企业利润。这种对平均利润单纯量的分割一旦独立并固定下来，就转化为质的分割，即质的区别。

利润分割为利息和企业利润这种纯粹量的分割，怎么会转变为质的区别呢？

这是由于借贷资本家和职能资本家不仅在法律上有不同的身份，而且在再生产过程中起着完全不同的作用。一个是货币资本的所有者，他把货币贷出去，职能资本家付给借贷资本家的利息，就表现为总利润中属于资本所有权本身的部分，表现为资本所有权的果实。而企业利润则相反，完全表现为是职能资本家从他用资本再生产过程中所完成的职能中产生出来的，表现为他用资本所执行的职能的果实。不仅如此，职能资本家所使用的资本不是自己的，“因此，在他看来，与利息相反，他的企业主收入是同资本的所有权无关的东西，不如说是他作为非所有者，作为劳动者执行职能的结果。”[①] 这样，在职能资本家的观念里，他的利润是他的劳动的果实，是应得的工资，而且由于资本家所进行的监督劳动是较复杂的劳动，因此理应获得较高的工资。很显然，这种分割的结果，就使得利息和企业利润都不表示对劳动的关系，而“好像他们是出自两个本质上不同的源泉”，[②] 质的区别产生了。

平均利润分割为利息和企业利润，本来只发生在职能资本家所使用的资本是借贷资本的场合，但是，这种分割一旦固定下来以后，也会扩展到所有的资本上。也就是说，所有职能资本家所获得的利润都要分成利息和企业利润。

平均利润分割为利息和企业利润后，就进一步掩盖了资本和雇佣劳动的对立关系，使资本雇佣劳动的生产关系更加神秘化。在这里，利息被单纯地表现为资本本身带来的成果，不再表现为剩余价值的一部分，这样，利息和雇佣工人剩余劳动的关系不见了。企业利润也被单纯地表现为职能资本家管理企业和监督生产的“劳动报酬”。其实，利息和企业利润都是剩余价值的转化形式，正是由于这种转化，使人们忘记了“资本家作为资本家，他的职能是生产剩余价值”，[③] 借贷资本家与职能资本家在进行分割以前，利润已经被雇佣工人生产出来了，并被职能资本家占据了。

2. 利息及其影响因素

研究利息，还要考察利息量的规定。在借贷资本量一定的条件下，利息量由利息率决定。利息率是利息同借贷资本的比率，用公式表示为：

$$利息率=\frac{利息}{借贷资本}\times 100\%$$

例如，10000 元借贷资本一年获得 500 元的利息，则年利率为 5%。

利息率的高低是有一定界限的，它的最高限是低于平均利润率。因为利息是平均利润的一部分，如果利息率等于甚至超过平均利润率，则借入资本

① 马克思：《资本论》第 3 卷，人民出版社 1975 年版，第 427 页。

②《马克思恩格斯全集》第 25 卷，人民出版社 1974 年版，第 421 页。

③《马克思恩格斯全集》第 25 卷，人民出版社 1974 年版，第 427 页。

的职能资本家将得不到利润，他们就不会借入资本了。“不管怎样，必须把平均利润率看成是利息的有最后决定作用的最高界限。”① 利息率的最低限应大于零，因为如果等于零，借贷资本家无利可得，他就不会贷出资本。因此，利息率总是在平均利润率和零之间摆动。

那么，利息率究竟是多少呢？它要受多种因素的影响。影响利息率变动的因素有三个：①平均利润率的水平。一般地说，平均利润率提高了，利息率也会提高；反之，利息率会降低。②借贷资本的供求状况。在平均利润率一定的条件下，如果借贷资本的供给大于需求，则利息率有下降的趋势；如果借贷资本的需求大于供给，则利息率有上升的趋势。③法律和习惯。如果借贷资本供求平衡，利息率就由传统习惯和法律决定。这就是说，利息率没有一个经济上的内在依据，不能从一般规律得出来。为什么呢？这是由利息的性质决定的。因为利息只是平均利润的一部分，借贷资本在借贷资本家手中不是职能资本，没有在生产和流通中实际发挥作用，因此，利息与企业利润的分割，就成为“纯粹是经验的、属于偶然性王国的事情”。②

随着经济的发展，平均利息率有逐渐下降的趋势。究其原因，首先是平均利润率的下降趋势。利息率的升降是以平均利润率的升降为转移的。其次是借贷资本供过于求的趋势。由于信用制度日益发展，食利者阶层人数增多，大量闲置资本转化为借贷资本，造成借贷资本供给量的迅速增长；而经济危机的加深，信用交易和结算制度的发展，对借贷资本的需求量却相对减少，必然使利息率有下降的趋势。这表明越来越多的资本不能用于生产，这也在一定程度上暴露了市场经济发展中的局限性。

要不要救“溺水”民企

今天若到浙江温州、广东东莞和佛山去调研，你会看到十分惊恐的景象：激流之中，一群又一群的“溺水者”百般挣扎，呼号连天。而在岸上，又有数群人围观，他们有人在激烈地争论是否要施以援手，有人则拿出各种款式的“救生圈”，做出援救的种种姿态。

关于要不要救的声音，基本上来自长江以北的政、学两界。他们认为，这是高利贷者们咎由自取的末日，凭什么要拿纳税人的钱去救他们？而且，即便是救了，也没有一分钱会落到实业者的手中。

①《马克思恩格斯全集》第 25 卷，人民出版社 1974 年版，第 403 页。
②《马克思恩格斯全集》第 25 卷，人民出版社 1974 年版，第 408 页。

持这一观点的人真应该到现场去看一看。据我的观察是：资金危机从根本上来讲是实业的危机，高利贷只是“岸床变窄，水位抬高”的结果呈现。

试以温州为例。在这一地区，高利贷的历史几乎与改革开放的历史一样悠久。此地是中国个体私营经济最早的萌芽地，早在1984年就出现了第一家民营钱庄，它的木牌子只挂出一天，就被当地政府以“不符合中央政策”为由给强行摘下了，从此，钱庄转入地下。在过去三十多年里，民营企业在信贷上所遭遇的窘境可以用三个百分之七十来形容：它们解决了百分之七十的就业人口，可是只有百分之七十的企业得到过银行的贷款，而这些贷款中有百分之七十是一年期以内的短贷。所以，长久以来，“非法借贷”和“短贷长投”是一个普遍而危险的现象。

温州高利贷第一次爆发重大危机是在1986年，发生了死人和逃亡的“抬会事件”，最终政府以抓人和处决“会头”的方式进行了处理。1993年的通货膨胀时期，又出现过一次。其后十四年时间里，高利贷一直存在却未出现重大危机，而浙、粤等地民营企业能够迅速壮大，与这里有一个活跃的民间金融环境有很大关系，一个最显著的事实是：在20世纪90年代后期到2004年的历次宏观调控中，浙江省和广东省的民营企业比其他地方的企业具有更强的抗风险能力。你只要走进温州就会发现，此地民众对高利贷者并非像外界所想象的那么“咬牙切齿”，相反，其游戏规则一直比较规范。在中国历史上，民间信用从来都是高于政府信用，从干部到教员，很多人及家庭都有参与民间借贷的传统。

高利贷再一次拉响危机的警报，是在2007年。原因是：民营企业的规模越来越大，而地下钱庄市场的规模已经不能与之匹配，所以，当经济环境过热，政府以信贷控制的方式进行调控时，资金需求量在极短的时间内猛然增加，导致地下信贷市场的利息水涨船高，而各企业为了获得“救命钱”，不得不饮鸩止渴，甚至进行了极其危险的“信贷互保”，这就发生了“倒一家，垮一片”的可怕景象。

2007~2008年，在浙江省的温州、绍兴地区相继发生了大型民营企业连环倒闭风波，“飞跃事件”和“纵横事件”轰动全国，当时政府参与解困的办法是：以土地注入的方式，从商业银行取得贷款，帮助企业进行重组。幸运的事随即发生，进入2009年之后，房产市场反弹火爆，最终，政府、银行和企业通过土地性质的改变及出售转让，集体解套。

那么，今天，我们的手里是否还有这样的“救生圈”？

先说中央政府。温家宝同志相继亲赴温州地区、广东省两地，表明了支持和援助的态度，甚至传出央行通过再贷款600亿元的方式“火急救温”这一消息，后来被否认。2001年10月12日，国务院召开常务会议，推出了减半征收所得税等一系列优惠措施。中央政府的积极姿态当然让人欣慰。不过，我们从改革史的角度看来，三十余年以来，历次民营企业发生危机，从来没有一次是靠中央政府的政策获得解救的，此次，恐怕也难例外。所以，“放松银根”难以立见成效，况且70%以上的中小企业从来与“银根”无关。

再说地方政府，要像2007年那次一样，用土地来解决问题，难度也在增加，其一，地方债务平台已从三年前的2万亿元增加到了10万亿元，很多县市政府已“自身难保”；其二，连续20多个月的房产打压政策已让土地价值大幅缩水，内需转旺谁能预测？

三说商业银行。用行政性手段和窗口指导的方式“逼迫”银行给溺水者发“救生圈”，显然是不可靠的，银行从来只干“锦上添花”的事情，从本质上，他们确实没有这样的义务。而且，银行如果完全听从政府，那么“商业”两字已可以直接去掉。

四说企业自救。“溺水”企业的问题出在两个方面，一是产业和产品结构亟待转型升级，二是外贸依赖度需要下降，这都不是在短期内能够达解决成的，而且要完成这两个任务，最好的时间点是在产销两旺的上升时期。

还有人提出两招。一是利用这次危机，全面整肃东南沿海的高利贷市场，多抓几个“吴英”出来，“杀一儆百”，这招不是不能用，不过它最终的结果将是“杀百儆百”。二是让那些劳动密集型和抗风险能力弱的企业在风暴中“优胜劣汰”，通过“市场之手”来完成转型任务，这招也不是不能用，由此派生出来的问题是，谁来消化数以百万计的失业者？难道再让中西部承担东部转型的代价吗？

通过这样的分析，我们得到的结论是：溺水的是民营企业，受伤的是整个中国经济。

对于正在激流中挣扎的溺水者来说，在经济体制改革、金融市场化创新的宏观目标迟迟不能启动的大前提下，他们的命运很可能是非常可悲的，岸上的人手中，其实并没有“救生圈”。眼下，对于他们来说，只有八个字是可靠的，那就是抓住现金，听天由命。

资料来源：搜狐财经，吴晓波（知名财经作家）2011年10月18日09:15，http://business.sohu.com/20111018/n322526394.shtml，原文载于英国《金融时报》中文网。

第二节　银行资本与金融体系

信用是商品买卖中延期付款或货币借贷活动的总称。它是一种以偿还为条件的价值的特殊运动形式。市场经济中信用的基本形式有商业信用和银行信用两种。

一、商业信用

商业信用是职能资本家之间用赊账方式买卖商品（或提供服务）时彼此提供的信用。这样，买卖双方的关系就成了债务人和债权人之间的借贷关系。赊购商品的价格往往比现购的价格要高一些，两者之间的差额就是赊购者向赊销者支付的利息。

商业信用在简单商品经济条件下已经产生，到了发达的商品经济中得到广泛发展。这主要是因为：①商业信用是产业资本循环和周转的需要。由于各个部门资本周转的时间不同，当一些资本家需要出卖商品的时候，另一些资本家因为自己的商品没有卖掉，没有现款购买。这种情况下，前一类资本家必须借用于商业信用把商品赊销给后一类资本家。否则，要卖的东西卖不出去，要买的东西买不进来，两类企业的生产都会中断。②商业信用的存在是商业资本存在和发展的需要。随着资本主义生产的发展，商业资本家从事经营需要大量的商业资本，而靠商业资本家自己解决资本的不足是不行的，这个矛盾只能通过商业信用来解决。由此可见，商业信用是加速商品流通，从而是加速资本再生产过程所不可缺少的。

商业信用的工具是商业票据，它是商业信用中借者与贷者之间的债务凭证。商业票据分为期票和汇票两种。期票是债务人向债权人开出的、承诺在一定时期支付款项的凭证。汇票是由债权人向债务人发出的命令书，要求债务人向第三者或持票人支付一定现款的凭证。汇票需债务人签名盖章承认后才生效，这种手续叫“承兑”。商业票据可在一定范围内流通。

商业信用具有以下特点：第一，商业信用的对象是处在产业资本循环一定阶段上待实现的商品资本。贷者提供信用的过程，同时就是商品价值实现即出售商品的过程。第二，商业信用的债权人与债务人都是职能资本家。它体现的是职能资本家之间的借贷关系。第三，商业信用的发展程度直接依存于资本生产和流通的状况。在再生产周期的繁荣阶段，生产发展，商业信用随着扩大；在危机阶段，商业信用跟着收缩。

商业信用是市场经济中信用制度的基础，银行信用是在商业信用发展到一定程度后产生的。商业信用对加速商品周转、促进资本再生产起了重要作用。但由于商业信用的特点，又决定了商业信用有较大的局限性。商业信用的局限性主要表现在以下几个方面。

第一，商业信用的借贷规模、范围、期限受单个资本家拥有的资本数量和资本周转状况的限制。从规模来看，由于它是职能资本家之间相互提供的信用，而个别资本家所拥有的资本数量是有限的，这就决定了他能用于提供信用的规模是有限的。从期限来看，个别资本每次提供信用的时间也不能太长，否则它自身的再生产就不能正常进行。此外，商业信用的规模还会受到资本周转速度的限制。资本周转速度快，商业信用的规模就会扩大；反之，如果资本周转的速度慢，商业信用的规模就难以扩大。

第二，商业信用受商品使用价值流转方向的限制。某种商品的生产者只可能向需要该商品的资本家提供信用，例如，纺纱厂可以向机械厂赊购纺织设备，而不会出现相反情况。因此，商业信用的信用渠道比较狭窄，不能满足资本生产发展的需求，于是又出现了银行信用。

二、银行信用

1. 银行信用及其特点

银行信用是银行向职能资本家贷出货币的借贷关系。它在许多方面突破了商业信用的种种限制，可以在更大程度上满足资义扩大再生产的需要。

与商业信用相比，银行信用具有以下的特点：第一，银行信用的债权人是银行或其他信用机构，债务人是职能资本家。第二，银行信用的对象不是商品资本，而是货币资本。第三，银行信用的规模不受单个资本的数量和周转的限制，也不受商品流转方向的限制。它能向任何职能资本家提供数量较大，期限较长的贷款。

银行信用的以上特点，显示出它具有以下优点：第一，银行信用不受个别资本的数量和周转速度的限制，因为它能把社会上各种闲置的货币资金集中起来，形成巨额借贷资本，满足信用需要。第二，银行信用不受流转方向的限制，远比商业信用灵活，规模也大得多，更能满足资本扩大再生产的需要，也更能适应资本家在经营上的投机活动。

2. 银行的职能和业务

银行信用主要由银行办理。银行是经营货币资本业务的特殊企业。银行的主要职能是在货币借贷关系中，充当贷款者与借款者之间的中介。一方面，银行把社会上分散的闲置资金集中起来，形成巨大的借贷资本；另一方面，银行又把集中起来的货币资本贷放给借贷者使用。

银行的职能是通过银行经营的业务来实现的。银行的主要业务是信用业务。它分两个方面：一方面是负债业务，即吸收存款。职能资本家在再生产过程中游离出来的暂时闲置的货币资本，借贷资本家或食利者的货币资本，以及工人、农民、手工业者、职员和城市居民的小额零星储蓄，都是银行存款的来源。这些存款在银行所能支配的资本中远比银行资本家的自有资本大得多。银行存款一般分活期和定期两种。另一方面是资产业务，即发放贷款。银行发放大规模贷款所需的资金，主要是通过存款业务集中起来的社会各方面的闲置货币。

银行贷款的主要方式有这样几种：①期票贴现。就是职能资本家在期票尚未到期期间急需现金时，到银行用期票换取现金，而银行要扣除未到期期间的贴现利息。贴现利息一般等于贷款利息，否则，银行就不会经营贴现业务。例如，一张三个月后到期的 10000 元期票，按年利息率 4%贴现，贴现利息=10000 元×4/100×3/12＝100 元。银行扣除 100 元利息后把 9900 元现金支付给贴现人。由此可见，期票贴现实际上就是银行用现金购买未到期的期票，也就是向职能资本家发放短期贷款。②抵押贷款。它是银行为确保贷款的偿还而要求借款人提供物质保证的贷款。抵押的物品通常是待售商品、期票、提货单、各种有价证券和不动产等。③信用贷款。它是确认借款人有偿还能力而不需要提供物质保证的贷款。这种贷款的利息率一般较高。④长期投资。主要是指银行购买股票向企业投资。银行向企业投资以后，它与该企业之间就不再是债权和债务关系，而是企业的股东和所有者。银行还从股票的买卖中投机，谋取暴利。

银行除经营信用业务外，还经营结算业务。市场经济中各个企业几乎都在银行开有活期存款账户，因而它们之间的交易往来，就可以通过银行结算。结算分非现金结算和现金结算两种。银行根据转账支票，把款项从开票人的账户上划拨到持票人的账户上，就是非现金结算；而根据现金支票向持票人支付现金，就是现金结算。在现代发达的市场经济国家中，有的银行还采用“消费信用卡”的形式，为消费者购买日用消费品进行非现金结算。

三、银行资本和银行利润

随着货币资本的借入和贷出演化为专门的业务活动，银行就成为货币资本的实际贷出者和借入者之间的中介人。于是专门经营借贷业务的银行资本家就出现了，银行资本也随之产生。银行资本是指商业银行自身拥有的或能永久支配、使用的资金，是银行从事经营活动必须注入的资金。从所有权看由两部分构成：一部分是银行资本家投资办银行的自有资本；另一部分是吸收存款的借入资本。借入资本是银行资本的主要部分。从经营借贷资本并以自身资本用作借贷资本看，银行资本属于借贷资本的范围；从经营一种企业并获得平均利润来看，银行资本又具有职能资本的特点。

银行利润来源于放款利息和存款利息之间的差额。银行资本家投资于银行业，同职能资本家投资于工商业一样，也是以获取利润为目的。银行要向存款者支付利息，也要向借款者收取放款利息，但放款利息大于存款利息，两者之间的差额扣除银行的各项费用开支后余额，就是银行利润。既然借贷利息也是剩余价值的一种转化形式，是剩余价值的一部分，所以，银行利润也是雇佣劳动者创造的剩余价值的一部分。由于银行是经营货币资本的企业，它不但有独立的投资，也有独立的营业，因此，它要求银行利润按它投入的资本即自有资本计算，并且不能低于平均利润，否则，它就要转营工商业。这种自发地竞争的过程，必然使银行利润趋近于产业利润和商业利润。但是，银行资本不参与平均利润率的形成，因为：第一，银行资本家贷给职能资本家使用的资本已参与了利润率的平均化；第二，银行利润实际上就是放款利息。银行资本家占有以银行利润形式存在的一部分剩余价值，是靠银行雇员的劳动实现的。同商业店员一样，银行雇员的劳动虽不创造价值和剩余价值，却能为银行资本家取得转归银行的那一部分剩余价值。因为银行雇员的劳动也分为必要劳动和剩余劳动，银行资本家对他们的剩余劳动没有支付任何报酬。所以银行雇员和产业工人都同样受到银行资本家的剥削。

由于银行利润的主要来源是存、贷款利息之间的差额，而利息是剩余价值的转化形式；银行利润的其他来源追根溯源，也是产业工人所创造的剩余价值的一部分，因此，银行利润都是来源于产业工人所创造的剩余价值，它体现着银行资本家与职能资本家共同参与瓜分剩余价值、剥削雇佣工人的社会关系。

四、银行体系与非银行金融业的发展

1. 银行体系

银行按其经营业务的侧重点不同可分为四类。

（1）商业银行。商业银行与一般工商企业一样，是以盈利为目的的企业。它也具有从事业务经营所需要的自有资本，依法经营，照章纳税，自负盈亏，它与其他企业一样，以利润为目标。但商业银行又是不同于一般工商企业的特殊企业。其特殊性具体表现于经营对象的差异。工商企业经营的是具有一定使用价值的商品，从事商品生产和流通；而商业银行是以金融资产和金融负债为经营对象，经营的是特殊商品——货币和货币资本。经营内容包括货币收付、借贷以及各种与货币运动有关的或者与之相联系的金融服务。

(2) 投资银行。投资银行是证券和股份公司制度发展到特定阶段的产物，是发达证券市场和成熟金融体系的重要主体，在现代社会经济发展中发挥着沟通资金供求、构造证券市场、推动企业并购、促进产业集中和规模经济形成、优化资源配置等重要作用。投资银行是与商业银行相对应的一个概念，是现代金融业适应现代经济发展形成的一个新兴行业。它区别于其他相关行业的显著特点是，其一，它属于金融服务业，这是区别一般性咨询、中介服务业的标志；其二，它主要服务于资本市场，这是区别商业银行的标志。

(3) 中央银行。中央银行是一国最高的货币金融管理机构，在各国金融体系中居于主导地位。中央银行的职能是宏观调控、保障金融安全与稳定、金融服务。中央银行是“发币的银行”，对调节货币供应量、稳定币值有重要作用。 中央银行是“银行的银行”，它集中保管银行的准备金，并对它们发放贷款，充当“最后贷款者”。中央银行是“国家的银行”，它是国家货币政策的制定者和执行者，也是政府干预经济的工具；同时为国家提供金融服务，代理国库，代理发行政府债券，为政府筹集资金；代表政府参加国际金融组织和各种国际金融活动。中央银行所从事的业务与其他金融机构所从事的业务的根本区别在于，中央银行所从事的业务不是为了盈利，而是为实现国家宏观经济目标服务，这是由中央银行所处的地位和性质决定的。

(4) 政策性银行。所谓政策性银行是指那些多由政府创立、参股或保证的，不以盈利为目的，专门为贯彻、配合政府社会经济政策或意图，在特定的业务领域内，直接或间接地从事政策性融资活动，充当政府发展经济、促进社会进步、进行宏观经济管理工具的金融机构。我国的三大政策性银行是中国进出口银行、国家开发银行、中国农业发展银行。

2. 非银行金融业

除了银行之外，金融业还包括证券、保险和信托投资等非银行金融业。

证券业是从事证券发行和交易服务的专门行业，是证券市场的基本组成要素之一，主要经营活动是沟通证券需求者和供给者直接的联系，并为双方证券交易提供服务，促使证券发行与流通高效地进行，并维持证券市场的运转秩序。主要由证券交易所、证券公司、证券协会及金融机构组成。

保险公司销售保险合约、提供风险保障的公司。保险公司分为两大类型——人寿保险公司、财产保险公司。按照业务承保形式又可分为原保险公司和再保险公司。保险公司经营的主要险种有财产保险、人身保险、责任保险等。

信托投资是金融信托投资机构用自有资金及组织的资金进行的投资。这种信托投资与委托投资业务有两点不同。第一，信托投资的资金来源是信托投资公司的自有资金及稳定的长期信托资金，而委托投资的资金来源是与之相对应的委托人提供的投资保证金。第二，信托投资过程中，信托投资公司直接参与投资企业经营成果的分配，并承担相应的风险，而对委托投资，信托公司则不参与投资企业的收益分配，只收取手续费，对投资效益也不承担经济责任。

银行与其他非银行金融机构最大的区别在于非银行金融机构创造信用能力大大低于银行。从业务角度看，非银行金融机构在于不以吸收存款作为主要资金来源，而是以某种方式吸收资金，并以某种方式运用资金并从中获利。他们在整个金融机构体系中是非常重要的组成部分，其发展状况是衡量一国金融机构体系是否成熟的重要标志之一。

第三节　股份公司和虚拟资本

社会生产力和商品经济发展到一定阶段后，信用制度和货币资本化将逐步趋于成熟，并在此基础上出现了股份公司和虚拟资本。

一、股份公司

1. 股份公司形成

股份公司是通过发行股票集资经营的企业，它是伴随着封建社会的解体和资本主义的发展而发展起来的。16 世纪中叶，为适应海外勘探和世界贸易扩大的要求，需要成立大的企业，其资本需通过销售股票来获得，由此便产生了股份公司。到 19 世纪末 20 世纪初，资本主义由自由竞争阶段向垄断阶段过渡，股份公司以其筹资和联合的优势，在资本集中和加速垄断形成的过程中发挥着巨大的杠杆作用，因而获得迅猛发展。

股份公司这种企业组织形式在经济中获得广泛的发展，是与市场经济社会化生产和信用制度的发展相联系的。随着社会化生产的发展，资本有机构成不断提高，企业规模不断扩大。建立大型企业需要巨额资本，如果仅仅依靠企业自身积累来扩大生产规模，将会十分缓慢。于是，客观上要求突破由单个资本的局限性来兴建企业的方式，即通过建立联合经营的大型股份公司并通过发行股票来筹集资本。同时，资本主义信用制度的广泛发展和金融市场的形成，又为股份制企业的发展提供了条件。

股份公司在发展过程中产生过多种具体的组织形式，但最具代表性的是有限责任公司和股份有限公司两种形式。有限责任公司是由两个以上股东共同出资、每个股东以其认缴的出资额对公司行为承担有限责任，公司以其全部资产对其债务承担责任的企业法人。其特点主要有：①公司的股东人数通常有最低和最高限额的规定，一般股东人数不多。②注册资本额不大，比较容易组建。③股东的出资额由股东协商决定，相互之间并不要求等额。④设立程序比较简单，不必发布公告，其资产负债表也一般不予公开，有利于保守商业秘密。

股份有限公司是指由一定人数以上的股东所设立的，注册资本由等额股份构成、其成员以其认购的股份金额为限对公司承担财产责任的企业法人。其特点主要有：①股东人数有法律上的最低限额，一般规定在五人以上，股东人数较多。②注册资本要求较高，一般会规定一个数量较大的起点资本额。③公开向社会发行股票，任何愿出资的人都可以成为股东，不受资格限制。④公司的透明度较高，要定期向社会公布本公司的财务报告，以便使众多的股东了解和信任。

股份有限公司并非都是上市公司，上市公司是指经批准其所发行的股票可以在证券交易所上市交易的公司。由于上市公司较其他公司有一定的优越性，各国都对上市公司提出了较高的标准。因此，在股份有限公司中，上市公司只有少数。

2. 股票

股份公司为筹集资本发行的股票，是股票持有者向公司投资入股并取得股息的证书。因此股票的持有者，也就是公司的所有者即股东，他有权参加股东大会，讨论和决定公司的主要经济活动。但实际上，真正主宰公司一切事务的只是那些大股东，即大资本家。因为在股东大会上虽说每个股东都有表决权，但表决权不是按人计算，而是按股份计算。所以，在表决上占优势的是掌握股票最多的大资本家。

从理论上说，要控制整个公司必须掌握过半数的股票。但是，许多小股东由于种种原因经常不参加股东大会；参加了也因不了解情况，只好随大股东的意志投票。所以，只要占有 30%~40%，甚至更少的股票，就可以掌握公司的命运。这种达到控制股份公司所必须掌握的股票数量，叫“股票控制额”。因此，股份公司是大资本控制小资本，实现资本集中的工具。在发行小额股票的情况下，更是这样。股票小额化实际上是大资本支配其他阶级和阶层的货币收入的一种巧妙形式，它更加强化了资本对劳动的剥削和统治力量。

股票一般分为优先股票和普通股票两种。优先股票的股息，是预先规定、固定不变的，在企业盈利中要首先支付，它多为一般居民购买；普通股票的股息，则是随公司盈利的多少而增减，它一般为大股东所操纵。可见，在股息分配上也是大股东居于有利地位。

尽管股票持有者能够凭票从公司盈利中取得一份股息收入，但也不能向公司要求退股，这是股票的特点。如果股票持有者想要收回本金，只有到金融市场（证券交易所）去出卖股票。股票之所以能够买卖，是因为它给它的所有者能定期带来相应的收入。既然股票能够像商品一样买卖，当然就有价格，股票价格又称股票行市。但股票本身只是投资的凭证而没有价值。所以，股票价格不是股票票面额的货币表现，而是资本化的收入。股票价格的高低主要取决于两个基本因素：即预期股息和银行存款利息率。股票价格同预期股息的大小成正比，与利息率高低成反比。用公式表示：

$$\text{股票价格} = \frac{\text{预期股息}}{\text{利息率}}$$

或：

$$\text{股票价格} = \text{股票面额} \times \frac{\text{预期股息率}}{\text{利息率}}$$

应当指出，这里所说的只是股票的平均价格。至于股票的市场价格，股息和利息率是制约股票价格的两个基本因素，在市场上，股票价格在很大程度上还受到股票供求关系的影响。影响股票供求关系的因素很多，概括地说，可分为主观因素和客观因素。主观因素是指公司本身经营管理的现状及其前景，如公司营业范围、经营好坏、信誉高低、分配政策、发展前景等。客观因素是指与公司无直接关系的外界因素。如政治因素、经济因素、心理因素等。在市场经济国家里，每逢国内外政治经济形势有所变动时，股票的供求关系就会发生大的波动，从而股票的市场价格会发生很大的起伏。大资本家往往利用股票价格的大幅度涨落而从中投机盈利，大发横财。

二、虚拟资本和虚拟经济

1. 虚拟资本及其本质

（1）虚拟资本。以有价证券形式存在并使其持有者能定期获得一定收入的资本，就是虚拟资本。通过股票的买卖，在人们面前呈现出这样的情况：好像同一资本具有双重存在，一方面是实际投入企业的资本，表现为厂房、机器设备和原材料；另一方面又当作资本价值，表现为股票。由于股票能给它的持有者定期带来一定的收入，又能像商品一样，按一定价格出卖，所以，对股票持有者来说，似乎股票本身就是资本。其实，股票本身没有价值，不是实际资本。只是把股票按当时的利息率换算成的一个想象的价值或资本，或者说，是由于股票收入的资本化而虚拟出来的资本，即虚拟资本。属于虚拟资本的，还有公司债券、国债券以及不动产抵押债券等。

虚拟资本本质上不同于实际资本。它没有价值，又不进入资本生产和流通过程发挥职能，只不过是资本所有权的证书，或像马克思所说，是“资本的纸制复本”。虚拟资本和实际资本还有量的差别。由于资本掺水，股票票面额大于投入企业的实际资本，以及股票价格通常又大于股票票面额等原因，各种有价证券的价格总额，即虚拟资本的数量，总是大于实际资本，其数量变化，也不反映实际资本数量变化。

（2）证券交易所。就是资本家专门买卖有价证券的市场。它是随着虚拟资本的出现和迅速增长而产生的。在证券交易所里，资本家按照交易所随时登记的行市买卖各种有价证券。在发达市场经济中，正常的证券交易起着自发地分配货币资本的作用。证券交易所也是资本家进行投机活动，集中资本的场所。因为企业经营的好坏，国家财政收支的盈亏和国内外经济政治形势的变动，都会引起证券预期收入、利息率和证券供求状况的变化，而最终导致证券行市发生变动，甚至大幅度升降。这就为大资本家提供了投机的可能。大资本家凭借雄厚的资本，掌握着大量有价证券，信息灵通，又熟悉行情，可以通过操纵利息率或制造证券的虚假供求，使证券价格暴跌，从中谋取暴利。

证券投机与正常的证券买卖根本不同，它不是为了从投资中获取相应的收入，而纯粹是为了从证券买卖的价格差额中捞取投机利润。证券投机的主要方式不是现货交易，而是期货交易。就是说，买卖双方议价成交在先，交割结算在后。到交割结算之日，证券价格上涨，则买者获利；证券价格下降，则卖者获利。结算也只是一方向另一方支付涨落的差价，并不交付有价证券。所以，在证券投机中，买方并不是真要买进有价证券，卖方也不是真要卖出有价证券，而是双方在证券行市的涨落上进行赌博，是买空卖空。马克思指出：“在这种赌博中，小鱼为鲨鱼所吞掉，羊为交易所的狼所吞掉。”[①] 其结果，加速了资本集中的进程。

2. 虚拟经济及其特征

虚拟资本是在借贷资本和银行信用制度的基础上产生的，包括股票、债券等。虚拟资本可以作为商品买卖，可以作为资本增殖，但本身并不具有价

---

① 马克思：《资本论》第 3 卷，人民出版社 1975 年版，第 497 页。

值；它代表的实际资本已经投入生产领域或消费过程，而其自身却作为可以买卖的资产滞留在市场上。虚拟经济就是从具有信用关系的虚拟资本衍生出来的，并随着信用经济的高度发展而发展。

虚拟经济是市场经济高度发达的产物，以服务于实体经济为最终目的。随着虚拟经济迅速发展，其规模已超过实体经济，成为与实体经济相对独立的经济范畴。与实体经济相比，虚拟经济具有明显不同的特征，概括起来，主要表现为高度流动性、不稳定性、高风险性和高投机性四个方面。

（1）高度流动性。实体经济活动的实现需要一定的时间和空间，即使在信息技术高度发达的今天，其从生产到实现需求均需要耗费一定的时间。但虚拟经济是虚拟资本的持有与交易活动，只是价值符号的转移，相对于实体经济而言，其流动性很高；随着信息技术的快速发展，股票、有价证券等虚拟资本无纸化、电子化，其交易过程在瞬间即可完成。正是虚拟经济的高度流动性，提高了社会资源配置和再配置的效率，使其成为现代市场经济不可或缺的组成部分。

（2）不稳定性。虚拟经济相对实体经济而言，具有较强的不稳定性。这是由虚拟经济自身所决定的，虚拟经济自身具有的虚拟性，使得各种虚拟资本在市场买卖过程中，价格的决定并非像实体经济价格决定过程一样遵循价值规律，而是更多地取决于虚拟资本持有者和参与交易者对未来虚拟资本所代表的权益的主观预期，而这种主观预期又取决于宏观经济环境、行业前景、政治及周边环境等许多非经济因素，增加了虚拟经济的不稳定性。

（3）高风险性。由于影响虚拟资本价格的因素众多，这些因素自身变化频繁、无常，不遵循一定规律，且随着虚拟经济的快速发展，其交易规模和交易品种不断扩大，使虚拟经济的存在和发展变得更为复杂和难以驾驭。非专业人士受专业知识、信息采集、信息分析能力、资金、时间精力等多方面限制，虚拟资本投资成为一项风险较高的投资领域，尤其是随着各种风险投资基金、对冲基金等大量投机性资金的介入，加剧了虚拟经济的高风险性。

（4）高投机性。有价证券、期货、期权等虚拟资本的交易虽然可以作为投资目的，但也离不开投机行为，这是市场流动性的需要所决定的。随着电子技术和网络高科技的迅猛发展，巨额资金划转、清算和虚拟资本交易均可在瞬间完成，这为虚拟资本的高度投机创造了技术条件，提供了技术支持。越是在新兴和发展不成熟、不完善、市场监管能力越差，防范和应对高度投机行为的措施、力度越差的市场，虚拟经济越具有更高的投机性，投机性游资也越容易光顾这样的市场，达到通过短期投机，赚取暴利的目的。

巴林银行倒闭案

1995年发生的由于在从事期货期权等衍生金融工具的交易中投机过度和巴林银行内部管理失控而导致银行破产的典型金融机构破产案例。

1763年，弗朗西斯·巴林爵士在伦敦创建了巴林银行，它是世界首家"商业银行"，既为客户提供资金和有关建议，自己也做买卖。当然它也像其他商人一样承担买卖股票、土地或咖啡的风险。由于经营灵活变通、创新，巴林银行很快就在国际金融领域获得了巨大的成功。其业务范围也相当广泛，无论是到刚果提炼铜矿，从澳大利亚贩运羊毛，还是开掘巴拿马运河，巴林银行都可以为之提供贷款。但巴林银行也有别于普通的商业银行，它不开发普通客户存款业务，故其资金来源比较有限，只能靠自身的力量来谋求生存和发展。

在1803年，刚刚诞生的美国从法国手中购买南部的路易斯安纳州时，所有资金就出自巴林银行。1886年，巴林银行发行"吉尼士"证券，购买者手持申请表如潮水一样涌进银行，后来不得不动用警力来维持秩序，很多人排上几个小时后，买下少量股票，然后伺机抛出。等到第二天抛出时，股票已涨了一倍。20世纪初，巴林银行荣幸地获得一个特殊客户：英国皇室。由于巴林银行的卓越贡献，巴林家族以后获得了五个世袭爵位。这可算得上一个世界纪录，从而奠定了巴林银行显赫地位的基础。

里森于1989年7月10日正式到巴林银行工作。进入巴林银行后，他很快争取了到印度尼西亚分部工作的机会。由于他富有耐心和毅力，善于逻辑推理，能很快地解决以前未能解决的许多问题，使工作有了起色。因此，他被视为期货与期权结算方面的专家，伦敦总部对里森在印度尼西亚的工作相当满意。1992年，巴林总部决定派他到新加坡分行成立期货与期权交易部门，并出任总经理，身兼交易员和清算员两职。

无论做什么交易，错误都在所难免。但关键是看你怎样处理这些错误。在期货交易中更是如此。有人会将"买进"手势误认为"卖出"；有人会在错误的价位购进合同；有人可能不够谨慎；有人可能本该购买六月份期货却买进三月份的期货，等等。一旦失误，就会给银行造成损失，在出现这些错误之后，银行必须迅速妥善处理。如果错误无法挽回，唯一可行的办法就是将该项错误转入电脑中一个被称为"错误账户"的账户中，然后向银行总部报告。

里森于1992年在新加坡任期货交易员时，巴林银行原本有一个账号为“99905”的错误账户，专门处理交易过程中因疏忽造成的错误。这原是一个金融体系运作过程中正常的错误账户。1992年夏天，伦敦总部全面负责清算工作的哥顿·鲍塞给里森打了一个电话，要求里森另设立一个“错误账号”，记录较小的错误，由于账号必须是五位数，这样账号为“88888”的“错误账户”便诞生了。

几周后，伦敦总部又打来了电话，总部配置了新的电脑，要求新加坡分行还是按老规矩行事，所有的错误记录仍通过“99905”账户直接向伦敦报告。“88888”错误账户刚刚建立就被搁置不用了，但它却成为一个真正的“错误账户”存在于电脑之中。而且总部这时已经注意到新加坡分行出现的错误很多，但里森总是巧妙地搪塞而过。“88888”这个被人忽略的账户，为里森提供了日后制造假账的机会，如果当时取消这一账户，则巴林的历史可能会重写了。

1992年7月17日，里森手下一名加入巴林仅一星期的交易员犯了一个错误：当客户（富士银行）要求买进20口日经指数期货合约时，此交易员误认为卖出20口。这个错误在里森当天晚上进行清算工作时被发现。欲纠正此项错误，须买回40口日经指数合约，这表示按当日的收盘价计算，其损失为2万英镑，并应报告伦敦总部。但种种考虑下，里森决定利用错误账户“88888”，承接了40口日经指数期货空头合约，以掩盖这个失误。数天后，更由于日经指数上涨200点，此空头部位的损失便由2万英镑增为6万英镑了，此时，里森更不敢将此失误向上呈报。

另一个与此如出一辙的错误是里森的好友及委托执行人乔治犯的。乔治与妻子离婚了，整日沉浸在痛苦之中，开始自暴自弃。里森喜欢他，因为乔治是他最好的朋友，也是最棒的交易员之一。但很快乔治开始出错了。里森示意他卖的100份九月的期货全被他买进，价值高达800万英镑，而且好几份交易的凭证根本没有填写。

将乔治出现的几次错误记入“88888”账号对里森来说是举手之劳。但至少有三个问题困扰着他：一是如何弥补这些错误；二是将错误记入“88888”账户后如何躲过伦敦总部月底的内部审计；三是SIMEX每天要他们追加保证金，他们会通知新加坡审计；他们会计算出新加坡分行每天赔进多少。

为了赚回足够的钱来补偿所有损失，里森承担着越来越大的风险，他当时从事大量跨式部位交易，因为当时日经指数稳定，里森从此交易中赚取期权权利金。若运气不好，日经指数变动剧烈，此交易将使巴林承受极大损失。里森在一段时日内做得还极顺手。到 1993 年 7 月，他将“88888”账户亏损的 600 万英镑转为略有盈余，当时他的年薪为 5 万英镑，年终资金则将近 10 万英镑。如果里森就此打住，那么，巴林的历史也会改变。

除了为交易员遮掩错误，另一个严重的失误是为了争取日经市场上最大的客户波尼弗伊。在 1993 年下旬，接连几天，每天市场价格创纪录地飞涨 1000点，用于清算记录的电脑屏幕故障频繁，无数笔的交易入账工作都积压起来。因为系统无法正常工作，交易记录都靠人工。等到发现各种错误时，里森在一天之内的损失便已高达将近 170 万美元。在无路可走的情况下，里森决定继续隐藏这些失误。

1994 年，里森对损失的金额已经麻木了，“88888”账户的损失，由 2000万、3000 万英镑，到 7 月时已达 5000 万英镑。里森自传中描述：“我为自己变成一个骗子感到羞愧——开始是比较小的错误，但现已整个包围着我，像是癌症一样，我的母亲绝对不是要把我抚养成这个样子的。”从制度上看，巴林最根本的问题在于交易与清算角色的混淆。里森在 1992 年去新加坡后任职巴林新加坡期货交易部兼清算部经理。作为一名交易员，代客操作，风险由客户自己承担，交易员只是赚取佣金，但为防止交易员在其所属银行承担过多的风险，这种许可额度通常定得相当有限。而通过清算部门每天的结算工作，银行对其交易员和风险部位的变化也可予以有效了解并掌握。但不幸的是，里森却一个人身兼交易与清算二职。

在损失达到 5000 万英镑时，巴林银行总经理部曾派人调查里森的账目。事实上，每天都有一张资产负债表，每天都有明显的记录，可以看出里森的问题。即使是月底，里森为掩盖问题所制造的假账，也极易被发现　如果巴林具有严格的审查制度，里森假造花旗银行有 5000 万英镑存款，但这 5000万英镑已被挪用来补偿“88888”账户中的损失了。查了一个月的账，却没有人去查花旗银行的账目，以致没有人发现花旗银行账户中并没有 5000 万英镑的存款。

关于资产负债表，巴林银行董事长彼得·巴林还曾经在 1994 年 3 月有过一段评语，认为资产负债表没有什么用，因为它的组成，在短期间内就可能发生重大的变化，因此，彼得·巴林说：“若以为揭露更多资产负债表的数据，就能不重视巴林董事长付出的代价之高，也实在没有人想象的到吧！”

另外，在1995年1月11日，新加坡期货交易所的审计与税务部发函巴林，提出他们对维持“88888”账户所需资金问题的一些疑虑。而且此时里森已需每天要求伦敦汇入1000多万英镑，以支付其追加保证金。最令人难以置信的，便是巴林在1994年底发现资产负债表上显示5000万英镑的差额后，仍然没有警惕到其内部控制的松散及疏忽。在发现问题至其后巴林倒闭的两个月时间里，有很多巴林的高级及资深人员曾对此问题加以关切，更有巴林总部的审计部门正式加以调查。但是这些调查，都被里森以极轻易的方式蒙骗过去。里森对这段时期的描述为“对于没有来制止我的这件事，我觉得不可思议。伦敦的人应该知道我的数字都是假造的，这些人都应该知道我每天向伦敦总部要求的现金是不对的，但他们仍旧支付这些钱”。

1995年1月18日，日本神户大地震，其后数日东京日经指数大幅度下跌，里森一方面遭受更大的损失，另一方面购买更庞大数量的日经指数期货合约，希望日经指数涨到理想的价格范围。1月30日，里森以每天1000万镑的速度从伦敦获得资金，已买进了3万口日经指数期货，并卖空日本政府债券。2月10日，里森以新加坡期货交易所交易史上创纪录的数量，已握有55000口日经期货及2万口日本政府债券合约。交易数量愈大，损失愈大。所有这些交易，均进入“88888”账户。账户上的交易，以其兼任清查之职权予以隐瞒，但追加保证金所需的资金却是无法隐藏的。里森以各种借口继续转账。这种松散的程度，实在令人难以置信。2月中旬，巴林银行全部的股份资金只有47000万英镑。

1995年2月23日，在巴林期货的最后一天，里森对影响市场走向的努力彻底失败。日经指数收盘降至17885点，而里森的日经期货多头风险部位已达6万余口合约。里森为巴林所带来的损失，在巴林的高级主管仍做着次日分红的美梦时，终于达到了86000万英镑的高点，造成了世界上最老牌的巴林银行终结的命运。

巴林银行破产案充分显示了期货交易中存在的机构风险、投资风险和对交易行为监督不力而形成的各种危险等一系列重大问题。巴林银行管理层对期货投机的管理失控、对风险的估计不足等，特别值得投资者吸取教训。对于尚处在期货市场刚刚起步的中国来说，尤其需要引起重视。巴林银行破产案发生之后，新加坡金融管理当局对巴林银行的期货过度投机进行了详细的调查，发现里森曾身兼两职，既是该银行交易员，又是清算员。他利用工作之便在新加坡国际金融期货交易所参与期货交易时，就已经以欺骗手段开立了一个虚假为“88888”的账户，他平时利用该账户掩盖不时出现的交易损失。之所以发生此类情况，深层原因则是由于机构管理存在重大漏洞，它助长了机构职员利用权力进行投机的欲望。

巴林银行破产案反映了国际金融市场瞬息万变，现代金融工具特别是衍生工具的投资具有极大的风险性。即使是金融巨头稍有闪失，也会在一瞬之间倒闭破产。巴林银行期货交易员的过度投机对人们的启示是：投资者一定要正确认识期货投资的风险。机构则要深刻认识机构本身存在的风险，既要对期货交易加强管理，又要对机构本身加强管理。

资料来源：找法网，http：//china.findlaw.cn/gongsifa/pochanfa/pochanfaanli/gongsipochananli/5584.html。

基本概念

生息资本　借贷资本　利息　商业信用　银行信用　股份公司　股票　股息　虚拟资本

思考题

1. 借贷资本有哪些特点?

2. 资本主义信用的作用有哪些?

3. 银行信用有哪些优点?

4. 试述马克思主义关于资本主义制度下股份公司的基本原理及其对我国国有企业改革的意义。

第九章　地租及其形式

内容提要

地租是农业资本家为取得土地使用权而交给土地所有者的超过平均利润的那部分剩余价值，即农业上的超额利润，它是土地所有权在经济上的实现形式。可见，地租是农业中超额利润的转化形式，它来源于农业工人的剩余劳动所创造的价值。

地租根据其产生的原因和条件，可分为两种基本形式，级差地租和绝对地租。土地是农业生产的基本生产资料。土地是有优中劣等级差别的。不同的土地，肥沃程度不同，地理位置不同，因而产量、质量和收益也不同。租种较好的土地所获得的农产品比租种较差土地所获得的产量要多，因而交纳的地租量相应也多。这种与土地的不同等级相联系的地租，就叫级差地租，级差地租形成的条件或基础是：土地的等级差别，即土地的优、中、劣。级差地租产生的原因是土地的有限性所引起的对土地经营权的垄断。

级差地租由于形成的具体条件不同而有两种形态：级差地租第一形态（级差地租Ⅰ）和级差地租第二形态（级差地租Ⅱ）。

级差地租Ⅰ是指雇佣工人在肥沃程度较高或地理位置较好的土地上创造的超额利润转化的地租。它是并列地投入不同地块的各个资本具有不同生产率的结果。级差地租Ⅱ是指由于连续追加投资于同一块土地而具有不同劳动生产率所产生的超额利润而转化的地租。

由于土地私有权的存在，租种任何土地，包括租种劣等土地都必须缴纳的地租，就是绝对地租。绝对地租的形成条件是农业资本有机构成低于社会平均资本有机构成。绝对地租产生的原因是土地私有权的垄断。

垄断地租是指由于某些土地具有独特的性质，使农产品能以垄断价格出售而带来的超额利润转化而成的地租。矿山地租是采矿业资本家为了取得开采矿藏的权利，向拥有矿藏的土地所有者交付的地租。这种地租同样是超额利润的转化形式。矿山地租的基本形式和农业地租一样，矿山地租也包括级差地租、绝对地租和垄断地租三种形式。建筑地租是资本家为获取已经建有（或者可以建造）住宅、工厂、商店、银行、仓库或其他建筑物的地段的使用权，而向土地所有者交付的地租。这种地租同样是超额利润的转化形式。

土地本身是自然物，不是劳动产品，因而没有价值。但是在商品关系条件下，由于土地所有者凭借土地所有权，可以获取地租，因而土地同其他商品一样，可以买卖，具有价格。土地价格不是土地价值的货币表现，而是土地所提供的地租的购买价格，即出卖土地是把收取地租的权利出卖给别人，因而土地价格是资本化的地租。

通过学习本章，重点掌握以下内容：

1. 资本主义地租的本质。
2. 级差地租含义及其两种形式。
3. 级差地租产生的条件和原因。
4. 绝对地租产生的条件和原因。
5. 土地价格。

第一节　土地所有权及其实现

任何形式的地租，都是土地所有者凭借土地所有权获取的收入，都是土地所有权在经济上的实现。不同性质的地租取决于不同形式的土地所有制，所以，要研究地租，必须先要考察土地所有制。

一、土地所有制及其形成

封建土地所有制是封建地主阶级占有大量土地以剥削农民（农奴）剩余劳动的土地私有制度。在封建社会，土地是最基本的生产资料，因而，在这里土地所有制和生产资料所有制具有相同的含义。封建土地所有制是封建生产关系的基础。在封建社会中，由于地主占有大量土地，农民没有或只有少量土地，农民为了生活不得不租种地主的土地，而把劳动成果的一部分以地租形式无偿地交给地主。封建地租是封建剥削的基本形式。地主对农民的剥削很重，地租一般要占农民收成的一半甚至更多，不但会剥削农民的全部剩余劳动，而且经常会侵占部分必要劳动。地主阶级要实现对农民的这种残酷剥削，必须以占有大量土地为前提。无论是在欧洲还是在中国的封建社会，地主阶级都占有全国耕地的绝大部分。凭借这种大量占有土地所形成的垄断，可以迫使无地或少地的农民在人身上依附于地主阶级，地主阶级正是凭借着封建土地私有权，借助于超经济强制　对农民进行封建剥削的。在封建社会中，除封建土地所有制外，还存在着以个人劳动为基础的个体所有制，它是封建经济的有机组成部分。由于存在着农民个体私人经济，封建地主为了实现对农民的封建剥削，也必须借助于超经济强制。

资本主义土地所有制是在封建社会末期，从封建土地所有制和个体农民的土地所有制演变而来的。资本的原始积累在一定程度上起了催生的作用。由于各国的历史条件不同，所以资本主义土地所有制的形式，在不同的国家经历了不同的道路。除了英国属于典型的资本原始积累道路之外，其他国家概括起来主要有两条道路：一是封建地主经济逐渐蜕变的改良的道路；二是消灭封建地主经济的革命道路。

前者在普鲁士表现得最为典型，所以叫做普鲁士式道路。其特点是封建地主通过改良，允许农奴向封建地主缴纳赎金，赎免农奴义务，从而使农奴转变为自由劳动者；地主阶级逐渐采用雇佣劳动，按照资本主义经营方式改造地主庄园，组织资本主义农场，从事生产经营活动。这种改良方式，不可避免地会保留大量封建农奴制残余，地主仍拥有许多特权，农业雇佣工人处于半农奴状态，农民长期遭受封建土地所有者和资本主义土地所有者的双重剥削，因而农业发展缓慢。它实际上是一条在保留封建农奴制残余的条件下，缓慢地发展资本主义的道路。走这条道路的除普鲁士外，还有俄国、意大利、日本等国。

后者在美国表现得较为典型，所以叫做美国式道路。其特点是资产阶级革命，摧毁封建地主经济，建立资本主义经济的道路。封建地主经济在资产阶级革命中被摧毁以后的一个时期内，小农经济是农村中占优势的经济形式。但是，随着小农经济的两极分化，农民的小土地私有制逐渐演变成为资本主义大土地私有制，小农经济逐渐被资本主义经济所代替，农业资本家采用雇佣劳动方式经营资本主义大农场。这条道路比较彻底地消灭了旧式封建地主经济，从而使资本主义经济能够比较迅速地发展起来。走这条道路的除美国外，还有法国等国家。

资本主义土地所有制与封建土地所有制在性质上是不同的。主要表现在以下几个方面：第一，在资本主义土地所有制下，存在土地所有者（地主阶级）、租地经营者（农业资本家）、农业雇佣工人（农业无产阶级）三个阶级，土地所有者和农业资本家共同剥削农业雇佣工人；而在封建土地所有制下，只存在封建地主和农民两大对立阶级。第二，资本主义社会的土地所有者和经营者之间的租佃关系，只是一种纯粹的经济契约关系；而封建土地所有制还有超经济的强制，农民对地主有人身依附关系。第三，资本主义农业经营的基础是雇佣劳动，直接生产者是一无所有的无产者；而封建制度下的直接生产者是小私有经济的个体农民。总之，在资本主义土地私有制条件下，土地所有权同农业经营相分离，又同人身依附于土地的关系相分离，这是资本主义土地私有制的典型特点。当然，在实际生活中也有经营自有土地的资本主义农场主。这种人是“一身二任”，既是土地所有者，又是农业资本家。他们的剥削收入也就包括凭借土地所有权而获得的地租收入和作为农业投资经营者而获得的利润收入两个部分。

当前我国实行土地的社会主义公有制，即全民所有制和劳动群众集体所有制。全民所有，即土地所有权由国家代表全体人民行使，具体由国务院代表国家行使，用地单位和个人只有使用权；农民集体所有的土地依法属于农民集体所有，由村集体经济组织或者村民委员会经营、管理；其中已经分别属于村内两个以上农村集体经济组织的农民集体所有的，由村内各该农村集体经济组织或者村民小组经营、管理；已经属于乡（镇）农民集体所有的，由乡（镇）农村集体经济组织经营、管理。

二、地租的本质

地租是农业资本家为取得土地使用权而交给土地所有者的超过平均利润的那部分剩余价值，即农业上的超额利润，它是土地所有权在经济上的实现形式。农业资本家投资于农业，也必须获得平均利润。只有当农业资本家从农业工人身上榨取的剩余价值等于平均利润时，他才能取得平均利润，而将超过平均利润以上的那部分利润即超额利润作为地租交给土地所有者。可见，资本主义地租是农业中超额利润的转化形式，它来源于农业工人的剩余劳动所创造的价值。

市场经济条件下的地租同封建地租是有区别的：第一，存在的基础不同。封建地租以封建土地所有制为前提，在不同程度上存在超经济的强制，即农民对地主的人身依附关系；而市场经济中的地租则是建立在剥削有人身自由的农业雇佣工人的基础上，摆脱了劳动者对地主的人身依附关系，体现着一种纯粹表现为契约的经济关系，没有超经济的强制。第二，封建地租无论是劳役地租、实物地租或是货币地租，在量上总是包括农民全部剩余劳动或剩余产品；而市场经济中的地租则是农业工人创造的超过平均利润以上的那一部分剩余价值即超额利润，它只是剩余价值的一部分。第三，封建地租体现了两个阶级的对立关系，即封建地主对农民的剥削关系；市场经济中的地租则体现了三个阶级的对立关系，即农业资本家和土地所有者共同剥削农业工人的经济关系。

为了考察和认识地租的本质，还必须把地租和租金加以区别。租金是指农业资本家在一定期限内向地主缴纳的全部货币额。租金并非完全由土地的使用引起，其中除地租外，还包括由其他原因引起的各项费用：①土地上固定资本的折旧费和利息。在大土地所有者出租的土地上，可能有灌溉设备、仓库和农用建筑等。这些附设在土地上的固定资本，连同土地一起出租给农业资本家。因此，农业资本家使用这些固定资本要以租金的形式交付给土地所有者折旧费和利息。②农业资本家的部分平均利润。一些较小的农业资本家无力在其他部门进行生产经营，只好在小规模的农业经营中找出路，地主对他们索取的租金通常要高于一般水平。农业资本家支付的高昂租金中就包含了一部分平均利润。③农业工人的部分工资。有些小农业资本家为了取得足够的平均利润，就克扣农业工人工资的一部分来支付租金，所以租金也包含一部分农业工人工资。

中国封建土地所有制及其地租的历史演变

农业是封建社会最主要的生产部门，而土地所有权则是农业生产中一切经济关系的基础。在我国历史上，并存着三种土地所有制形式：封建的土地国有制、地主的大土地私有制与自耕农的小土地私有制。

我国奴隶社会盛行“普天之下，莫非王土”的土地国有制原则，到了封建社会，随着土地私有制的出现，国有土地并没有完全消灭，有时还具有不容忽视的意义。明代王叔英说：“古者田皆在官……后世田有官民之分。”所谓“官田”，就是国有土地；而“民田”则是私有土地。屯田、营田、官庄、没入田、职分田等，是历代经常出现的官田形式。至明末，官田制度逐渐崩溃，至清朝已渐消亡。国家在官田上征收的剩余产品，兼有地租与赋税两种性质。封建国家在财政困难的时候，常常采用占有大量土地使它们成为官田，并使它本身成为地主的办法，来攫取封建地租，充裕财政收入。南宋贾似道实行的“公田法”就是一个典型。其后，从民间掠夺官田、剥削地租，成为封建国家改善财政状况的一个重要手段。

“民田”即私有土地。商鞅变法后，它是可以自由买卖的，也可以当作遗产被继承。土地对于地主来说是其生存的物质基础。所以作为土地所有权的人格化，地主对地产有无限的冲动。因此，他们必然尽量兼并土地，扩大自己的经济实力。而地主兼并的对象，主要是自耕农的小块土地。土地兼并过程，实际上就是地租地产化的过程。地主拥有的土地越多，地租积累的数量就越大，兼并土地的力量就越强。因此。土地兼并是不断加速向前发展的，并且成为中国封建社会的特有现象。由于在秦、汉以后，中国不存在土地逐级封赐制度，因此，地主土地所有制并无严格的等级结构，身份地主与非身份地主之间，根本不存在西方封建社会盛行的土地关系上有条件占有制。虽然，西晋实行过官僚、贵族按品级占田的制度，唐代有亲王、百官按品级受永业田的制度，但是，西晋、唐代官员除占田受田外，还可以无限制购买土地。至于宋代规定的按官品限田，只是限制官员土地的免赋役限额，只要负担赋役，就可以无限制占有土地。正因为如此，非身份地主也可以“荣乐过于封君，势力侔于守令”。由于土地自由买卖，从而各阶级的阶级地位与经济地位就具有较大的变动性，反映在政治上，就是等级制度的极端不严格性。唐、宋之后，随着商品经济的发展，土地买卖日益频繁，门阀制度于是瓦解，科举制代替了九品中正制，由此，出现了“朝为田舍郎，暮登天子堂”的现象。尤其是宋代以后，非身份地主的土地占有量越来越大，成为封建地主中的主要部分。

自耕农土地所有制的产生：一是随着奴隶制向封建制过渡，国有土地向私有土地转化，许多井田农民成了自耕农；二是秦、汉以后历次大规模的农民起义和农民战争，都打击了封建地主的大土地所有制，使自耕农的数量不断的增加；三是农民通过自行开垦荒地，使自耕农小块土地不断形成。由于自耕农所占有的土地只是小块的，其出产只能维持再生产与生活之需。一旦遇有天灾人祸，绝大部分自耕农便被迫出卖土地，沦为佃农。所以，自耕农的小土地私有制是不稳固的。

资料来源：张薰华、俞健主编：《土地经济学》，上海人民出版社 1987 年版。

第二节　地租的两种形式

根据产生的条件和原因的不同，可以将地租分为级差地租和绝对地租两种基本形式。

一、级差地租

1. 级差地租的形成

土地是农业生产的基本生产资料。土地是有优、中、劣等级差别的。不同的土地，肥沃程度不同，地理位置不同，因而产量、质量和收益也不同。租种较好的土地所获得的农产品比租种较差土地所获得的产量要多，因而交纳的地租量相应也多。这种与土地的不同等级相联系的地租，就叫级差地租，它是农产品的个别生产价格低于社会生产价格而形成的超额利润的转化形式。

级差地租形成的条件或基础是：土地的等级差别，即土地的优、中、劣。分析级差地租，首先必须假定，农产品也和工业品一样，是按照生产价格出售的。因为只有在这个前提下，才能保证农业资本家获得平均利润，从而他们才肯把资本投到农业部门来。但是，土地的肥沃程度或地理位置不同，同量资本投入生产条件不同的土地，其劳动生产率不同，因而农产品的个别生产价格就不同。一般说来，租种较好的土地，其劳动生产率较高，产量较多，因而农产品的个别生产价格低于社会生产价格，能够获得超额利润，土地越好，超额利润越多。与工业部门的超额利润相比，农业中超额利润的特点在于：①农业中的超额利润是比较稳定的；而工业中的超额利润是暂时的、不稳定的。②农业中的超额利润，除经营劣等地以外，经营优等地和中等地的农业资本家都能得到；而工业中的超额利润只有少数先进的企业才能得到。耕种优等地和中等地所获得的超额利润要转化为级差地租，缴纳给土地所有者。可见，土地的等级差别，是形成级差地租的条件。

级差地租产生的原因是土地的有限性所引起的对土地经营权的垄断。土地是农业中的基本生产资料，但它的数量有限，尤其是较优土地的数量更有限。资本一旦租种了较优土地，便取得了对这种土地的经营垄断权，其他人就不能再来经营这种土地。这种由土地有限性所引起的土地经营权的垄断，使经营优等地和中等地的资本家能够比较稳定地获得超额利润。这是因为：土地有限性所引起的对土地经营权的垄断，使农产品的社会生产价格由劣等地的生产条件决定。如果农产品的社会生产价格像工业品一样，由社会平均的生产条件决定，那些经营劣等地的资本家就得不到平均利润而不愿经营。其结果必然会使农产品的数量减少，满足不了社会需要，引起农产品价格上涨，一直涨到经营劣等地也可以获得平均利润时，才有人愿意经营劣等地。所以，农产品的社会生产价格，只能由劣等地的生产条件决定。这样，经营较优土地的资本家，由于个别生产价格低于社会生产价格，因而可以获得超额利润，形成级差地租。

需要说明的是，较优的土地，只是为生产超额利润提供了一个自然基础，但它本身不能创造价值和超额利润。农业中的超额利润和工业中的超额利润一样，也是来自雇佣劳动者创造的剩余价值。级差地租的源泉来自农业雇佣工人所创造的剩余价值。

2. 级差地租的两种形态

级差地租由于形成的具体条件不同而有两种形态：级差地租第一形态（级差地租Ⅰ）和级差地租第二形态（级差地租Ⅱ）。

（1）级差地租Ⅰ。级差地租Ⅰ是指雇佣工人在肥沃程度较高或地理位置较好的土地上创造的超额利润转化的地租。它是并列地投入不同地块的各个资本具有不同生产率的结果。造成这种不同结果的条件：一是土地肥沃程度的差别；二是地块的地理位置的差别。所以，级差地租Ⅰ产生的条件是：土地肥沃程度和土地地理位置的差别。

首先看土地肥沃程度的差别产生的级差地租Ⅰ。土地肥沃程度主要指土壤结构和土壤中包含的植物营养素。等量资本投在肥沃程度不同的等量土地上，具有不同的生产率，从而使农产品产量不同。优等地和中等地的产量多于劣等地。这样，优等地和中等地的经营者由于创造更高于劣等地的劳动生产率，能够从产品的社会生产价格高于个别生产价格的差额中获得超额利润。这个超额利润构成级差地租Ⅰ。我们以面积相等而肥沃程度不同的三块土地为例，列表说明级差地租Ⅰ的形成（见表9–1）。

表9–1 土地肥沃程度对级差地租Ⅰ形成的影响

土地种类	投入资本（元）	平均利润（元）	产量（担）	个别生产价格（元）		社会生产价格（元）		级差地租Ⅰ（元）
				全部产品（元）	单位产品（元）	全部产品（元）	单位产品（元）	
优	100	20	6	120	20	180	30	60
中	100	20	5	120	24	150	30	30
劣	100	20	4	120	30	120	30	0

这三块土地的投资都是100元，平均利润都是20元，但是由于产量不同，每块土地的单位产量的个别生产价格也就不同。优、中、劣三块地分别为20元、24元、30元。农产品按劣等地的个别生产价格决定的社会生产价格即30元出售，这样经营优、中等地的资本家，就可以从他们的产品的社会生产价格与个别生产价格的差额中，分别获得60元、30元的超额利润，这60元、30元的超额利润就形成级差地租Ⅰ。

再看看由土地地理位置的差别所产生的级差地租Ⅰ。由于不同地块距离市场远近、交通条件不同，因而运输费也不同。距离远或交通条件差，运输费就高；距离近或交通条件好，运输费就低。耕地距离市场远近与交通费用成正比。而农产品的社会生产价格是由距离市场最远，交通条件最差的土地生产的农产品的个别生产价格决定。这样，距离市场较近，交通条件较好的土地的农产品的个别生产价格就低于社会生产价格，使资本家能获得超额利润。这部分超额利润也构成级差地租Ⅰ。

（2）级差地租Ⅱ。级差地租Ⅱ是指由于连续追加投资于同一块土地而具有不同劳动生产率所产生的超额利润而转化的地租。所谓连续追加投资具有不同生产率差别，指的是连续投资的生产率与决定农产品社会生产价格的劣等地的生产率相比较而言的差别。只要追加投资的生产率高于劣等地的生产率，就可产生级差地租Ⅱ。

随着市场经济的发展，社会对农产品的需求越来越多，仅仅靠开垦新耕地的粗放经营已经不能满足需要，于是农业资本家便越来越多地采取集约化的经营方式。所谓集约化经营，就是把大量资本连续投在同一块土地上，采用新技术，以提高单位面积产量。在通常情况下，连续不断追加投资在较好土地上能提高生产率，从而较好土地生产的农产品的个别生产价格低于社会生产价格，而获得超额利润。这种超额利润就形成级差地租Ⅱ，如表 9–2 所示。

表 9–2　级差地租Ⅱ的形成

土地种类	消耗资本（元）	平均利润（元）	产量（担）	个别生产价格（元）		社会生产价格（元）		级差地租（元）
				全部产品	单位产品	全部产品	单位产品	
优等地	100	20	6	120	20	180	30	Ⅰ60
	100 追加	20	7	120	$17\frac{1}{7}$	210	30	Ⅱ90
劣等地	100	20	4	120	30	120	30	0

表中的优等地，原来的投资是 100 元，生产出 6 担产品，按每担 30 元的社会生产价格出售，获得 20 元平均利润和 60 元的级差地租Ⅰ。在原有基础上追加投资 100 元，可增产 7 担，按每担 30 元的社会生产价格出售可得 210 元，除去 100 元投资和平均利润 20 元，还有超额利润 90 元。这 90 元超额利润构成级差地租Ⅱ。

（3）级差地租Ⅰ与级差地租Ⅱ的区别与联系。级差地租Ⅰ和级差地租Ⅱ两种形式有着密切的联系。首先，在历史上，级差地租Ⅰ先于级差地租Ⅱ。资本主义发展的初期，可耕地较多，经营主要采用扩大耕地面积的粗放经营方式，由此产生的级差地租是级差地租Ⅰ。随着资本主义经济的发展，人口的增长，城市和工业对农产品的需求不断扩大。扩大耕地面积越来越困难；同时随着科技的进步，在同一块土地上追加投资，改良土壤，采用新技术，实行集约化经营，提高单位面积产量的做法越来越普遍，于是级差地租Ⅱ就在级差地租Ⅰ的基础上迅速发展起来。其次，从级差地租Ⅱ在每一时期的运动来看，级差地租Ⅰ也是级差地租Ⅱ的基础和出发点。级差地租Ⅱ的形成，同样也要以土地肥沃程度的差别和地理位置的差别为前提条件。追加投资能不能提供形成级差地租Ⅱ的超额利润，以及能够提供多少这种超额利润，取决于追加投资的生产率同劣等地投资的生产率之间的差别程度。追加投资的生产率比劣等地的生产率高，就能提供形成级差地租Ⅱ的超额利润。可见，级差地租Ⅱ的形成是以级差地租Ⅰ的存在为基础的，也就是说，它是以劣等地的生产率作为比较基础的。最后，级差地租的两种形式在本质上是相同的。它们都是对土地的经营垄断的结果，都是投入土地的各个资本具有不同生产率的结果，都是生产率较高的农产品的个别生产价格低于社会生产价格而产生的超额利润。

但是，级差地租的两种形式也存在着差别。首先，它们形成的条件不同。这是由于两种不同的投资方法和耕种方法造成的。级差地租Ⅰ和农业的粗放经营相联系，是把各个资本并列投资于不同土地具有不同的生产率的结果，农业生产靠扩大耕地面积为主；级差地租Ⅱ是和农艺的集约经营相联系，是在原有土地上追加投资具有不同生产率的结果。其次，级差地租归谁占有也有所不同。土地条件的差别是事先知道的，由土地肥沃程度和地理位置差别带来的超额利润，都会转化为级差地租Ⅰ。这在订立租约之初就可以确定为土地所有者占有。但由追加投资所带来的超额利润能否转化为级差地租Ⅱ，就要看农业资本家和土地所有者双方斗争的情况而定。因为地租的数量是在签订租约时确定的，在租约有效期内，连续投资产生的超额利润为农业资本家所有。但是，一旦租约期满而要重新订约时，土地所有者就会通过提高地租的办法，把连续投资产出的超额利润，以级差地租的形式占为己有。因而可以说，形成级差地租Ⅱ的超额利润最终会落入土地所有者手中。

二、绝对地租

在上面考察级差地租时，是假定耕种劣等土地的农业资本家只获得平均利润，而不能获得超额利润，因此不必向土地所有者缴纳地租。但是，在土地私有制条件下，租种任何土地，包括劣等土地在内，都必须向土地所有者缴纳地租。地租是土地所有权在经济上的实现，如果土地所有者把劣等地的使用权转让给农业资本家，却不能取得地租，这事实上否定了他对土地的所有权。这样，土地所有者宁肯让土地荒芜，也不会白白把土地让给他人使用。所以，农业资本家即使租种劣等土地也必须向土地所有者缴纳地租。这种由于土地私有权的存在，租种任何土地，包括租种劣等土地都必须缴纳的地租，就是绝对地租。

经营劣等地的农业资本家也要缴纳地租，同时，他又要获得平均利润，因此，农产品的市场价格就不是由劣等地的生产条件所决定的社会生产价格来调节。他之所以能缴纳地租，“就只是因为他的产品高于生产价格出售”，[①] 也就是说，农产品的市场价格要高于它的生产价格，这样才能使农业资本家获得超额利润，并转化为地租。

但是，形成绝对地租的超额利润不是来源于一种对农产品的单纯加价，恰恰相反，它与农产品价值存在着直接联系。“土地产品高于它们的生产价格出售这样事实，绝不证明它们也高于它们的价值出售，正如工业品平均按它

①《马克思恩格斯全集》第25卷，人民出版社1974年版，第844页。

们的生产价格出售这样事实，绝不证明它们是按照它们的价值出售一样。”①在现实经济生活中，农产品有可能按照高于生产价格、但又不低于农产品价值的市场价格出售，从而使土地所有者获得绝对地租。这是因为，资本主义农业在其发展的相当长的一个时期内，生产技术是落后于工业的，因而农业资本有机构成低于工业，或者说低于社会平均资本有机构成。

农业资本有机构成低，同量资本在农业中可以推动更多的活劳动，在剩余价值率相同的情况下，所创造的剩余价值量高于工业部门，农产品的价值便会高于其社会生产价格。所以，如果农产品按照高于社会生产价格的价值出售，农业资本家除了获得平均利润外，还可以得到超额利润，这部分超额利润就转化为绝对地租。绝对地租的形成条件是农业资本有机构成低于社会平均资本有机构成。

绝对地租的形成可以通过表 9-3 来说明。

表 9-3　绝对地租的形成

单位：元

生产部门	资本有机构成	剩余价值	平均利润	产品价值	产品社会生产价格	绝对地租
工业	80c + 20v	20	20	120	120	0
农业	60c + 40v	40	20	140	120	20

表 9-3 中工业和农业两个部门的投资各为 100 元，剩余价值率都是 100%，平均利润都是 20 元。但是，它们的资本有机构成不同。工业部门资本有机构成为 80c + 20v，这样，产品价值为 120 元，生产价格也是 120 元；农业部门资本有机构成为 60c + 40v，这样，产品价值为 140 元，比生产价格 120 元高出 20 元，这部分超额利润形成绝对地租。可见，绝对地租不是农产品价格低于社会生产价格的差额，而是农产品价值高于其社会生产价格的差额。

那么绝对地租产生的原因是什么呢？是土地私有权的垄断。在工业生产中，也有一些部门的资本有机构成低于社会平均构成，因而其产品价值也高于生产价格。但是，价值超过生产价格的余额，并不构成这些部门的超额利润，这是因为各部门之间的自由竞争，使这种超过生产价格的余额参加平均化了，因而各部门都只能获得平均利润。而在农业部门中，由于存在土地私有权的垄断，任何人要想把资本投资到农业中来，即使是最劣等的土地都必

①《马克思恩格斯全集》第 25 卷，人民出版社 1974 年版，第 855 页。

须缴纳地租。土地和有权的垄断阻碍其他部门的资本向农业部门转移，因而农业部门的超额利润不参加利润平均化的过程。这样，农产品就可以按照高于生产价格的价值出售，并且这部分超额利润长期保留在农业部门，并转化为绝对地租。“在这里，土地所有权就是障碍。因此，不纳税，也就是说，不缴地租，就不能对从来没有耕种或出租的土地投入任何新的资本。”[①]

需要指出的是，不仅仅租种劣等土地要缴纳绝对地租，而且租种优等地和中等地的农业资本家在缴纳级差地租的同时，也要缴纳绝对地租。因此，在总地租中，一般包括级差地租和绝对地租在内。“实际地租，或者说，总地租，等于绝对地租加级差地租”。[②]

绝对地租是农产品价值的一部分，因此，绝对地租和级差地租一样，来源于农业雇佣工人所创造的剩余价值，是剩余价值的转化形式。它体现了农业资本家和土地所有者共同剥削农业工人的关系。

上面分析的绝对地租，是以农业资本有机构成低于工业或者社会平均资本有机构成为前提条件的。但是，农业资本有机构成低于社会平均资本有机构成只是一种历史现象，不是永恒的。随着农业现代化的不断发展，在当代发达市场经济国家，农业资本有机构成已经赶上甚至超过工业资本有机构成。这时，原来意义上的绝对地租已不存在。但是，只要存在土地私有权的垄断，绝对地租就仍然存在，不过，这时绝对地租的来源，可能有两个方面：一是来源于农业资本家平均利润和农业工人工资的部分扣除；二是来源于农产品的垄断价格。

第三节　土地价格与地租的变化

现实经济生活中除了级差地租和绝对地租两种形态地租之外，还有些特殊形态的地租。

一、垄断地租

垄断地租是指由于某些土地具有独特的性质，使农产品能以垄断价格出售而带来的超额利润转化而成的地租。例如，某些地块特别适合葡萄的生长，

①《马克思恩格斯全集》第25卷，人民出版社1974年版，第859页。
②《马克思恩格斯全集》第25卷，人民出版社1974年版，第329页。

生产出来的葡萄品质特别好，这种葡萄就可以按照垄断价格出售。垄断地租只存在于少量自然条件特别有利的土地上，这些地块由于特殊的自然条件，能够生产某些特别名贵而非常稀少的产品，如质量极好的茶叶、水果等。供求矛盾使这些产品的出售价格，既不由商品的生产价格决定，也不由商品的价值决定，而由购买者的需要和支付能力决定。它可以按照大大高于生产价格，也大大高于价值的垄断价格出售而获得一部分超额利润，并转化为垄断地租。所以，垄断地租形成的条件是某种土地的特殊优越性和这种土地的稀少性；垄断地租形成的原因是对这种土地的经营垄断；垄断地租的来源是垄断价格超过农产品价值和生产价格的余额即超额利润的一部分。

作为垄断地租基础的垄断价格，与通常讲的资本主义垄断统治所造成的垄断价格不同。它只是一种个别现象，并且存在于资本主义的不同发展时期，它的高低取决于这种珍贵商品供求关系及购买者的需要和支付能力。从形式上来看，垄断地租似乎来自流通领域，由消费者支付。实际上，它仍然是来源于雇佣工人所创造的剩余价值。

二、矿山地租和建筑地租

土地不仅被用于农业生产要交地租，而且用于采矿业和建筑业也要缴纳地租。矿山地租是采矿业资本家为了取得开采矿藏的权利，向拥有矿藏的土地所有者交付的地租。这种地租同样是超额利润的转化形式。矿山地租的基本形式和农业地租一样，矿山地租也包括级差地租、绝对地租和垄断地租三种形式。

矿山级差地租Ⅰ的数量取决于矿藏的种类、蕴藏量的丰厚程度、开采的难易程度以及交通运输条件等；级差地租Ⅱ的数量取决于追加投资带来的超额利润的多少。所以，矿山级差地租与农业级差地租本质上是相同的，矿山级差地租的特殊性在于对矿山的投资和追加投资都会加速矿山蕴藏量的减少。

矿山绝对地租也是由矿产品的价值超过生产价格的余额形成。其特殊性在于采矿业中由于不需要购买原材料，资本有机构成通常低于工业资本的平均有机构成，绝对地租形成的条件比较稳定。某些珍贵的、稀有的矿产品（如贵金属产品、金刚石、稀土等）的存在，使采矿业中还存在着垄断地租。

建筑地租是资本家为获取已经建有（或者可以建造）住宅、工厂、商店、银行、仓库或其他建筑物的地段的使用权，而向土地所有者交付的地租。这种地租同样是超额利润的转化形式。建筑地段地租和农业地租一样，除了有级差地租、绝对地租和垄断地租这些形式之外，还有自己的特殊性。首先，土地位置在级差地租的形成中起决定性作用。凡是远离大城市的建筑地段，地租量同农业地租相差不大；越是靠近城市，特别是大城市繁华中心或码头、车站、交通要道附近，建筑地段地租就越高。其次，垄断地租表现突出。社会发展过程中，人口的增长，使人类活动的空间相对狭小，从而会引起人们对相宜地段的住宅需求的增大；同时，伴随着经济繁荣，人们对最优地段的工厂、商店等建筑物的需求也会增大。这都会促使建筑地段地租采取垄断地租这一特殊形式，从而使土地所有者对劳动者的剥削进一步加重。

三、土地价格

在发达的市场经济社会里，大土地所有者依靠土地所有权不仅可以攫取大量地租，而且还可以通过出卖土地取得高额的土地价格。土地本身是自然物，不是劳动产品，因而没有价值。但是在商品关系条件下，由于土地所有者凭借土地所有权，可以获取地租，因而土地同其他商品一样，可以买卖，具有价格。土地价格不是土地价值的货币表现，而是土地所提供的地租的购买价格，即出卖土地是把收取地租的权利出卖给别人，因而土地价格是资本化的地租。所以：

$$\text{土地价格}=\frac{\text{地租量}}{\text{存款利息率}}$$

土地价格取决于两个因素：地租量和存款利息率。土地价格和地租量成正比，地租量越高则土地价格越高，反之则越低；另一方面，土地价格和存款利息率成反比，存款利率越高则土地价格越低，反之则越高。

马克思关于土地价格的决定理论是一种理论上的高度抽象和概括。在现实经济生活中，土地价格除了受地租量和存款利息率影响之外，还会受到很多其他因素的影响。例如，宏观政策的制定，经济形式的发展等都会对土地价格产生重要影响。同时，在土地价格中，除了真正的资本化的地租收入外，还往往包括投入土地的固定资本的利息。

由于土地具有不同于一般商品的特殊性，土地价格与一般物品的价格相比，有其自身的特性：价格基础不同；形成时间不同；土地价格的高低不由生产成本决定，主要由地产的有效需求决定；地价具有明显的区域性；土地价格并不完全由市场决定；地价呈总体上升趋势；地产一般不具有折旧现象。

目前，中国土地使用制度是在坚持社会主义土地公有制的前提下，实行土地所有权与使用权的两权分离。因而，中国所研究的土地价格主要是土地使用权的价格。是以土地使用权出让、转让为前提，土地使用者取得土地使用权和相应年期内土地收益的购买价格。因此，中国土地价格的含义不同于一般土地私有制国家：①它是取得一定年期土地使用权时支付的代价，而不是土地所有权的价格。②土地使用权价格是一定年限的地租收入资本化，土地所有权价格是无限期的地租收入资本化。从理论上讲，土地使用权价格低于土地所有权价格；土地使用权年限长的，其价格要高于土地使用权年限短的。③由于土地使用年期较长，按法律规定，最长可达 70 年，而且在使用期间也有转让、出租、抵押等权利，又类似于所有权。所以，地价评估原理、程序与方法上又类似于私有制国家。

现代日本城市的土地价格

日本是主要发达资本主义国家中人口密度最高的国家，而且人口分布很不均衡。例如，1980 年东京都每平方公里高达 5386 人，大阪府达 4546 人，而北海道为 71 人。

日本的国土总面积中，森林面积约占国土总面积的 69%，比加拿大的 44%，美国的 31%，法国的 26%要大得多，但除去森林、原野、水面、河川等，可居住的土地面积很小。按可居住土地面积 的人口密度（人/每平方公里）计，1980 年为 2145 人，也是主要发达资本主义国家中最高的。

日本的农地即耕地、园地、牧草地等面积只占国土总面积的 17%，这个比重远比美国的 46%，法国的 64%，德国的 54%，英国的 77%要小得多。据 1974 年度日本的《国土利用年度报告》，日本人均农业用地为 0.06 公顷，比英国、德国 、法国、美国的 0.34、0.22、0.64、2.09 公顷要少得多。

上述日本的土地和人口的状况说明，日本不仅人口密度很高，而且其地貌不宜迅速适应包括住宅、工厂、商店、道路等在内的城市用地增加的要求。占国土面积很大比重的森林，一般很少转为城市用地和农业用地，相对来说农地转为城市用地较多。据日本 1979 年《国土利用白皮书》统计，1965~1975 年的十年中，农业用地从 643 万公顷减为 575 万公顷，减少 68 万公顷；建筑用地从 85 万公顷增加到 122 万公顷，增加 37 万公顷；道路用地从 82 万公顷增加到 97 万公顷，增加 15 万公顷。在这十年里，森林面积从 2516 万公顷增加到 2518 万公顷，仅增加 2 万公顷，几无变化。这可以看出，日本建筑用地及道路用地的增加主要靠的是农业用地的减少。但是，对粮食的三分之二依赖进口的日本来说，农地不能减少过多。所以，根据日本《国土利用计划法》，从 1975~1985 年十年中，农业用地计划从 575 万公顷增加到 611 万公顷。

但是，日本经济的迅速发展，要求不断增加城市用地，特别是在

1955~1973 年的日本经济高速度发展时期，在第三次科学技术革命的条件下，民间设备投资非常旺盛。不仅传统工业从内含和外延上迅速扩大再生产，而且大量兴建新兴工业的工厂，实现重化工业化，这就需要大量工业用地。同时，随着工业生产和城市化的发展，人口的不断增加，又需要大量的住宅用地、商业用地、金融用地和道路用地；此外，日本政府为加快城市现代化的建设，大事兴办公用事业、基础设施，又需要大量的公共用地。所有这一切，都要求在短时期内增加城市用地。而如前所述，在日本的自然条件下，要使大量山地、森林转作城市用地是很困难的。由此，日本城市用地的不足造成了土地价格特别是大都市的土地价格迅速上涨。根据日本不动产研究所的调查，1976 年日本住宅地价每平方公尺为 35000 日元左右，大大高于德国、美国和英国的水平。

在日本，不同地区的地价也相差很远。据日本不动产研究所调查显示，以 1936 年的地价为基数，1980 年日本市街地价约上涨 9000 多倍，而普通农田价格则约上涨 1900 倍，两类地价的差距明显扩大。同时，在日本城市中，作为日本政治、经济、文化科学中心的三大都市圈——东京圈、大阪圈和名古屋圈的土地面积，只占全国土地面积的 10%，但却集中了 45%的全国人口、55%的工业生产、70%的商品批发额和 72%的大学生。这些地区的经济发展快，就业增加多，收入也比较高。因此，在 1955~1975 年间，全国其他地区人口不断流入这三大都市圈，这里的城市用地的需求激增，而农地、林地可作城市用地却为数有限，因而地价很高，相反，由于北海道地方人口较少，经济发展缓慢，地价也低。

日本地价的迅速上涨，对日本经济的发展具有重大影响。

影响之一，由于地价昂贵势必相应地增加民间设备投资和政府公共投资，致使直接用于经济建设的投资将减少。例如，1970~1973 年民间设备投资中，购买土地费分别占到 7.1%、8.3%、10.6%、9.5%；1970~1977 年日本政府实物投资总额中购买土地费用占 12%左右，1978 年东京的道路建设费中购买土地费用占 70%。

影响之二，由于地价昂贵而限制了社会购买力，使城市居民居住水平难以得到改善。例如，1955~1980 年间，住宅地价上涨约 40 倍，而在同一期间各产业现金工资总额增加仅 14 倍。这就是说，1955 年一个月的工资能买到的土地，而 1980 年需近三个月的工资才能购到。1963 年，全日本专用住宅的房租平均每“席”（即“榻榻米”。每“席”长 2.22 公尺，宽 1.11 公尺）为 254 日元，1973 年为 750 日元，1978 年为 1241 日元，

15 年间涨了 3.4 倍。而且在都市的中心区，由于地理位置优越，地价更贵。因此，中心区人口逐渐减少，离中心区远的地方则人口增加很快。这一方面会使城市出现“空心化”现象，降低城市的聚集效益；另一方面则因居民住在远离市中心的地方，而增加了通勤的距离和交通成本，以及每天上下班花费在路上的时间和精力，降低了劳动效率。

影响之三，由于地价昂贵，会诱引大量资源和贷款不适当地流向房地产市场，造成投资比例和结构的破坏，引起金融秩序的混乱，助长炒卖房地产进行投机，这将拉动建筑材料等生产资料价格上扬，使房地产市场价格不合理上升而超过实际的市场需求，形成房地产“泡沫”，导致国民经济出现非正常波动。例如，1986~1990 年间日本泡沫经济就是由于地价和股价过度上涨所引起的，其中在影响股价诸多因素中，又以地价上涨影响为甚。1982~1988 年，地价上涨对股价变动的影响程度为 61.4%，股价上涨一多半来自地价拉动。日本泡沫经济的破灭，也是由于受紧缩金融政策影响地价和股价急剧下降的结果。仅 1992 年一年，日本总资产就比 1991 年减少 448 万亿日元，其中地产总值减少 233 万亿日元，几乎相当于当年国内生产总值。与此同时，银行业不良债权因房地产价格下降而大量增加，至 1993 年 3 月，日本 7 家房地产公司未回收贷款达 6.6 万亿日元，占未收回款项总额 11.57 万亿日元的六成。20 世纪 90 年代起至今，日本经济一直难以复苏。

资料来源：张薰华、俞健主编：《土地经济学》，上海人民出版社 1987 年版；日本国土厅：《日本第四次全国综合开发计划》，中国计划出版社 1989 年版。

四、土地市场及其对经济的影响

随着市场经济的发展，土地价格有上涨的趋势。尤其是城市中土地价格不断上涨。地价上涨的原因，首先是地租在不断上涨；其次是由于利润率下降趋势引起的利息率呈现下降趋势；再次是对土地的需求日益增加。这些因素都刺激了地价的上涨。

在土地市场中，城市土地价格上涨最具典型。城市土地主要的用途是用来建设工厂、商店和居民住宅等，而马克思提出的建筑地段地租主要是为建造工厂、商店和居民住宅等使用土地而支付的地租。因此，城市地租理论与建筑地段地租理论基本上是相同的。城市中地租具有以下三大特点：土地位置是级差地租量的决定性因素；土地所有者对建筑地段地租的产生处于被动地位；建筑地段地租也存在垄断地租。

随着现代城市的飞速发展，城市土地的区位因素的重要性日益显著。城市级差地租就是由于城市土地的区位差异导致的土地优劣不同而产生的。其中，城市土地不同区位的级差收益是城市级差地租Ⅰ的主要来源，同一块城市土地上连续追加投资所造成的级差收益不同产生的超额利润则转化为城市级差地租Ⅱ。随着城市规模的不断扩大，人口的急剧增加，城市级差地租的差幅呈持续增强的趋势。具体表现在，距离城市中心越远的土地，其供给数量相对较多，地租同农业地租比较接近，而越靠近城市中心的土地，其级差地租量就会相对较大。特别是随着一些特大国际城市的出现，其市中心繁华地区随着多年的积累，其级差地租量达到了非常高的程度。城市土地具有相对稀缺性，特别是当经济与人口的增长速度超过了城市规模扩大的速度，城市土地的供给将远远小于需求，这使得城市土地的所有者不论其土地优劣都可以向土地的使用者收取一定的地租，即绝对地租，是城市土地所有权的恰当表现。城市土地绝对地租的来源因城市土地的不同用途而异，从总体上来说都是来自社会总产品价值的一部分。

城市中某些土地具有一定的特殊性，例如地块附近具有某些特殊的设施，地上或者地下具有特殊的资源等，这些特殊的条件可以给该块土地的垄断者带来特定商品与服务的垄断价格，形成垄断利润，从而转化为地租。这就是城市垄断地租的来源。随着城市土地的日益稀缺，土地所有权的垄断性不断增强，城市垄断地租正逐渐成为城市地租的主要部分。

地租和地价的存在，对于促进节约用地，使土地合理利用和布局优化，提高土地的利用效率，起了重要作用。但是，地租和土地价格的存在和不断上涨，会增加资本家购买土地的资本支出，而地租的上涨又会加重劳动者支付房租的负担。所以，地租和地价的上涨，一方面表明土地所有者对劳动人民的剥削日益加深；另一方面也表明土地所有者和资本家争夺剩余价值的矛盾加剧了。

地租和土地价格的以上作用，直接阻碍了市场经济中农业生产的发展。从这里也可以看出，在市场经济社会里，土地所有者不仅和工人阶级存在利益上的对立，而且和农业资本家之间也存在利益冲突。

马克思关于地租的理论，如级差地租的产生条件和原因，级差地租的两种形式，绝对地租的产生条件和原因，垄断地租和土地价格等，对社会主义市场经济中土地市场的建立和完善具有重要的指导意义。

基本概念

级差地租　绝对地租　级差地租Ⅰ　级差地租Ⅱ　垄断地租　矿山地租　建筑地租　土地价格

思考题

1. 级差地租Ⅰ与级差地租Ⅱ有何联系和区别？

2. 垄断地租形成的条件和产生的原因是什么？

3. 级差地租和绝对地租形成的条件和产生的原因是什么？

4. 改革开放以后，我国对城市土地征收使用费，并按不同地段确定不同的收费标准，试析这样做的理论依据及现实意义。

第十章　垄断资本及其发展

内容提要

自由竞争引起生产集中，生产和资本集中发展到一定程度后，就会从自由竞争中自然而然地生长出垄断，这是市场经济发展的一般规律和基本趋势。垄断一旦代替自由竞争在经济生活中占统治地位，就标志着垄断市场经济的形成。垄断统治是通过一定的垄断组织形式来实现的。垄断组织是指控制某个或某些生产部门的生产和销售，以获取高额垄断利润的大企业或企业的联合。

垄断在经济生活中起决定作用，是市场经济从自由竞争阶段过渡到垄断阶段的根本标志，也是垄断资本主义最基本的经济特征 。垄断形成以后，垄断组织控制了整个社会的生产和流通，主宰了整个国民经济。垄断统治的目的在于通过垄断价格获取高额垄断利润。

垄断虽然是在自由竞争基础上发展起来的，是作为自由竞争的对立物而存在的。但是，垄断代替自由竞争，并不是一般地消除竞争，而是与自由竞争并存。

资本输出是指市场经济国家政府、资本家或资本家集团为获取高额垄断利润、利息及其他经济利益而对外投资或贷款。资本输出对输出国及垄断资本具有十分重要的意义。

资本输出分为生产资本输出和借款资本输出两种形式。第二次世界大战后，不仅资本输出量有了巨大的增长，而且有了新的特点。

垄断资本的国际化经历了从商业资本国际化、借贷资本国际化到产业资本国际论的过程。这一过程表明资本国际化促使国际经济关系逐步向广度和深度扩展，并导致经济全球化时代的到来。 经济全球化是社会生产力特别是科学技术发展引起生产社会化程度不断提高的必然结果，是资源配置的国际化。经济全球化是垄断资本国际扩张的结果。

经济全球化对世界经济的影响具有两重性，既有积极的一面，也有消极的一面。从积极面看，经济全球化加速了资本、技术、知识等生产要素在全球范围内的合理配置，从而促进了全球经济的发展和生产力水平的提高；使各国经济联系越来越密切，从而有利于世界的和平与稳定，为解决人类面临的共性问题创造了条件；为各国特别是发展中国家发展经济提供了机遇。从消极面看，经济全球化增大了各国特别是发展中国家经济运行的风险，经济动荡的范围也在扩大，使发展中国家与发达国家的差距进一步扩大。

通过学习本章，重点掌握以下内容：

1. 垄断的形成及其特征。
2. 金融资本及其统治。
3. 资本输出及其产生原因。
4. 国家垄断资本的产生及其基本形式。
5. 经济全球化产生的原因及其特点。
6. 经济生活的国际调节。

第一节　垄断资本的形成及其特征

自由竞争引起生产和资本集中，而生产和资本集中发展到一定阶段，就会自然而然地形成垄断，这就是市场经济运行的一般规律和必然趋势。

一、生产集中和垄断

1. 垄断的形成

生产集中，是指生产资料、劳动力、商品生产日益集中于少数大企业，这些企业在同类生产中占的比重越来越大。从19世纪末起，生产集中的趋势进一步加强，这是由于：①科技革命的推动所导致的生产日益社会化的要求。19世纪下半叶，主要资本主义国家发生了以“电气化”为特征的第二次工业革命，由于电的发明和电力的广泛应用，导致国民经济结构发生了巨大的变化，使许多社会程度很高的部门如铁路、石油开采等发展非常迅速。这些部门的企业规模大，社会化程度高，要求投入巨额资本，客观上需要资本和生产集中到少数大企业手里。②自由竞争必然引起生产集中。竞争是商品经济的基本特征，竞争的结果往往是弱肉强食，大企业打败小企业，大资本吞并小资本，使生产越来越集中到少数资本家中。③信用制度的发展加速了生产的集中。一方面，银行把集中起来的大量货币资本贷给那些具有较强偿还能力、实力雄厚的大企业，加强了这些大企业吞并中小企业的竞争力；另一方面，信用制度促进了中小企业的联合，组成规模巨大的股份制企业。此外，“危机——有各种各样的危机，最常见的是经济危机，但不是只有经济危机——又大大加强了货币和垄断的趋势”。[①] 因为经济危机使大量企业破产，形成巨大的企业兼并和合并浪潮。

“集中发展到一定阶段，可以说，就自然而然地走到垄断。”[②] 所谓垄断，就是少数几个资本主义大企业为了操纵和控制某一部门的产品的生产、销售以及原料来源等，以获取垄断利润而成立的协定、同盟或联合。

生产集中发展到一定阶段就走向垄断，这是因为：①生产集中达到相当高的程度，就产生了垄断的可能。一方面，当一个部门的大部分生产被少数

① 列宁：《帝国主义是资本主义的最高阶段》，人民出版社1964年版，第80页。
② 列宁：《帝国主义是资本主义的最高阶段》，人民出版社1964年版，第24页。

几个大企业控制时，彼此之间容易成立协定。另一方面，当一个部门的生产集中到被少数大企业控制时，不仅原有的中小企业无力与之匹敌，而且使得与之相抗衡的新企业难以产生，在一定程度上阻碍了竞争。②生产集中达到相当高的程度，又有垄断的必要。一方面，生产集中使大企业的生产能力极度膨胀，势必会使市场问题更加尖锐，为了保证获得稳定的利润，大企业很有必要结成垄断组织，瓜分市场、制定垄断联合价格。另一方面，各个大企业的实力都很雄厚，势均力敌，互不相让的竞争有可能造成两败俱伤。为了避免过度竞争造成两败俱伤的灾难性后果，有必要寻求妥协，达成垄断协定。

垄断是通过各种各样的组织形式来实现的。垄断组织的形式，因垄断的程度和内容不同而各异，而且在各个国家、各个历史时期也不尽相同。比较稳定的垄断组织形式主要有以下几种。

（1）卡特尔（Cartel）。这是生产同类商品的企业为划分销售市场而建立的垄断联盟。参加卡特尔的企业仍然是各自独立的，但“它们彼此划分销售地区，规定产品数量，确定价格，在各个企业之间分配利润，等等”。[①] 过去，德国曾广泛流行过这种组织形式，曾被称为卡特尔国家。

（2）辛迪加（Syndicate）。这是生产同类商品的企业为统一销售商品和采购原料而建立的垄断联盟。参加辛迪加的企业在生产和法律上是独立的，但在商业上丧失了独立性，产品的销售和原料采购都按协议份额由辛迪加建立一定的组织机构来统一办理。辛迪加比卡特尔的联合程度更高、也更为稳定。这种组织形式过去在法国广为流行。

（3）托拉斯（Trust）。这是由许多生产同类产品或者在生产上有密切联系的企业合并组成的大型垄断企业。参加托拉斯的各个企业在生产、商业和法律上都已丧失了原来的独立性，而由董事会统一经营管理生产、流通和财务等活动。托拉斯于 1882 年最先在美国出现，其后在美国广泛流行，由此，美国被称为“托拉斯之国”。但第一次世界大战以后，托拉斯这种形成在西欧的一些国家也得到迅速的发展。

（4）康采恩（Konzern）。这是由以实力最雄厚的一两个垄断企业为核心，把许多不同部门的企业联合起来而形成的企业集团。第二次世界大战后，垄断组织的主要形式是混合联合公司。混合联合公司与康采恩一样，都包括许多企业、横跨许多部门。所不同的是：参加康采恩的各个企业在法律上是独立的，而混合联合公司所属的各单位虽有相对的独立性，但它们都是它的子公司或分支机构，在经营上要受总公司的指挥和领导。

---

① 列宁：《帝国主义是资本主义的最高阶段》，人民出版社 1964 年版，第 18 页。

垄断组织的形式尽管多种多样，但它们的实质一样，即都是通过对生产和市场的垄断，来保证垄断资本家获得高额垄断利润。

要指出的是，垄断的形成并没有消除竞争，而是与竞争共存。垄断之所以不能消除竞争，是因为：①竞争是商品经济的“自然规律”。只要垄断资本主义经济是商品经济，竞争规律就必然存在并起作用。②任何垄断都无法达到“纯粹的垄断”地步，垄断组织与非垄断组织并存，垄断企业与“局外企业”并存是发达市场经济社会的一般现象。③垄断组织是以市场份额占有越来越多，乃至全部占有为目的，这必然造成垄断企业之间的竞争和冲突。

2. 垄断利润和垄断价格

垄断的目的是为了通过垄断、保证获得巨额的收入，即获得垄断利润。垄断利润是垄断资本凭借经济上的垄断地位所获得的超过平均利润的高额利润。垄断利润从性质上说，是垄断资本家凭借对生产和市场的垄断地位而占有的；从数量上来说，它既包括平均利润，还包括超过平均利润的那部分超额利润。

垄断利润主要是通过垄断价格来实现的。垄断价格是垄断组织为了保证其获得垄断高额利润，凭借垄断地位规定的商品价格。垄断价格分为垄断高价和垄断低价两种形式。垄断高价是垄断组织在销售其商品时规定的超过其价值和生产价格的市场价格；垄断低价是垄断组织向非垄断企业和小生产者购买原材料和初级产品时所规定的低于其价值和生产价格的市场价格。

垄断价格是由垄断组织制定的。“二战”以前，卡特尔是主要的垄断组织形式，垄断价格一般是由卡特尔垄断企业通过协议方式规定。“二战”以后，混合联合公司成为主要的垄断组织形式，垄断价格一般是通过“价格领头制”的方式来制定，即由同行业中某一领头垄断企业率先制定一个价格，其他企业尾随其后，以率先制定的价格为标准来确定自己的产品价格。领头企业在率先制定价格时，采用加价办法来制定，即定出一个纳税后应达到的目标利润率，并测算出按这一利润率应得的利润，把它加在平均成本上，就形成超过一般利润率，使他们能够获得垄断利润的市场价格了。但是，垄断组织也不能随心所欲地无限抬高商品的销售价格或无限压低原材料的收购价格，它们也要受到一系列因素的制约：首先，是竞争的制约；其次，是需求的制约；最后，是受产品成本的制约。

垄断价格的出现，使商品的市场价格采取垄断价格的形式，垄断价格既高于生产价格，也高于商品价值。但这并没有也不可能否定价值规律的作用。第一，垄断价格的规定不能完全离开商品的价值。一方面，垄断价格不能离商品价值太远；另一方面，当商品的内在价值发生变化时，必然会引起垄断价格的变化。第二，垄断价格既不能增加也不能减少商品的价值，垄断高价与垄断低价一般会互相抵消，全社会的商品价格总额和全社会的商品价值总额还是一致的。

从本质上说，垄断利润的来源仍然是雇佣工人在劳动过程中所创造的剩余价值，是剩余价值的转化形式：同时，还包括其他劳动者所创造的一部分价值。具体地说，垄断利润来源于以下几方面：①垄断企业内部雇佣工人创造的剩余价值；②非垄断企业雇佣工人创造的一部分剩余价值和小生产者创造的一部分价值的转移；③通过对外扩张，掠夺殖民地、附属国和其他落后国家人民创造的一部分价值；④通过国家财政进行有利于垄断资本家的再分配。

可口可乐收购汇源果汁案件回放

2008 年 9 月 3 日，我国大型果蔬汁生产商中国汇源果汁集团有限公司（以下简称汇源果汁或汇源公司）公布，可口可乐旗下全资附属公司提出以 179.2 亿港元（约合 24 亿美元）收购汇源果汁全部已发行股本。交易若能完成，将成为迄今为止我国食品和饮料行业最大的一笔收购案。消息一经公布便立即引起了我国社会的强烈关注。据我国网站调查，有 80%的网民反对这起外资并购，甚至还有人提出应当对这起外资并购事件进行国家安全审查。国内饮料企业、上海美国商会、中国欧盟商会及其他外国投资者也都高度关注这一事件，将其看作是我国首部《反垄断法》出台后实施外资并购政策的标杆。可口可乐公司自 2008 年 9 月 19 日向商务部反垄断局递交申请材料，商务部经过半年的审查之后最终于 2009 年 3 月 18 日正式宣布禁止了这一收购行为。商务部对外宣告，在该案审查中，依据《反垄断法》的相关规定，从市场份额及市场控制力、市场集中度、集中对市场进入和技术进步的影响、集中对消费者和其他有关经营者的影响及品牌对果汁饮料市场竞争产生的影响等几个方面对该集中进行了审查。经审查，商务部认定：此项集中将对竞争产生不利影响。集中完成后可口可乐公司可能利用其在碳酸软饮料市场的支配地位，搭售、捆绑销售果汁饮料，或者设定其他排他性的交易条件，集中限制果汁饮料市场竞争，导致消费者被迫接受更高价格、更少种类的产品；同时，由于既有品牌对市场进入的限制作用，潜在竞争难以消除该等限制竞争效果；此外，还集中挤压了国内中小型果汁企业生存空间，给中国果汁饮料市场竞争格局造成不良影响。为了减少集中对竞争产生的不利影响，商务部与可口可乐公司就附加限制性条件进行了商谈，要求申报方提出可行的解决方案。可口可乐公司对商务部提出的问题表述了自己的意见，提出初步解决方案及其修改方案。经过评估，商务部认为修改方案仍不能有效减少此项集中对竞争产生的不利影响。据此，根据《反垄断法》第28条，商务部做出禁止此项集中的决定。这一决定马上引来广泛议论，在各种质疑的声音中，外电对于此事的态度尤其值得玩味：美国《华尔街日报》、路透社等各大财经媒体几乎众口一词地认为，此举是出于贸易保护主义的考虑。而我国商务部和外交部先后表态不接受这种指责。中国反垄断并购禁止第一案一时间在国际国内闹得沸沸扬扬。

我国加入WTO以后，国内经济进一步融入全球市场，外国资本随之大举进入我国。近年来发生了诸如美国凯雷投资集团收购我国重工龙头企业徐工、美国强生公司收购我国日化名牌大宝等跨国收购案，众多的民族品牌被收购，有的民族品牌如美加净、乐百氏、小护士等在收购后被公司雪藏导致品牌流失，因此，外资并购案件也一直牵动着我国大众的神经。正是基于此，人们对跨国公司对民族品牌的收购存有相当的戒心，也对我国政府的企业并购管制措施存有疑虑，认为政府过松的并购管制有害于民族企业发展。同时，面对国际金融危机的冲击，美欧主要国家的贸易保护主义有所抬头，这次可口可乐并购汇源案件之所以在我国乃至国际社会引起如此巨大的反响，与这样一个特殊的国内国际背景密不可分。资料显示，20世纪90年代以来，全球并购总额以年均42%的速度增长，相当于世界生产总值的11%。2004年，跨国并购增长28%，价值达3810亿美元。同时，我国石油、采矿、汽车、计算机制造企业近几年来也在稳步走出国门进行海外投资入股、控股乃至并购（尤其是2008年石油和采矿企业的海外投资并购表现可圈可点），跨国投资是大势所趋，外资并购也不应被全部视作威胁。既然我们有了自己的《反垄断法》，就应排除外界干扰认真依据该法对相关外资并购案件加以判断，以取信于国际社会，也逐步树立我国《反垄断法》的权威。

资料来源：法律快车网，http：//www.lawtime.cn/info/gongsi/gongsishougou/20110914123247.html。

二、金融资本和金融寡头的统治

1. 银行业的集中和垄断

垄断统治不仅表现在工业领域中，还集中表现为金融资本和金融寡头的形成和统治。在工业垄断形成的同时，银行业也在发生同样的变化，即银行业内部的竞争引起银行业的资本集中，银行资本集中到一定阶段，也必然走向垄断。

银行业的集中，是以工业生产的集中为基础的。一方面，随着工业生产的集中，企业规模越来越大，这些企业往往需要周期长、数额大的贷款，只有大银行才能满足这种贷款需要；另一方面，大工业企业在生产过程中，往往会出现大量暂时闲置不用的货币资本，这些闲置的货币资本也只愿意存入信用可靠的大银行。

银行业的集中，是通过银行业内部的竞争来实现的。为了争夺客户，各银行之间展开着激烈的竞争。在这种竞争中，一方面，大银行由于信用程度高、资本实力雄厚、技术装备先进、经营费用低等原因，经常处于有利地位，它们往往通过提高存款利息率吸收更多存款、压低贷款利息率发放大宗贷款等手段，排挤、兼并中小银行；另一方面，大银行还通过参股等方式控制和征服中小银行，使它们从属于自己，从而使大批社会资本和信贷业务日益集中在少数大银行手里。

同工业集中走向垄断一样，银行业的集中达到一定程度，也走向垄断。因为银行的集中形成了少数大银行，它们都拥有巨大的经济实力，彼此势均力敌，为了避免在竞争中两败俱伤，并保证自己的垄断地位，就联合起来自然而然地形成垄断。“在少数几个由于集中过程而仍然处于整个资本主义经济领导地位的银行中间，成立垄断协定、组织银行托拉斯的倾向自然会越来越明显，越来越强烈”。①

2. 银行的新作用和金融资本的形成

银行业的集中和垄断，使银行的作用发生了根本性的变化，具有新的作用，即“银行就由普通的中介人变成万能的垄断者”。②

在垄断形成以前，银行与工商企业是平等的经济主体之间的借贷关系，银行只起着普通的中介人的作用。当银行业集中并形成垄断后，银行与工商企业之间的关系就发生了巨大的变化。表现在：①银行与工商业企业之间的信贷关系日益固定。一方面，集中了社会大部分存款的垄断银行，为了使自己的巨额资本得到充分利用，取得高额的银行利润，有必要与若干个大的工业企业建立经常的信贷关系；另一方面，大企业为了从银行取得长期贷款和金融支持，同样有必要依赖一两家大银行，与它们建立固定的信贷联系。

① 列宁：《帝国主义是资本主义的最高阶段》，人民出版社 1964 年版，第 35 页。
② 列宁：《帝国主义是资本主义的最高阶段》，人民出版社 1964 年版，第 25 页。

②银行直接干预工商企业的生产经营活动，对工商企业进行监督和控制。垄断银行为了使自己的货币资本有安全保障，它们通过大企业的往来账目，了解和掌握企业的经营业绩，以实现对企业的监督和控制；它们用扩大或减少、发放或收缩信贷的办法，对企业施加影响。不仅如此，垄断银行还对工商业的经营管理、生产技术等方面的情况加以过问，甚至还建立各种专门机构来收集工商企业的情报。

由于银行作用的以上变化，银行与工商企业的关系已经从一般的信贷关系发展为控制与被控制的关系，银行具有了万能的性质。“他们支配着所有资本家和小企业主的几乎全部的货币资本，以及本国和许多国家的大部分生产资料和原料来源。”①

银行的新作用，使银行与工商企业的关系日益密切，并进一步使银行垄断资本与工业垄断资本逐渐地融合起来，产生了金融资本。金融资本是银行垄断资本与工业垄断资本融合或混合而成的一种新型资本。

金融资本形成的主要途径有：第一，通过资本的互相渗透，即双方通过相互占有对方股票而融合。一方面，银行垄断组织为了直接从内部监督和控制工商企业的活动，以及谋求自己资本的有利运用，或购买工商企业的股票，或创办新的工商企业。另一方面，工商业垄断资本反过来购买银行的股票或投资创办新银行，以打破银行垄断资本对信用业务的垄断，改善信贷条件。第二，通过人事渗透而相互结合。在资本相互渗透的同时，银行垄断资本和工商业垄断资本相互之间还互派人员到对方担任各种要职而融合起来。

3. 金融寡头的统治

金融资本形成后，产生了金融寡头。金融寡头是指掌握着庞大金融资本的少数最大的垄断资本家或垄断资本家集团。由于金融寡头支配了大量的社会财富，控制了国民经济命脉和国家的上层建筑，因而成了资本主义社会的真正统治者。

金融寡头在经济领域内的统治，主要是通过“参与制”来实现的。“参与制”是通过掌握一定数量股票额来支配和控制企业的制度。金融寡头通过自己所掌握和控制的股份公司作为“母亲公司”，用“母亲公司”的资本来购买另一批公司的股票，掌握其股票控制额，即掌握控制一个股份企业所必需的股票数量，使它们变成自己的“女儿公司”；各“女儿公司”再以同样的方式控制其他企业，使它们变成为自己的“孙女公司”，如此等等。通过这种层层“参与”，形成了一个各级公司构成的金字塔，居于塔尖的是金融寡头。此外，

① 列宁：《帝国主义是资本主义的最高阶段》，人民出版社 1964 年版，第 25、26 页。

在经济领域，金融寡头还通过其他多种途径争取高额利润，加强统治，如他们通过创办企业发行股票而获得大量创业利润；通过改组企业，实行“资本掺水”来获取高额股息；金融资本还从事各种金融投机和房地产买卖等，从中获利。

金融寡头在政治上的统治，主要是通过“人事结合”，即金融资本通过自己的代理人或亲自出马担任政府要职，或者把离任的政府官员聘到自己的企业担任经理或董事等，实现对国家政策的直接影响和控制。同时，金融寡头还凭借自己的经济实力，控制报刊、图书、通信、广播、电视等宣传工具；插手文化、教育、科学、艺术、体育、卫生等各项事业；创办各种咨询机构等，把他们的统治深入上层建筑和社会生活的一切领域中去。

三、资本输出

1. 资本输出的客观必然性

资本输出是指资本家、垄断组织或市场经济国家的政府，为了获取更高的利润和利息，向国外进行直接投资或提供贷款，输出生产资本和货币资本的活动。进入 20 世纪以后，资本输出既具备了必要性，也具备了可能性。

资本输出的必要性在于：①“过剩”的国内资本追逐高额利润的需要。在垄断统治下，垄断资本通过垄断价格积累了大量货币资本，少数较发达市场经济国家出现了“过剩”资本。国内“过剩”资本的出现，使得垄断资本把目标转向国外市场，以寻找更有利的投资场所。②带动商品输出、扩大销售市场的需要。垄断统治造成大规模生产，使市场问题尖锐起来，通过资本输出带动商品输出，是扩大商品销售市场的有效手段。③提高资本利润率和垄断原料来源的需要。落后国家资源丰富、成本低、利润率高，因而是资本输出的最佳场所。同时，垄断资本在对外直接投资中，有相当一部分用于勘探、开采外国资源，进而对它们进行垄断，这对本国资源不足的发达市场经济国家来说，具有重要的战略意义。④适应各国经济联系普遍加强的需要。

资本输出的可能性在于：①世界市场体系已经形成，世界上绝大多数国家卷入了世界市场体系。②在许多国家，商品经济已有了长足的发展，铁路、港口、邮电、通信等基础设施有了保证，具备了投资的基本条件。

资本输出的必要性和可能性充分说明，资本输出具有不以人的意志为转移的客观必然性。

2. 资本输出的形式及其后果

资本输出的具体形式多种多样，但从资本形态来分，有两种基本形式，即借贷资本输出和生产资本输出。借贷资本输出是指向资本输入国提供各种形式的贷款，包括资本输出国的政府、银行、企业和他们控制的国际金融组织向资本输入国的政府和企业提供的贷款，也包括输入国的政府、银行、企业通过向海外发行债券、股票筹集的资本。生产资本输出是指输出国直接在输入国投资兴办企业，利用当地的资源，就地生产、就地销售，以获取更多的利润：资本输出无论是对输出国还是对输入国都会产生影响，而且其作用都是双重的。

对资本输出国而言，输出资本的有利方面是能给它在经济、政治、军事等方面带来许多好处。表现在：①金融资本可借输出资本获得大量的利润。②资本输出对扩大商品输出，对金融资本在世界各地建立银行网以实现金融寡头对世界的统治，对少数发达的市场经济国家在经济、政治、军事等方面控制输入国等方面，都起着重要的作用。当然，资本输出对输出国也有不利的影响，表现在：①资本大量向国外转移导致产业竞争力下降，在一定程度上引起国内经济发展的停滞。②资本输出必然引起激烈的海外竞争，争夺海外投资场所的斗争，使市场经济国家之间的矛盾激化。

资本输出对落后的输入国来说，资本输入有利于其经济社会发展，表现在：①促进了这些国家自然经济的解体和商品经济的发展。②为输入国带来了先进的技术和管理经验，提高了劳动生产率。③有利于缓解发展中国家的资金短缺。但是，资本输入也可能给这些国家带来负面影响：直接资本输入带来的工业污染和公害的产生；资本输出国有可能操纵输入国某些部门的控制权等。另外，若资本输出到发达的市场经济国家，在很大程度上是为了抢占对方的国内市场和投资场所，打击竞争对手。

四、国际垄断同盟从经济上分割世界

资本输出的发展，使各国垄断资本在世界范围内为争夺投资场所、产品销售市场和原料来源的竞争和斗争日益尖锐起来。国际垄断同盟的形成，就是这种斗争日益炽烈的必然结果。

所谓国际垄断同盟，是发达市场经济各国占统治地位的最大垄断组织，通过订立协定而结成的国际性经济联盟。它们按协定遵守的比例，直接分割世界市场。

在垄断资本阶段，各国的垄断资本首先在国内确立了统治地位，把国内市场霸占在自己的手里。但是，国内市场是同国际市场紧密相连的，随着垄断资本的不断扩大，国外市场的意义也越来越大。随着垄断组织向国外扩张势力范围，各国最大垄断组织之间争夺国外市场的竞争空前激烈起来。势均力敌的垄断组织为了避免在激烈的竞争中两败俱伤，为了保证彼此都有利可图，在一定时期，它们之间有可能取得暂时的妥协，签订协议，建立国际性的垄断同盟，从经济上分割世界。国际垄断同盟的基本形式有国际卡特尔、国际辛迪加和国际托拉斯。其中主要的形式是国际卡特尔。

国际垄断同盟最早产生于19世纪六七十年代。在第一次世界大战前，缔结有正式协定的国际卡特尔已达到116个，如国际钢轨卡特尔、国际铝卡特尔、国际电气卡特尔等。在代表当时最新技术成就的电子工业中，德国电气公司和美国通用电气公司这两个世界上最大的电力托拉斯，在争夺世界市场的斗争中，经过激烈较量，终因势均力敌而于1907年达成了分割世界市场的协议。美国通用电气公司分得美国和加拿大的市场，德国电气总公司分得德、奥、俄、荷、丹麦、瑞士、土耳其和巴尔干国家的市场。同时它们还缔结了另外一些协议。这样，由此形成了美德两国最大电力托拉斯组成的国际同盟对世界电力工业的垄断统治。到20世纪初，国际垄断同盟形式还有国际辛迪加和国际托拉斯。其后国际卡特尔更进一步发展，至第二次世界大战前夕，已经达到12000个左右，控制了约40%的世界贸易总量。第二次世界大战结束了卡特尔的“全盛时代”。战争促使许多国际卡特尔解体。战后，许多原已解体的国际卡特尔又重新恢复，并得到很大发展。1957~1962年，西欧共同市场的各国垄断组织之间签订了大约3000项各种国际卡特尔协定。

与国内垄断形成不能消除竞争一样，国际垄断同盟的形成也不能消除竞争。国际垄断同盟对世界市场的分割，并不是分割一次就完了，而是要不断地重新分割。这是因为：第一，国际垄断同盟分割世界市场的目的，是为了攫取高额利润，当已达成的协议不能满足这个要求时，它们就必然要破坏这个协议，重新分割世界市场。第二，国际垄断同盟分割世界的唯一原则是“按资本”、“按实力”来进行。当各国垄断组织的实力对比发生变化时，势必要求按照变化了的实力重新分割世界市场。

第二节　私人垄断资本向国家垄断资本的发展

一、国家垄断资本迅速发展的原因

从自由竞争到垄断，再从私人垄断发展为国家垄断，是西方发达市场经济国家发展的历史轨迹。

国家垄断资本，是国家政权与私人垄断资本相互结合而形成的资本。国家垄断资本早在私人垄断资本形成以后就开始萌芽了，但其形成却是在第二次世界大战以后。

第二次世界大战后国家垄断资本主义迅速发展，目前尚无停顿之态。其原因是：①第三次科技革命的巨大推动，使资本主义社会生产力得到了空前提高，资本主义基本矛盾有了新的发展。第二次世界大战后，出现了以原子能利用、电子计算机技术等为标志的第三次科技革命，科学理论的不断突破及其在生产技术上的迅速扩展，使一系列新兴的工业部门，如原子能、半导体、宇航工业等相继建立，对资本主义经济的发展产生了深刻的影响，促进了劳动生产率的提高，使资本主义社会生产力达到了空前规模。社会化生产的高度发展和规模的空前提高，要求社会生产的各个方面保持恰当的比例关系。但是，市场机制并不像某些经济学家所赞美的那样完美无缺，私人垄断资本也无力驾驭高度发展的社会化生产力，它们不仅在生态保护、公共产品提供等方面失效，而且不能解决宏观经济总量与经济结构平衡的问题，这就需要借助国家政权的力量，在全社会范围内对经济运行进行统一的组织和协调，对国民经济运行进行干预，以缓和各种激化的矛盾。②规模巨大企业的出现，要求国家垄断资本参与。一方面，资本主义信用制度的大发展，特别是股份经济的巨大发展，推动了资本主义大型企业的创建，大型企业与新生产力之间形成了相互促进的合力；另一方面，许多新兴产业，如航空航天、大型计算机、海洋工程、基因工程等，规模大，技术水平高，要求资本、人力集中。企业规模大、技术要求高，使许多经济部门和企业的建立，不得不依靠国家的直接投资和帮助。同时，随着企业规模的扩大，投资和经营的风险也在增长，特别是那些具有外部效应的基础设施投资，如修建铁路、机场，创建能源、电力，保护生态、投资教育等，不仅投资多、风险大，而且建设周期长、利润小，私人垄断资本无力承担或不愿承担，需要国家垄断资本承担。③国际市场竞争的加剧，需要国家在协调国际经济关系方面发挥重要作用。新的科技革命加快了经济国际化的倾向，国与国之间的交往日益频繁，联系更加紧密，但是斗争也更加激烈，尤其是争夺世界市场的斗争极为尖锐。在这种情况下，一方面私人垄断资本往往要求国家出面为其提供援助，如提供优惠性贷款、减免税收、提供出口补贴等，以增强私人垄断资本在国际市场上的竞争力；另一方面，需要国家出面协调国际经济关系，建立新的世界经济秩序。

上述种种原因，推动着国家垄断资本在“二战”后得到迅速发展。它是生产关系的一次较大的、带有阶段性的调整。

二、国家垄断资本的基本形式

国家政权与私人垄断资本采取什么形式相互结合呢？即国家垄断资本存在的形式是什么呢？主要有三种形式：

1. 国有垄断资本（国有企业）

国有垄断资本（国有企业）是指国家直接投资兴办或国家收购原来属于私人所有的企业而形成的从事生产经营活动的由国家直接掌握和运用的垄断资本。发达市场经济国家的国有企业的形成途径主要有两条：①国家通过财政拨款直接投资兴办国有企业；②通过实行国有化政策，即国家通过高价收买，把私人企业收归国有。从西方发达国家的情况看，国有资本经营主要集中在三个部门：一是基础设施和基础产业部门，如燃料、动力、运输、通信等；二是自然垄断部门，如邮政、供水等；三是提供公共产品和服务的行业，如教育、基础研究、金融事业等。例如，在1978~1987年间，美、日、英、法、意、联邦德国、奥地利、瑞典等14个发达国家的邮政全部国有；铁路国有的有11个国家；电信国有的有9个国家；煤气有7个国家是国有；电力、航空有6个国家是国有；钢铁国有比重达50%~75%的有7个国家。不过，从20世纪80年代开始，西方发达国家又出现了一股“私有化”的浪潮，国有企业在国民经济中的比重有所下降。

2. 国私共有垄断资本

国私共有垄断资本是指国有垄断资本和私人垄断资本共同兴办的企业，实现国有垄断资本和私人垄断资本在企业内的资本结合。国私共有垄断资本的产生，一是通过国家购买私人垄断企业的部分股票；二是私人垄断资本购买国有企业的部分股票；三是国家与私人垄断资本联合投资兴办新的企业。“二战”后，以第三种形式为常见。由于国私共有企业是共同投资兴办的，因而就有一个控股权掌握在谁的手里的问题，有国有垄断资本控股的，有私人垄断资本控股的，也有两者共同控股的。在国私共有垄断企业中，不管是由谁控股，对国家和私人垄断资本都是有利的。对国家来说，利用这种企业形式，以较少的国有资本控制相当数量的私人垄断资本，即使国家没有掌握控股权，也可利用参股参加企业管理，对私人垄断资本实行间接调控。对私人垄断资本来说，可依靠国有垄断资本减少投资风险，并利用国家对国私共有企业提供的各种优惠政策，谋取更多的垄断利润。

3. 国家调节经济

国家调节经济即作为总垄断资本家的国家通过财政和金融等经济杠杆对再生产过程进行的管理和调节。在这种形式下，国家垄断资本和私人垄断资本的结合是处在企业的外部。因为这时国家垄断资本和私人垄断资本在所有制上都是完全独立的。常用的经济政策有：财政政策、货币政策、收入政策、经济计划等。

三、国家垄断资本的作用和局限性

国家垄断资本的产生和发展，一方面对市场经济中的各种矛盾在一定程度上起到缓和作用，从而促进社会生产力的发展。另一方面，国家垄断资本又是私人垄断资本利用国家机器干预社会经济生活以保证获取高额垄断利润的一种形式。私人垄断资本狭隘的利益追求又会使社会经济生活中固有的矛盾进一步加深。这两方面决定了国家垄断资本对经济发展既具有一定的积极作用，又具有一定的消极作用和局限性。

国家垄断资本对社会经济的促进作用主要表现在以下几个方面：

第一，为社会生产力的发展创造了基础性的条件。通过国家拨款和组织，发展高新科技，并将其科研成果低价转让给私人垄断资本，从而转化为现实的生产力。

第二，国家垄断资本的发展为市场的扩大创造了有利条件。国家垄断资本在国内通过国家订货、扩大社会福利支出等措施，刺激社会需求，人为地扩大市场。在国际上通过调整贸易政策，由国家出面组织区域性经济集团等方法，扩大国际市场，增强本国商品在世界市场上的竞争力，从而推动社会经济的不断发展。

第三，国家利用特有的条件（公共权力）对国民财富进行再分配，从而在一定程度上缓和了社会矛盾。当代发达市场经济国家普遍建立了社会保障制度，包括社会保险、社会救济、社会补贴等项以财富转移为标志的社会开支项目的社会保障制度，对社会财富进行了再分配。它事实上缓解了社会贫富不均和两极分化的矛盾，有利于社会的稳定和经济的发展。

但是，国家垄断资本只是在一定程度上缓和了市场经济内部固有的矛盾，并不能完全消除这些矛盾。国家垄断资本作用的局限性表现在以下几个方面：

第一，国家调节不可能完全消除生产部门比例破坏和经济结构失调。因为国家干预不可能抵制私人资本追求利润（剩余价值）的内在冲动，也就不可能避免生产过程中的盲目性。当某个部门利润率高时，私人资本就会一哄而上把资本转移到该部门，从而造成该部门生产过剩。另外，国家所推行的经济政策和计划调节，对私人垄断资本没有太多、太强的约束力，所以也就不可能从根本上解决经济发展过程中结构失衡的问题。

第二，国家推行的福利政策，无法从根本上改变市场经济中收入分配差距问题。我们在前面第四章资本积累理论中论述了资本积累的一般规律是社会财富在资本所有者一方不断积累，而贫困（绝对或相对贫困）在劳动者一方不断积累。这个规律靠国家垄断资本的干预是改变不了的。

美国反垄断与微软垄断案

问：列宁指出，自由竞争走向生产和资本高度集中发展到一定程度就自然而然地形成垄断。这是市场经济发展的趋势和必然的结果。通过自由竞争形成的垄断是一国生产力发展和市场经济发达的具体表现。既然如此，为什么西方发达国家先后都制定各类《反垄断法》呢？

答：垄断企业形成后，可以凭借垄断地位制定垄断价格，获取垄断利润。这在一定程度遏制了非垄断企业发展，减弱了垄断条件下的竞争。这不仅会损害消费者的利益，而且阻碍产业的发展和降低该产业在国际上的竞争力。因此，西方发达国家为了提高自身的综合国力和国际竞争力也制定《反垄断法》来促进市场竞争。美国政府早在1890年就通过著名的谢尔曼反托拉斯法案。这项法案规定对进行市场垄断的责任人判处最高5000美元的罚款和最高1年的徒刑。自然，随着美国垄断公司规模扩大，这一法案的处罚力度也不断加强。至20世纪90年代初不少案例的实际处罚情况已破除了最初规定的罚款和最高限额。

问：20世纪90年代美国进入新经济时代，新兴的高科技产业，特别是信息IP产业对促进美国经济稳定和增长有重要贡献。政府对新兴产业或对经济增长影响较大的产业是否会放松反垄断行为呢？

答：情况恰恰相反，20世纪90年代以来，美国对经济垄断的打击进一步升级，查处相关案件数量也急剧增加。从1997年到2000年的4年中为反垄断而判罚总金额超过17亿美元。众所周知的微软垄断案就是一个典型。

问：微软公司本身是美国新经济中迅速崛起的成功企业，比尔·盖茨因此成为世界首富，微软垄断案的起因何在呢？

答：最初起因是微软公司与其对手网景公司关于浏览器的竞争。网景公司于1994年4月使全球用户都可以通过其“航行者”浏览器接入互联网。同年7月，美国政府与微软达成一项协议，微软同意不再要求计算机制造商将其视窗操作系统作为必备软件安装。这一协议获得美国地区法官杰克逊批准，10月，微软公司开发名为“探索者”的互联网浏览器。1995 年 5 月，微软创始人比尔·盖茨对该公司的互联网战略进行了调整。同年 11 月，微软推出“探索者”2.0 版。微软公司在 1995 年与当时最大的浏览器提供商网景公司协商，希望划分浏览器市场。在遭到拒绝后，微软要求个人电脑制造商如要安装 Windows 95 操作系统就必须同意在该系统上安装“探索者”浏览器。微软以后推出的视窗操作系统，直接内含“探索者”浏览器。

1997 年 10 月，微软又将其浏览器与视窗操作系统进行捆绑出售。由此美国司法部指控微软违反法官杰克逊于 1995 年批准的协议。同年 12 月 4 日，杰克逊法官发布指令，要求微软停止将“探索者”浏览器与 Windows 95 操作系统或任何更新版本操作系统进行捆绑出售。微软不服并提出上诉。于是微软公司与美国反托拉斯部门开始了漫长的诉讼之路。其焦点集中在浏览器上。

问：在司法部门看来微软公司的哪些行为违反了《反托拉斯法》?

答：2000 年 4 月 3 日，美国地方法院法官杰克逊宣布微软违反了美国的反垄断法，其主要认定为以下方面：其一，微软公司利用其视窗操作系统垄断市场，严重违反《反托拉斯法》。其二，企图垄断浏览器市场。1998 年 6 月 23 日，上诉法院认为地方法院没有给微软辩护的机会从而裁决微软胜诉，驳回地方法院杰克逊法官临时处分命令。比尔·盖茨多次亲自到全国各地宣讲，强调 Windows 98 操作系统是“集成”了，而不是“捆绑”了浏览器的功能，并认为从 Windows 98 操作系统移出浏览器将严重影响主要功能，甚至进一步会有害于美国经济的发展。在微软采用“捆绑”销售以前，“航行者”浏览器一度有 80%的市场份额。微软通过这一“捆绑”销售手段，大大地提高了市场份额，从原有的 3%~4%的市场份额，上升至 50%以上的市场占有率。可见，微软企图在浏览器这种应用软件领域滥用其操作系统的市场垄断优势来挤垮对手。其三，将浏览器与操作系统捆绑搭售，微软公司行为违反了《谢尔曼法》第 1 条。在 2000 年 6 月 7 日，杰克逊法官对微软公司作出最终判决，将其分解为两个独立的公司：一个经营电脑操作系统，另一个经营此外的应用软件，如“探索者”浏览器等其他业务。在拆分微软的计划之外，政府还将在微软公司上诉期间对该公司行动采取严格的限制措施，以保护市场竞争。对此裁决，微软公司自然会不遗余力地上诉，以延缓公司被分拆的可能。

问：微软公司在美国的信息产业声名显赫，对美国 20 世纪 90 年代新经济增长贡献不小。很难想象，其同样会被美国司法部门指控违反《反垄断法》而强令分解。微软公司最终是否会被分拆？

答：因微软不服提出上诉。上诉法院于2001年2月举行两天口头辩论，从而又推翻了原判决。6月28日美国哥伦比亚特区联邦上诉法院以7∶0的表决结果驳回联邦地方法院法官杰克逊上年6月作出的将微软公司分割为两家公司的判决。但上诉法院仍认为，微软在个人电脑操作系统市场上确有垄断之实，违反了美国的《反托拉斯法》。上诉法院的判决终究消除了笼罩在微软上空的分割阴云。微软躲过了分拆危机，将竭尽可能与司法部和解本案。微软垄断案出现转机也许涉及某种政治原因。据有些媒体报道微软在上诉高等法院的同时，还聘请现任总统小布什的资深顾问利德作为说客，小布什当时就公开表示反对分割微软。同时。在2000年美国大选中，微软公司大量增加了政党捐款，总数达到110万美元，其中捐给共和党的占60%。由于小布什在竞选时就表态同情微软公司，所以在他当选总统后，虽不直接干涉法院事务，但通过舆论给司法部门形成压力造成对微软有利的形势。

微软虽然未被强令拆分，但微软的垄断事实仍被确认。上诉法院同意杰克逊法官判决的3个基本观点：微软公司利用自己的垄断力量维护市场统治地位；滥用权力迫使软件开发商、互联网接入服务商以及业内其他公司与其签署排他性协议；微软使用垄断力量威胁英特尔公司。因此，微软仍然存在再遭起诉的可能。

问：微软垄断案的起诉和判决的过程，让人具体地感受到经济垄断和政府反垄断对社会经济的深远影响。

答：确实如此。发达的市场经济国家，依然要运用反托拉斯法来调节社会经济。市场机制是市场经济国家配置资源的主要方式。竞争有利于技术创新和制度创新，政府的反托拉斯法在一定程度上促进了垄断条件下竞争。特别在信息产业中美国政府更难容忍因为垄断而削弱信息业的国际主导地位。在知识经济时代，谁处于最新科技领域的领先地位，谁就是世界经济的强者。因此，在新科技领域、新兴产业，政府的反垄断仍不会停止。

资料来源：刘峰、靳立新：《微软垄断始末》，《经济学消息报》2000年11月17日。

第三节　垄断资本的国际化和经济全球化

第二次世界大战后，特别是20世纪60年代以来，随着直接生产过程在国际间的延伸，资本国际化和经济全球化、一体化成为当代垄断资本的一个显著性特点。

一、资本国际化的发展

1. 国际分工的深化

国际分工是国家之间的劳动分工，即社会分工越出国界形成的国与国之间的生产专业化。它是资本国际化形成的基础和前提。早期的国际分工在资本主义社会的前期就具有萌芽，但是，真正意义上的国际分工，是伴随着资本主义生产方式的产生和发展而逐步形成的。

"二战"后，由于第三次科技革命的推动，国际分工进一步深化。主要表现在以下方面：①国际分工已向深度和广度方面发展，从产业部门（工业、农业、采矿业等）间的分工迅速向生产部门内部的融会贯通生产过渡，即在国际范围内实现产品生产的专业化、零部件生产的专业化以及工艺的专业化。产品生产的专业化，即在某个国家内集中生产该部门的某些产品；零部件生产专业化是指生产的零部件不只供自己使用还供别国企业去装配，由许多国家协作生产一种产品；工艺专业化则指工艺过程的某些工作，如制造锻件、铸件、模压件或提供某种中间产品供应分配，分布在其他国家的工厂。现在，不仅发达国家从事制造业，发展中国家也大力实行工业化，发展制造业，并参与制造业内部的国际分工。②现代国际分工常常建立在科研活动成果的基础之上。发达国家的科学技术在许多领域处于领先地位，因此，他们成为国际市场上许多高科技产品的提供者，因而出现了发达资本主义国家集中发展技术密集型产业，而将成熟工业、"夕阳"工业以及其他劳动密集型和污染严重的部门向发展中国家转移的部门间分工格局，表现为"资本密集产品"与"劳动密集产品"的分工，高级尖端技术工业与一般工业的分工。

2. 生产资本国际化和跨国公司

资本国际化，是指资本的运动由本国之内扩展到国际范围的运动。由于产业资本在运动的不同阶段分别以货币资本、生产资本和商品资本的形式存在，因此，资本国际化也就表现为货币资本国际化、生产资本国际化和商品资本国际化。

在市场经济发展的不同历史阶段，资本国际化的各种表现形式所起的作用是不同的。最早表现出来的是货币资本国际化。随着自由竞争过渡到垄断资本阶段，发达市场经济国家出现了大量的过剩资本，货币资本的国际化走上了独立发展的道路，其重要性已经超过了商品资本的国际化。“二战”后，随着国家垄断资本的发展，生产资本国际化的重要性突出起来了，成为这一时期资本国际化的最重要形式。

生产资本国际化最重要的载体是跨国公司，即垄断资本对外直接投资主要是通过跨国公司进行的。跨国公司是指以本国为基地，通过对外直接投资在国外设立子公司或分支机构，在世界范围内从事生产、销售和金融等各种经营活动，以获取垄断高额利润的大型垄断企业。

19 世纪末 20 世纪初，跨国公司就已经出现，但那时数量很少，“二战”后，跨国公司迅速发展起来，到 2002 年，全球跨国公司超过 6 万家，产值占全球的 25%以上。“二战”后跨国公司的迅速发展，有其深刻的经济、政治原因：①跨国公司在世界范围内配置资源、组织生产，实现生产专业化和分工协作，可以充分利用各国的资源优势和科技优势，有利于降低产品成本和提高劳动生产率。②跨国公司可以绕过所在国的关税壁垒和非关税壁垒，开辟和占领更大的市场。③跨国公司在世界各地开展经营活动，可以充分利用各个国家的政策差异和行情变化，生产出更能适应各国不同特点和需要的商品，从而攫取最大限度的利润。④现代化的交通和通信设施的发展，各国政府的鼓励和支持，也是跨国公司得以大发展的一个重要原因。

二、经济全球化和经济一体化的深化

1. 经济全球化

资本国际化的不断加深，经济本球化的时代也随之来到。所谓经济全球化，是指各国、各地区商品和生产要素跨国流动的规模不断扩大，经济运动相互依存、融合为一个体系的趋势。

经济全球化从 20 世纪 50 年代开始，80 年代中期以后加快发展，主要是因为：①市场经济国家的普遍化，消除了经济全球化发展的体制障碍。苏联和东欧国家经济体制发生了变化，走上了发展市场经济的道路；从 1978 年开始，我国也开始了以市场为导向的经济体制改革，并最终确立了市场经济的改革目标，市场经济体制在各国的普遍实行消除了商品、生产要素在各国之间进行流动的体制障碍。②信息技术的进步降低了远距离控制的成本，为经济全球化的发展奠定了物质技术基础。企业活动的半径是与其远距离控制的成本和远距离运输的费用负相关的。20 世纪 80 年代以后，以国际互联网为代表的信息技术得到迅速发展，使世界经济活动的空间距离近于消失，导致远距离运输和通信控制成本的大幅度降低。跨国公司的全球化发展战略和西方发达国家推行全球化方针，加速了经济全球化的进程。20 世纪 80 年代后期，西方发达国家普遍进入经济滞胀时期，为了摆脱经济滞胀的不利局面。他们极力鼓励本国企业扩大对外投资的领域，主张贸易自由化。在政策壁垒特别是贸易、金融和投资壁垒降低后，跨国公司也迅速发展起来。跨国公司出于趋利动机，利用世界各地客观存在的“区域优势”，将商品、服务、人员、资本等在全球范围内重组和配置。经济全球化是资本国际化的一个新阶段，具有不同于资本国际化的特点：①经济全球化条件下，行为主体是多元的。经济全球化形成之前，世界市场的主体是国家，企业所起的作用相对较小；但在经济全球化条件下，除政府出面之外，还通过跨国公司和跨国银行等形式发展国际经济关系，编织全球经济网络。②在经全球化条件下各国都在以水平型为主的国际分工中占有一定的位置，成为全球经济中的一个组成部分。20 世纪 50 年代以前，经济生活国际化以垂直型的国际分工为主，先进国家专门从事制造业生产，落后国家主要生产原料并成为商品销售市场；20 世纪 80 年代在经济全球化条件下，以水平型国际分工为主，不发达国家也大力实行工业化，发展制造业，并参与制造业内部的国际分工，成为全球再生产的一个环节。③经济全球化条件下，一个国家的对外经济联系是全方位的。之前，各国的经济交往渠道主要是商品贸易和资本输出，而且国际经济的联系主要以国与国之间你来我往的线性联结为主；在经济全球化阶段，在商品贸易、资本增长的同时，对外直接投资成为最重要的经济联系形式，而且科技转让、信息传播、人员交流、劳务合作等以很快的速度发展起来；一个国家的对外经济关系不再是线性联结方式，而是同时与多个国家发生作用。

经济全球化的发展，对促进全球生产力的提高有着积极的作用。首先，它使资源在全球范围内进行配置，有利于实现资源的优势互补，提高各国资源的利用效率。其次，各国企业在世界市场上的竞争，对促进企业改善经营管理、提高生产效率和降低产品成本有极大的推动作用。再次，经济全球化为各国，特别是广大不发达国家的经济发展提供了机遇。因为它们可以通过对外开放，加强与其他国家合作，引进外资和国外的先进技术，学习和借鉴别国的先进管理经验，大大加快其经济发展速度。最后，经济全球化使科学技术研究和开发的国际合作大大加强，同时，科学技术成果在全球的传播速度也加快了。

但是，经济全球化是一把“双刃剑”，它在促进世界经济发展的同时，也给各国经济带来了一定的负面影响，尤其是对不发达国家来说，负面影响更大。表现在：一是与发达国家的经济差距可能进一步扩大，贫富更加悬殊。因为发达国家在资本、技术和管理上都有较大优势，而不发达国家在资本、技术和管理等方面与发达国家相比有较大的差距，因而在国际竞争中处于弱势地位。二是民族工业的发展可能受到冲击。在激烈的国际竞争中，部分民族工业面临着被发达国家的资本控制的危机，许多产品的市场也可能被外国产品所垄断。因此，不发达国家在经济全球化中，应趋利避害，控制消极因素的作用。

2. 经济一体化

在经济全球化加速发展的同时，经济一体化的趋势也在加强。经济一体化，是指国家之间为达到一定的生产和交换目的，对某些经济领域实行不同程度的共同调节而形成的经济实体。经济一体化不包括由私人出面组成的跨国公司和一些生产者协会，也不包括一些带有经济协商性质的国际经济组织，如国际货币基金组织、世界贸易组织、经济与合作发展组织等，它专指由政府出面组织的、趋向一体化的国家集团。它一般设有超国家机构，制定共同政策，因此，参加一体化的国家都要让渡一部分权力，权力让渡的程度取决于一体化层次的高低。经济一体化的产生有着深刻的经济、政治和社会历史原因。①经济生活的国际化是经济一体化的客观基础。“二战”后的科技革命，使各国经济的相互依赖加深，但是，经济生活国际化发展却受到了国家壁垒的阻碍。经济国际化的发展要求冲破国家壁垒的阻碍，实现各国间经济的联合。②国家垄断资本的发展，为经济一体化提供了可能。国家垄断资本的迅速发展，使国家与垄断资本结合在一起，掌握了相当一部分资本，占有很大一部分生产资料和社会财富，这就为政府出面在国家间实行联合，并对国际经济生活进行共同调节提供了可能。③国际经济一体化的产生和发展，是和“二战”后的国际经济、政治条件分不开的。经济一体化和政治利害关系密切相关，一些国家为了捍卫独立和主权，在共同利益的基础上加强经济联合。

经济一体化组织是由低级到高级发展的。按经济一体化的内容和程度的不同，分为低级形式和高级形式两大类。低级形式有特惠关税区、自由贸易区和关税同盟。特惠关税区是成员国相互之间对商品给予特别优惠关税的区域。它的最大特点是成员国之间只课征远低于第三国的关税，小部分商品甚至免税。自由贸易区是由签订有自由贸易协定的国家组成的贸易集团。其特点是成员国的商品在集团内部可以免除关税和贸易限制，但对外不实行共同关税制度。关税同盟是两个以上的国家为降低或取消相互关税，并对非同盟国家实行统一的关税税率而缔结的同盟。它的特点是实行带有超国家因素的共同关税率和贸易政策。

经济一体化的高级形式有共同市场、经济联盟和完全的经济一体化。共同市场不仅包含了关税同盟的内容，而且要求资本、劳动力能在共同体内自由流动；它的成员国必须让渡部分主权，以成立具有国家权力的共同管理机构。经济联盟除包括共同市场的内容，还要求成员国在货币、财政以及其他政策方面实行一定程度的协调。完全的经济一体化要求成员国在贸易、货币、财政等政策上完全一致，以便让商品、资本和劳动力能在共同体内真正做到完全的自由流动。

当今世界上最大的经济一体化组织是欧共体和美加墨自由贸易区，而欧共体是世界上一体化程度最高的国际经济联合组织。欧共体从 1958 年 1 月 1 日《罗马条约》生效之日算起，经过 60 多年的发展，已初步取消了商品、劳动力、资本自由流动的限制；实现了农业一体化；推进了财政一体化措施；建立了统一的欧洲货币——欧元，欧元从 2002 年 1 月 1 日起正式流通；初步采取了一些政治一体化措施；等等。

经济一体化作为垄断资本主义发展的一个重要特点，对世界经济发展产生了重要影响：加强了一体化成员国之间的生产专业化协作，也促进了国际分工和生产专业化的发展，提高了工农业生产水平；打破了成员国之间的关税壁垒，使成员国之间的贸易和投资迅速发展，从而大大促进了国际贸易量的增加。

3. 经济生活的国际调节

随着经济国际化和一体化的发展，各国在贸易领域、生产领域以及国际金融领域都不可避免地会发生矛盾和冲突，为保证经济的正常运行并促进其发展，需要对其进行国际调节。市场经济国家政府对国际经济的调节，主要是通过两种形式进行。

第一，通过由政府出面组织的国际经济组织或区域一体化组织进行国际经济调节。

“二战”后出现的国际经济组织，主要有国际货币基金组织、世界银行和世界贸易组织等，它们对经济生活进行全球性协调。国际货币基金组织成立于 1945 年 12 月，起初主要发挥着稳定汇率体系的作用，20 世纪 70 年代以后，开始对各国经济政策进行协调，并通过贷款对应员国暂时的国际收支失调进行调整。世界银行与国际货币基金组织同时成立，主要运过国际信贷帮助成员国发展经济。世界贸易组织于 1996 年 1 月 1 日起正式成为全球最大的多边贸易机构，它的前身是《关税及贸易总协定》。《关税及贸易总协定》成立于 1948 年，主要是按总协定约定的原则来处理缔约各方在贸易经济方面的关系。制定有关贸易规则，促进贸易自由化，并成为各成员国谈判、对话、处理贸易纠纷的重要场所。除了上述三大国际组织，还有一些类似的国际机构，如国际经济合作与发展组织、世界粮农组织等。

区域一体化组织在协调区域范围内的矛盾方面也发挥着重要作用。目前，世界上各类区域性一体化组织已有 30 多个。区域一体化组织是由相邻的国家组成的，它们由于具有某种共同的利益，联合起来可以加强自己在国际竞争中的地位和实力。欧盟是区域一体化组织最成功的典型。

第二，通过政府首脑双边或多边会晤进行国际经济调节。

政府首脑双边或多边会晤的目标，是通过权威性很大的政府首脑定期或不定期的会晤，直接调节彼此间的经济关系或经济政策，或者协商对某一重大国际经济问题的对策，以协调会晤国的措施和步骤。这种形式的出现表明了发达市场经济国家之间的经济矛盾以及它们之间为争夺世界市场尤其是发展中国家市场的冲突的加深；同时，这种形式往往成为世界少数几个发达的市场经济大国控制世界经济政治的重要方式。

对经济生活的国际调节有积极作用，而且随着经济生活国际化的迅速发展，这种调节对各种国家间经济的协调发展，显得更为重要。但是，这种调节仍然要以市场调节为基础，因而具有很大的局限性。一方面，国际经济调节过程充满着矛盾。如国际经济组织成员国和非成员国不同利益的矛盾，这种矛盾往往使国际经济组织的作用很难发挥作用。另一方面，不论哪一种调节形式，都是以国家实力对比为基础的，一旦实力对比发生变化，原来协商好的调节政策可能会名存实亡。

基本概念

垄断　垄断组织　垄断价格　金融资本　金融寡头　资本输出
经济全球化

思考题

1.“二战”后跨国公司迅速发展的原因有哪些?

2. 经济全球化有哪些积极作用?

3.“二战”后国家垄断资本主义迅速发展的原因及国家垄断资本主义的形式和实质是什么?

参考文献

［1］《资本论》第 1~3 卷，人民出版社 2004 年版。

［2］《资本论》第 3 卷，人民出版社 1975 年版。

［3］《马克思恩格斯全集》第 23~25 卷，人民出版社 1972 年版。

［4］《马克思恩格斯选集》，人民出版社 1995 年版。

［5］列宁：《帝国主义是资本主义的最高阶段》，人民出版社 1964 年版。

［6］戴达远：《马克思主义政治经济学原理》，高等教育出版社 2007 年版。

［7］程恩富等：《现代政治经济学》（第二版），上海财经大学出版社 2006 年版。

［8］荣兆梓：《政治经济学教程新编》，安徽人民出版社 2008 年版。

［9］白永秀、任保平：《现代政治经济学》，高等教育出版社 2008 年版。

［10］尹伯承：《西方经济学说史——从市场经济视觉的考察》，复旦大学出版社 2005 年版。

［11］卫兴华：《政治经济学原理》，经济科学出版社 1998 年版。

［12］肖涛：《马克思主义政治经济学原理》，经济管理出版社 1999 年版。

［13］逄锦聚：《政治经济学》，高等教育出版社 2002 年版。

［14］程恩富：《政治经济学》，高等教育出版社 2004 年版。

［15］张彤玉、张桂文：《政治经济学》，陕西人民出版社 2009 年版。

［16］程如烟、张旭、黄军英：《各国制定科技发展国家战略——抢占新一轮经济增长制高点》，《人民日报》2010 年 3 月 1 日。

［17］《世界各国纷纷将科技发展创新放在突出位置》，《人民日报》2010 年 3 月 1 日。

［18］《奥巴马宣布科学研究、创新和教育投资新计划》，《科技日报》2009 年 5 月 6 日。

后　记

作为我校本科财经类学科专业基础课的教材，《政治经济学原理》第一版（以下简称第一版）自 2010 年 8 月出版以来，已经在我校及其他高校财经类专业中使用三年。使用过程中，广大师生发现第一版存在一些小问题，如某些理论阐述和意思表达上不够清晰、案例不太妥当、文字及语句上的小错误，等等。因此，我们决定对第一版进行修订。

本次修订没有对第一版理论体系做改动，主要是由各章作者对第一版中存在的上述问题进行了修改。某些章节增加了一些新内容和案例，同时在文字上进行了润色，以便学生阅读本教材时能更好地理解和把握理论体系。

我们非常感谢江西财经大学经济学院经济系的老师们对本教材第一版提出的修改意见，也非常感谢本教材第一版责任编辑王光艳和邱永辉两位老师提出的宝贵意见。本次修订由我主持，具体各章的作者如下：康静萍修订第一章、第二章、第三章、第四章；胡德龙修订第五章、第六章、第七章；封福育修订第八章、第九章、第十章。初稿完成后，由我最后进行统纂定稿。

康静萍

2014 年 1 月 25 日于江西财经大学蛟桥园

图书在版编目（CIP）数据

政治经济学原理/康静萍等编著. —2 版. —北京：经济管理出版社，2014.5（2017.9重印）
ISBN 978-7-5096-2894-2

Ⅰ. ①政… Ⅱ. ①康… Ⅲ. ①政治经济学—高等学校—教材 Ⅳ. ①F0

中国版本图书馆 CIP 数据核字（2013）第 315033 号

组稿编辑：王光艳
责任编辑：许 兵
责任印制：黄章平
责任校对：张 青

出版发行：经济管理出版社
（北京市海淀区北蜂窝 8 号中雅大厦 A 座 11 层 100038）
网 址：www. E-mp. com. cn
电 话：（010）51915602
印 刷：北京银祥印刷有限公司
经 销：新华书店
开 本：720mm×1000mm/16
印 张：16
字 数：288 千字
版 次：2017 年 7 月第 1 版 2017 年 9 月第 4 次印刷
书 号：ISBN 978-7-5096-2894-2
定 价：35.00 元